Opkomst en bloei van het
Noordnederlandse stadsgezicht
in de 17de eeuw

The Dutch Cityscape
in the 17th Century
and its Sources

Vertalingen/Translations: Margo Muntz, Ina Rike
Eindredactie/Editor: Carry van Lakerveld
Ontwerp/Design: Jolijn van de Wouw, Esther Verdonk (Total Design)
Litho's/Lithography: Repromasters Van Setten bv
Druk/Printed by: Stadsdrukkerij van Amsterdam
Distributie/Distribution: Uitgeverij Landshoff Bentveldweg 19 Bentveld-Aerdenhout Holland

No part of this book may be reproduced in any
form or print, photo, photoprint, microfilm or
any other means without the written permission of
the Amsterdams Historisch Museum, Amsterdam
and the Art Gallery of Ontario, Toronto.

ISBN 90 6210 072 4

Printed in the Netherlands

Opkomst en bloei van het
Noordnederlandse stadsgezicht
in de 17de eeuw

The Dutch Cityscape in
the 17th Century and its Sources

Landshoff

in samenwerking met
Amsterdams Historisch Museum
Art Gallery of Ontario

Inhoud/Contents

Dr. I. Samkalden	6
Mayor David E. Crombie	7
Bruikleengevers/Lenders	8
Voorwoord/Foreword	10
Richard J. Wattenmaker, Inleiding/Introduction	14
Dedalo Carasso, De stad achter het beeld/The Town Behind the Picture	51
Catalogus/Catalogue	63
Boudewijn Bakker, Kaarten, boeken en prenten. De topografische traditie in de Noordelijke Nederlanden/Maps, Books and Prints. The Topographical Tradition in the Northern Netherlands	66
Bronnen van het stadsgezicht/The Cityscape and its Sources	
De stad als decor/The City as Decor	76
Architectuur/Architecture	96
Kaarten en profielen/Maps and Profiles	100
Stadsgezichten/Cityscapes	120
Boudewijn Bakker, De stad gezien door Hollandse tekenaars/ The City as Seen by Dutch Draughtsmen	136
Tekeningen/Drawings	144
Bob Haak, De geschilderde stad/The City Portrayed	190
Schilderijen/Paintings	198
Biografieën/Biographies	247
Topografisch register/Topographical Index	267
Literatuur/Literature	270

Dr. I. Samkalden

De tentoonstelling 'Steden in beeld' is een eerste manifestatie van de museale samenwerking tussen Amsterdam en Toronto en zal in het Amsterdams Historisch Museum en in The Art Gallery of Ontario worden getoond.
Tentoonstelling en catalogus zullen zeker niet alleen voor de (kunst)historici van belang zijn, maar ook in hoge mate voor een breed publiek, de huidige stadsbewoners, die veel van de 17de-eeuwse stad zullen herkennen en appreciëren.

De schilderijen, tekeningen en prenten kunnen als interessant hulpmiddel dienen om onze ideeën over het 17de-eeuwse Holland te concretiseren.
Hier zien wij immers beelden uit de tijd, die wij nu 'Gouden Eeuw' noemen; wij zien de stedelingen van toen in hun omgeving. Zelden realiseren wij ons echter dat deze stadsgezichten voor een deel de 'nieuwbouw' van toen laten zien en evenmin dat de schilders er zich toe beperkten vrijwel uitsluitend de fraaie delen en aangename aspecten in beeld te brengen. Het is opvallend dat Amsterdam, de snelst groeiende stad van de Republiek, zo vaak is uitgebeeld. Maar over de sociale problemen, die deze snelle groei met zich meebracht, en die ons verrassend bekend zouden voorkomen, worden wij door de makers van deze stadsgezichten niet ingelicht.

De tentoonstelling geeft een uniek beeld van een onderwerp, dat specifiek genoemd mag worden voor de 17de-eeuwse schilder- en tekenkunst in de Noordelijke Nederlanden. Dit kon slechts gerealiseerd worden door de grote bereidwilligheid van musea over de gehele wereld en van particulieren hun kostbare kunstwerken in bruikleen af te staan.

Aan het tot stand komen van de tentoonstelling en de catalogus is veel wetenschappelijk onderzoek en organisatorisch werk voorafgegaan.
Dat het succes ervan een beloning moge zijn voor allen die zich voor de realisatie hebben ingespannen.

Amsterdam, maart 1977

Dr. I. Samkalden

'Cityscapes' is the first manifestation of the collaboration between museums in Amsterdam and in Toronto. The exhibition will be on view in the Amsterdam Historical Museum and in The Art Gallery of Ontario.
The exhibits and the accompanying catalogue will certainly be of interest not only to (art) historians, but also and especially to a large public, the citydwellers of today, who will be able to recognize and appreciate much of their city in these seventeenth-century scenes.

The paintings, drawings, and prints constitute an interesting aid in concretizing our idea of what seventeenth-century Holland looked like. For here we find pictures illustrating the period in Holland's history known as the Golden Age: we are shown the city-dwellers of that age in their everyday surroundings. But it is seldom realized that the artists were inclined to portray not only the 'modern' buildings of the day, but also the most handsome parts of the city. It is remarkable that Amsterdam, the fastest growing city of the Republic, was portrayed so often. But these cityscapes reveal nothing of the social problems created by the rapid growth of this city – problems which would no doubt strike a surprisingly familiar note today.

The exhibition gives a unique survey of a theme which may be considered typical of seventeenth-century painting and draughtsmanship in the Northern Netherlands. This would not have been possible without the cooperation of museums and private individuals all over the world, who were willing to loan the valuable artworks in their possession.

Extensive art historical research and organizational effort has gone into the compilation of the exhibition and accompanying catalogue. May its success reward all those who contributed to its realization.

Amsterdam, March 1977

Mayor David E. Crombie

De burgers van Toronto en Amsterdam hebben veel gemeen. Ik denk daarbij vooral aan het belang dat wij hechten aan verdraagzaamheid en aan ons beider historisch besef.
Die verdraagzaamheid komt voort uit het waarderen van verscheidenheid, uit het besef dat steden niet voor dingen gebouwd zijn, maar voor mensen, en uit het inzicht dat onze gebouwde omgeving de weerspiegeling is van de menselijke geest. Het historisch besef is dat van een rijpe vrouw van zevenhonderdtwee en een ontvankelijk kind van honderddrieënveertig, die beiden inzien dat begrip van het verleden van essentieel belang is voor ons begrip van de toekomst.
De tentoonstelling 'Steden in beeld' is een schitterend voorbeeld van culturele betrokkenheid bij die begrippen, verdraagzaamheid en historisch besef. Moge de band die in 1972 is gesmeed bij de officiële verbintenis tussen Toronto en Amsterdam onze beide gemeenschappen versterken.

23 januari 1977

Mayor David E. Crombie

The citizens of Toronto and Amsterdam have much to share. Significant for me is our mutual respect for tolerance and a sense of time.
It is a tolerance founded on the virtue of diversity, on an understanding that cities are for people, not for things, and a comprehension of our built environment as a reflection of the human spirit.
It is a sense of time as viewed by a mature 702 year old and by a wide-eyed child of 143 and an understanding that time past is critical in our understanding of time future.
The Dutch Cityscape show is a magnificent example of a culture's commitment to this tolerance and sense of time.
The formal twinning of Toronto and Amsterdam in 1972 has nurtured the seeds from which we can both grow.

January 23, 1977

Bruikleengevers/Lenders

Belgium
Brussels   Koninklijke Musea voor Schone Kunsten van België   52, 68, 92, 102

France   127
Paris   Musée Carnavalet

German Democratic Republic   120
Leipzig   Museum der bildenden Künste

German Federal Republic   73, 79
Hamburg   Hamburger Kunsthalle   10
Pommersfelden   Collection Graf von Schönborn

Great Britain   122
Cambridge   The Fitzwilliam Museum   64, 78, 86, 93
London   The Trustees of the British Museum   116
    Trustees of the National Gallery

The Netherlands   96
Alkmaar   Stedelijk Museum   9, 13, 22, 36, 43, 57, 87, 98, 100, 101, 103, 104, 111, 118
Amsterdam   Amsterdams Historisch Museum   60, 62, 89

    Collection Mr. Chr. P. van Eeghen   14, 23, 25, 34, 37, 38, 42, 45, 46, 47, 48, 49, 56, 67, 71, 72, 88
    Gemeentelijke Archiefdienst   16

    Koninklijk Oudheidkundig Genootschap   74
    Museum 'Het Rembrandthuis'   18, 99, 124, 133
    Rijksmuseum   5, 6, 61, 65, 75, 76, 77, 85, 94
    Rijksprentenkabinet, Rijksmuseum   117, 119

    Stichting Amsterdams Historisch Museum 1975   27, 40
    Universiteitsbibliotheek   33
Delft   Gemeente Delft   11, 21, 31, 135
    Stedelijk Museum 'Het Prinsenhof'   97
Deventer   Gemeente Deventer (Culturele Zaken)   26
    Gemeentemusea   106
Haarlem   Frans Halsmuseum   44, 51, 55, 59, 63, 83, 95
    Teylers Museum   19, 20
The Hague   Algemeen Rijksarchief   114, 129
    Dienst Verspreide Rijkscollecties   50, 58, 91
    Gemeentearchief

	Haags Gemeentemuseum	17
	Koninklijke Bibliotheek	39, 80
	Mauritshuis	107, 112, 123
Heemstede	Mevr. C. van der Waals-Koenigs	3
's-Hertogenbosch	Bibliotheek en Prentenkabinet van het Provinciaal Genootschap van Kunsten en Wetenschappen in Noord-Brabant	69, 70, 81
	Noordbrabants Museum	2
Middelburg	Koninklijk Zeeuwsch Genootschap der Wetenschappen; on loan to the Zeeuws Museum	7, 41
Monnickendam	Gemeente Monnickendam	24
Rotterdam	Gemeentelijke Archiefdienst	29, 53, 54
	Historisch Museum	126
	Historisch Museum, Stichting Atlas van Stolk	8, 12, 32
	Museum Boymans-Van Beuningen	4, 28, 35, 66, 90
	Collection Dr. E. Frederiks; on loan to the Muscum Boymans-Van Beuningen	1
Utrecht	Gemeentelijke Archiefdienst, Topografische Atlas	82, 84
Zaltbommel	Kerkvoogdij Hervormde Gemeente	15
Zwolle	Provinciaal Overijssels Museum	30

Switzerland
Lugano   Sammlung Thyssen-Bornemisza   105

United States

Cleveland	The Cleveland Museum of Art, gift of Harry D. Kendrick	136
Detroit	The Detroit Institute of Arts, gift of Mrs. Sidney F. Heavenrich in memory of Mr. Heavenrich	130
	The Detroit Institute of Art, gift of Mr. and Mrs. Edgar B. Whitcomb	113
Hartford	Wadsworth Atheneum	134
	Wadsworth Atheneum, Ella Gallup Sumner and Mary Catlin Sumner Collection	131
Manchester	The Currier Gallery of Art	121
New York	Newhouse Galleries	109
	Richard L. Feigen & Co.	128
Richmond	Virginia Museum of Fine Arts	115
Sarasota	The John and Mable Ringling Museum of Art	108

Private Collections   110, 125, 132

Voorwoord

Het plan om een tentoonstelling te houden van 17de-eeuwse Noordnederlandse stadsgezichten georganiseerd door de Art Gallery of Ontario en het Amsterdams Historisch Museum dateert al van 1972, toen beide instellingen nog verwikkeld waren in restauraties en verbouwingen. Naarmate de zusterstad-relatie tussen Amsterdam en Toronto zich ontwikkelde, kreeg het idee echter langzamerhand meer gestalte. Men kwam overeen dat de voorbereiding zou beginnen na het gereedkomen van bouwfase I bij de Art Gallery of Ontario en na de officiële opening van het Amsterdams Historisch Museum, die samenviel met het zevenhonderdjarig bestaan van Amsterdam.

Aangezien prenten en tekeningen een belangrijke rol hebben gespeeld in de voorgeschiedenis van het Nederlandse stadsgezicht werd ook de Gemeentelijke Archiefdienst van Amsterdam uitgenodigd om aan de voorbereiding van de tentoonstelling mee te werken.

Het is onze bedoeling geweest een aspect van de Nederlandse kunst te tonen dat nog niet zo grondig is bestudeerd als de historieschildering, het portret, het landschap, het stilleven en het genrestuk. Het stadsgezicht is een voorbeeld te meer van de rijkdom van de Hollandse school, het laat ook op dit gebied zien hoe kunstenaars indrukken uit hun directe omgeving konden verwerken tot iets nieuws, waarbij zij het topografisch aspect als een essentieel element handhaafden, maar tegelijkertijd door de buitenkant van hun onderwerp heendrongen.

Wat is een stadsgezicht? De samenstellers van deze tentoonstelling vatten het begrip op in zijn meest gebruikelijke betekenis van 'een schilderij, tekening of prent met als onderwerp een gezicht in een stad of op een gedeelte van een stad, dat in één blik overzien kan worden.' Deze laatste beperking is van belang omdat hiermee de meeste profielen, panorama's, vogelvluchtkaarten en dergelijke buiten beschouwing gelaten worden. Deze bestaan immers in de regel uit een aantal afzonderlijk geobserveerde eenheden, die later tot een geheel zijn samengevoegd dat als zodanig niet door het menselijk oog kan worden omvat. Alleen een enkel voorbeeld is opgenomen om de voorgeschiedenis van het stadsgezicht te illustreren. Ook afbeeldin-

Foreword

The idea of an exhibition of seventeenth-century Dutch cityscapes jointly organized by the Art Gallery of Ontario and the Amsterdam Historical Museum dates back to 1972, at which time both institutions were deep into our respective building campaigns. Subsequently, as the twin-city relationship between Amsterdam and Toronto developed, the concept gradually began to evolve. It was agreed that its organization would follow both the opening of the Art Gallery of Ontario's Stage I and the inauguration of the new Amsterdam Historical Museum, which also coincided with the celebration in 1975 of the 700th anniversary of the City of Amsterdam. Since drawings, prints and other graphic material play an important rôle in the genesis of the Dutch cityscape the Amsterdam Municipal Archives was invited to contribute the knowledge of its staff to form the third participant in the preparation of the exhibition.

We seek to present an aspect of Dutch art which has not been as fully considered as have the areas of history, portrait, landscape, still-life and genre painting. Cityscape painting is another example of the extraordinary richness of the Dutch tradition, of how stimuli from everyday surroundings were recast by artists in a new form, preserving the topographical aspect as an essential ingredient while transcending the mere outer appearances of the environment.

What is a cityscape? The organizers of this exhibition use the term in its commonest sense: that of 'a painting, drawing or print of a prospect of a city or a part of a city, such as can be taken in at a glance from one point of view.' The latter restriction is important, because it excludes most of the profiles, panoramas, bird's-eye views and the like. Such views were generally composed of a number of separately observed parts which, although they were combined to form one picture, cannot be taken in at a glance. The few examples that have been included here serve only to illustrate the historical background of the cityscape. Representations of single buildings have also been excluded, with very few exceptions. From the beginning it was decided to broaden the time frame in order to embrace the entire

gen van afzonderlijke gebouwen zijn op een enkele uitzondering na terzijde gelaten.

Om de gehele ontwikkeling van het genre in de Noordelijke Nederlanden vanaf de 15de eeuw tot aan het begin van de 17de eeuw te kunnen laten zien, is besloten het gebied aldus in de tijd uit te breiden.

Het begrip Noordnederlands heeft hier zowel betrekking op het onderwerp als op de kunstenaars. Dat betekent dat bijvoorbeeld de stadsgezichten langs de Rijn van Jan van der Heyden en de Parijse etsen van Zeeman buiten het gebied van de tentoonstelling vallen, evenals de tekeningen die Dürer tijdens zijn Nederlandse reis maakte in Bergen op Zoom. Twee of drie maal is om een bijzondere reden van deze regel afgeweken.

Verder werd bij de keuze van de stukken het gebruikelijke onderscheid tussen 'topografie' en 'kunst' niet als criterium gehanteerd, omdat het onbruikbaar bleek. Bovendien is het als kunsthistorisch begrip naar onze mening niet relevant. Wij hebben geprobeerd stukken bijeen te brengen die stuk voor stuk op de een of andere manier iets aantrekkelijks hebben, en die samen een overzichtelijk beeld geven van het 17de-eeuwse stadsgezicht als thema en als type.

Schilderijen op paneel zijn uiterst kwetsbaar. Het was daarom van het begin af aan duidelijk dat veel kunstwerken die van wezenlijk belang zijn voor een beter begrip van het genre niet beschikbaar zouden zijn voor beide of in enkele gevallen zelfs niet voor één van onze beide instellingen.

Er zijn daarom vervangende exemplaren opgenomen die het toch mogelijk maken om het onderwerp van alle kanten te laten zien, zowel in Amsterdam als in Toronto.

Sommige van de niet beschikbare schilderijen zijn in het tekstgedeelte afgebeeld, zoals het *Gezicht op Delft* en het *Straatje* van Vermeer, het *Gezicht in Delft* van Fabritius en het schilderij *De Mariaplaats met de Mariakerk* van Saenredam.

Hierdoor werd het mogelijk om ook deze werken ter sprake te brengen in een beschrijving over het 17de-eeuwse stadsgezicht in de Noordnederlandse traditie; bovendien kon de discussie verbreed worden zowel tot de Europese context waarin de Nederlandse schilders werkten als tot de weerklank die hun werk later gevonden heeft bij kunstenaars in andere landen.

Verschillende aspecten van het onderwerp zijn belicht in afzonderlijke inleidingen, waarvoor de auteurs persoonlijk de verantwoording dragen.

development of the cityscape genre in the Northern Netherlands from the late fifteenth through the end of the seventeenth century.

The term Northern Netherlandish as used here relates both to the subject and to the artists. This means for instance, that the cityscapes Jan van der Heyden made along the Rhine and Zeeman's etchings of Paris fall outside the scope of the exhibition, as do the drawings Dürer made during his visit to Bergen op Zoom. Two or three exceptions to this rule have been made in special cases.

In selecting the works for this exhibition we abandoned the usual criterion of 'topography' or 'art', due to its impracticability. In our opinion, moreover, this distinction has little relevance to art-historical research. We have tried to bring together individual works which have their own specific attraction, but which together provide an overview of the seventeenth-century cityscape as a theme and as a type.

It was realized at the outset that, due to the fragile nature of panel paintings, many works crucial to a comprehensive understanding of the seventeenth-century Dutch cityscape tradition would not be available for loan to both or even, in certain cases, to one of our institutions.

Therefore, alternative paintings have been included which allow us to present to the fullest possible extent all phases of the exhibition in both Amsterdam and Toronto.

We decided to illustrate some of the unavailable paintings in the text, so that a discussion of certain key pictures, for example, Vermeer's *View of Delft* and *Street in Delft*, Fabritius' *Street in Delft* and Saenredam's *St. Mary's Square and St. Mary's Church from the West*, could be incorporated into a balanced study of the seventeenth-century Dutch cityscape tradition. This approach allows a somewhat broader comparative consideration of the European context in which the seventeenth-century Dutch cityscape artists worked, as well as of their legacy in other countries. These different aspects have been treated in separate introductory articles.

A number of people have assisted in the realization of this enterprise. We should like to express our thanks to Ivo Samkalden, Mayor of the City of Amsterdam, and David Crombie, Mayor of the City of Toronto for their gracious support of the project since its inception and for having

Een groot aantal personen en instellingen heeft bijgedragen aan de verwezenlijking van deze tentoonstelling.

In de eerste plaats zijn wij erkentelijk D. E. Crombie, burgemeester van Toronto, en de burgemeester van Amsterdam, I. Samkalden. Zij hebben het project van de aanvang af krachtig gesteund en deze uitgave van een voorwoord willen voorzien. Hun aandeel illustreert de goede betrekkingen tussen onze beide steden en tussen Canada en Nederland.

Onze grote waardering gaat uit naar de heren G. de Klerk, voorzitter van de Stichting Amsterdam-Toronto Comité te Amsterdam, en S. G. McLaughlin, voorzitter van de Toronto-Amsterdam Association te Toronto, voor de krachtige steun van deze zusterstad-organisaties. In het bijzonder willen we daarnaast blijk geven van onze erkentelijkheid voor het aandeel dat de volgende personen gehad hebben in het totstandkomen van de tentoonstelling, zonder daarbij van ieder afzonderlijk de bijdrage te noemen: J. Tjaardstra, consul-generaal van Nederland in Chicago en voormalig consul-generaal in Toronto; J. Mastenbroek, hoofd van Bureau Voorlichting van de Gemeente Amsterdam; S. H. Levie, hoofd-directeur van het Rijksmuseum en voormalig directeur van het Amsterdams Historisch Museum; W. J. Withrow, directeur van de Art Gallery of Ontario; Mevr. W. Chr. Pieterse, gemeentearchivaris van Amsterdam; Mevr. R. J. Eisen, voormalig voorzitter van de Toronto-Amsterdam Association en M. G. J. M. Janssen, consul-generaal van Nederland in Toronto.

Gaarne spreken we onze oprechte dank uit aan alle bruikleengevers voor de bereidheid om hun bezit voor zo lange tijd af te staan, en aan alle medewerkers van de verschillende instellingen.

Het doet ons genoegen dat deze tentoonstelling plaats vindt onder auspiciën van de International Council of Museums (ICOM).

Het is niet verwonderlijk, dat een luchtvaartmaatschappij als de KLM met haar meer dan 25-jarige ervaring op het gebied van het schilderijen transport door de lucht, deze omvangrijke tentoonstelling voor ons vervoert. Wij maakten graag gebruik van de adviezen over de wijze van verpakking en belading, welke door de KLM werden verstrekt. Van groot belang in dit verband is de klimaatregeling aan boord van het vliegtuig, waarbij juist de KLM met haar kennis op dit gebied weet te voorkomen, dat eventuele wisselingen in temperatuur en vochtigheidsgraad schade zouden kunnen be-

contributed the forewords to this publication. Their participation personifies the active goodwill which exists between our two cities and between the Netherlands and Canada.

To Gerard de Klerk, President, Stichting 'Amsterdam-Toronto Comité', Amsterdam and Stephen G. McLaughlin, President, Toronto-Amsterdam Association, Toronto goes our sincerest appreciation for the steadfast assistance of the twin-city organizations.

The following deserve special mention for having furthered the exhibition in essential ways too extensive and diverse to be specified herein: Johannes Tjaardstra, Consul-General of the Netherlands and formerly Consul-General in Toronto; Jan Mastenbroek, Director, Press, Publicity, Public Relations and Information, City of Amsterdam; Simon H. Levie, Director, Rijksmuseum, Amsterdam and formerly Director of the Amsterdam Historical Museum; William J. Withrow, Director, Art Gallery of Ontario; Wilhelmina Chr. Pieterse, City Archivist of Amsterdam; Ruth Jewell Eisen, Past President, Toronto-Amsterdam Association and M. G. J. M. Janssen, Consul-General of the Netherlands, Toronto.

We should like to express our gratitude to the lenders for allowing their works of art to travel and to thank the staff members of the participating institutions.

We are most pleased to have received the patronage of The International Council of Museums (ICOM).

It is not surprising that it should be KLM, an airline with more than twenty-five years of experience in transporting artworks, who is handling the transportation of this large exhibition. We are grateful for the advice offered by KLM concerning methods of packaging and loading. A major factor in this connection is the regulation of climatic conditions in the aircraft: here again the expert knowledge of KLM in such matters ensured against excessive fluctuations in temperature and humidity, which might prove harmful to the unique cargo.

Our thanks are also extended to the following: Rob C. Al, Jan Beutener, John Bosch, Jos and Liek Burghouts, Barton Church, Lili Couvée, Ursula Franklin, Sally Hennessey, Daryl Isley, Johannes Huber, Robert de Klerk, Martin Lekkerkerker, Jacques Massee and Jennifer Stephens.

Thanks are due to members of the staffs of the Amsterdam Historical Museum and the Municipal

rokkenen aan de unieke ladingen.
Onze dank gaat eveneens uit naar R. C. Al,
J. Beutener, J. Bosch, J. en L. Burghouts,
B. Church, L. Couvée-Jampoller, U. Franklin,
S. Hennessey, D. Isley, J. Huber, R. de Klerk,
G. M. A. Lekkerkerker, J. Massee en J. Stephens.
De medewerkers van het Amsterdams Historisch
Museum en de Gemeentelijke Archiefdienst in
Amsterdam zeggen wij gaarne hartelijk dank voor
hun enthousiaste medewerking op verschillend gebied.
Onze erkentelijkheid gaat tevens uit naar de medewerkers van de Art Gallery of Ontario, waarvan
wij met name willen noemen C. Catenazzi,
J. Chambers, F. Craig, M. George, L. Greenough,
M. Hejlova, H. Hogarth, O. Koyama,
K. McKenzie, L. Ostrom, S. Pantazzi, L. Pfaff,
E. Robinson, J. Ruseckas, M. Squario, M. Sutnik
en E. Zokowski.

Archives of Amsterdam for their enthusiastic
collaboration on various aspects of the exhibition.
From the staff of the Art Gallery of Ontario we
should like to thank, among others: Carlo
Catenazzi, James Chambers, Faye Craig, Michael
George, Lee Greenough, Marta Hejlova, Helen
Hogarth, Olive Koyama, Karen McKenzie, Larry
Ostrom, Sybille Pantazzi, Larry Pfaff, Eva
Robinson, John Ruseckas, Mary Squario,
Maia-Mari Sutnik and Eduard Zukowski.

B. Haak
Directeur Amsterdams Historisch Museum
R. J. Wattenmaker
Hoofdconservator van de Art Gallery of Ontario
B. Bakker
*Conservator van de historisch-topografische atlas,
Gemeentelijke Archiefdienst, Amsterdam*

Bob Haak
Director, Amsterdam Historical Museum
Richard J. Wattenmaker
Chief Curator, Art Gallery of Ontario
Boudewijn Bakker
*Curator of Prints and Drawings, Amsterdam Municipal
Archives*

Inleiding

Vanouds wordt de 17de-eeuwse Nederlandse schilderkunst onderverdeeld in verschillende categorieën zoals historie, portret, landschap, genre, zeegezichten, interieur en stilleven, tot welke laatste categorie ook het bloemstuk behoort. De portretschilderkunst kreeg bij Frans Hals (ca. 1580-1666) en Rembrandt (1606-1669) een grote directheid en een psychologische typering, waar hun Venetiaanse voorgangers niet aan toe waren gekomen. De genreschilderkunst beleefde hoogtijdagen: blijkbaar hadden zowel de Hollandse kunstenaars als de burgers die hun werk kochten behoefte aan de intieme weergave van hun gebruiken, zeden en materiële bezittingen. De stilleven- en bloemschilderkunst bereikte een ongekende hoogte. Er ontstond een levendige handel in schilderijen, die niet alleen door het patriciaat maar ook door de burgerij die er een aantrekkelijke belegging in zag, werden gekocht en verkocht.

Een ander voorbeeld waaruit blijkt met hoeveel aandacht de schilders zich verdiepten in de werkelijkheid van het leven van alledag, is de landschapschilderkunst, die met schilders als Esaias van de Velde (omstreeks 1591-1630), Jan van Goyen (1596-1656) en Salomon van Ruysdael (omstreeks 1600-1670) tot volle wasdom kwam. Willem van de Velde de Jonge (1633-1707) droeg aan het groeiende naturalisme bij met zijn zeegezichten, terwijl architectuurschilders als Gerrit Houckgeest (omstreeks 1600-1661) en Emanuel de Witte (1616-'18-1691/92) zich specialiseerden in de weergave van het interieur. Al deze ontwikkelingen die zich snel en gelijktijdig voltrokken, voegden belangrijke nieuwe dimensies toe aan de schilderkunst en legden de grondslag voor veel dat zich later buiten de Nederlanden in de landschap-, figuur- en stillevenschilderkunst zou voordoen. Enige uitzonderingen daargelaten hielden de kunstenaars zich bij hun eigen specialisme. Schilders als Frans Hals, Adriaen van Ostade (1610-1685), Meyndert Hobbema (1638-1709), Willem Claesz. Heda (1594-1680), Jan Davidz. de Heem (1606-1683/84), Paulus Potter (1625-1654) en Jan van de Cappelle (1626-1679) zijn stuk voor stuk met een bepaald genre verbonden. Deze 17de-eeuwse meesters hebben zo'n sterke, levendige typering gegeven van het dagelijks leven in de Nederlan-

Introduction

Dutch seventeenth-century painting has traditionally been separated into categories – history, portrait, landscape, *genre,* marine, architectural interiors and still-life, including flower-painting.

Portraiture in the hands of Hals (*c.* 1580-1666) and Rembrandt (1606-1669) assumed a directness and power of psychological characterization heretofore unexplored by their Venetian predecessors. *Genre* painting flourished, indicating the need of the artists to accurately reflect, and the desire of their bourgeois patrons to own, intimate records of Dutch customs, morals and material possessions; flower and still-life painting expanded to an unprecedented degree. Great quantities of works were bought and sold not only by the aristocracy but by the middle classes as a kind of commodity exchange. To these examples of intense absorption in the near-at-hand realities of ordinary life may be added further evidence in landscape painting, which matured in the hands of such men as Esaias van de Velde (*c.* 1591-1630), Jan van Goyen (1596-1656) and Salomon van Ruysdael (*c.* 1600-1670). Willem van de Velde, the younger (1633-1707) added to this growing naturalism in his marine subjects, and painters such as Gerrit Houckgeest (*c.* 1600-1661) and Emanuel de Witte (*c.* 1616-'18-1691/92) specialized in delineating architectural interiors. All of these developments rapidly and simultaneously established important new dimensions in the art of painting and laid the foundations for much that was to come later in landscape, figure and still-life painting outside the Netherlands. Within these categories, with some exceptions, artists confined themselves to their respective specialties. Men such as Hals, Adriaen van Ostade (1610-1685), Meyndert Hobbema (1638-1709), Willem Claesz. Heda (1594-1680), Jan Davidz. de Heem (1606-1683/84), Paulus Potter (1625-1654) and Jan van de Cappelle (1626-1679) are each associated with a particular facet of Dutch painting. So intensely do these seventeenth-century masters epitomize the life of the Dutch nation that even today our identification of the physical environment, domestic customs and social character of the Netherlands is indelibly marked by their respective visions.

den, dat zelfs het beeld dat wij nu hebben van het land, de gewoonten en het maatschappelijke leven van de bewoners het onuitwisbare stempel draagt van hun manier van zien.

Wij hebben deze tentoonstelling uitsluitend aan het stadsgezicht gewijd omdat dit een heel eigen aspect vormt en een belangrijke, zij het verwaarloosde fase in de 17de-eeuwse schildertraditie vertegenwoordigt.

Voor de schilders van het stadsgezicht, die voornamelijk in de drie grote artistieke centra Amsterdam, Haarlem en Delft woonden, was de stad een onderwerp met intrigerende picturale mogelijkheden. Zij hebben, ieder met zijn eigen visie op de vele schakeringen van hun door mensenhand geschapen omgeving, de schilderkunst van hun tijd aanzienlijk verrijkt. Als groep hebben zij ons een fascinerende blik op het leven van alledag nagelaten, parallel aan die van de genreschilders. Men zou zelfs kunnen zeggen dat in de laatste veertig jaar van de 17de eeuw, toen invloeden van buitenaf, voornamelijk uit Frankrijk, andere stromingen in de Nederlandse traditie geleidelijk gingen overheersen, het stadsgezicht het laatste thema van de Nederlandse schilders was, dat zich tot een afzonderlijk genre ontwikkelde.

In 1673 publiceerde de Engelse gezant in Den Haag, Sir William Temple, zijn *Observations upon the United Provinces of the Netherlands,* waarin hij melding maakt van: '...de schoonheid en kracht van hun steden, het gerieflijke reizen over de kanalen, bruggen en paden in hun land. De charme van de straten en grachten in en rondom al hun steden. En, kortom, de schoonheid, het gerief en in sommige gevallen de pracht van hun openbare werken, waar iedere burger even bereidwillig aan meebetaalt, en evenveel trots en genoegen aan ontleent als de ingezetenen van andere landen in dergelijke omstandigheden...'.[1] Toen Temple dit schreef was de bijna een eeuw oude Republiek net op of misschien net over het hoogtepunt van haar Gouden Eeuw heen. Een blijvende, tastbare erfenis daarvan is de stadsuitleg van Amsterdam, waarbij de problemen van particuliere huisvesting, vervoer, openbare ruimten, handelscentra en bouwwerken voor kerk en overheid werden benaderd met een open oog voor zowel de menselijke als de commerciële eisen.[2] De complexe harmonie van Amsterdam is sinds de 17de eeuw in essentie niet veranderd,[3] en zo is het mogelijk dat Henry James tweehonderd jaar na Temple een beschrijving kon geven van een stad, die, gerijpt maar ongeschonden, eigenlijk maar weinig verschilde van het Am-

We have devoted an exhibition exclusively to views of cities because the cityscape comprises another distinctive segment, an important but neglected phase of the seventeenth-century Dutch tradition. The cityscape painters, living in three great artistic centres, Amsterdam, Haarlem and Delft, were attracted by the city as a motif replete with intriguing pictorial possibilities.

The cityscape painters, by their individual insights into the multiform aspects of their man-made surroundings, considerably enriched the larger contemporary tradition. As a group the cityscape painters disclose fascinating glimpses into contemporary life parallel to and on par with that of the *genre* painters. Indeed, during the last forty years of the seventeenth century, as outside influences, primarily French, gradually came to dominate the other spheres of Dutch painting, it could be said that the cityscape was the last distinctly classifiable subject-motif to be explored.

In 1673, Sir William Temple, English ambassador to The Hague, published his *Observations upon the United Provinces of the Netherlands,* remarking on '... the beauty and strength of their towns, the commodiousness of travelling in their Country by their Canals, Bridges, and Cawseys; the pleasantness of their Walks, and their Grafts [i.e., *grachten,* canals] in and near all their Cities; And in short, the Beauty, Convenience, and sometimes Magnificence, of their Publique Works, to which every man pays as willingly, and takes as much vanity and pleasure in them, as those of other Countrys do in the same circumstances...'.[1] At the time of his writing, the Dutch Republic, less than a century old, was at, or perhaps just past, the peak of its Golden Age. One of its enduring tangible legacies was the enlightened city planning in the city of Amsterdam, whereby the problems of domestic housing, transportation, public spaces, commercial zoning, government and religious edifices were approached with a devotion to human as well as to commercial requirements.[2] This complex harmony has not been altered in its essentials since the seventeenth century.[3] Thus Henry James, two hundred years later, could describe his impressions of basically the very same urban environment, mellowed but intact, observed by Temple: 'If you come this way, as I did, chiefly with an eye to Dutch pictures, your first acquisition is a sense, no longer an aimiable inference, but a direct perception, of the undiluted accuracy of Dutch painters. You have seen it all

sterdam dat eerder door de Engelse gezant was waargenomen: 'Als je, zoals ik, hier voornamelijk komt met het oog op de Nederlandse schilderijen, is het eerste waarvan je je bewust wordt de onbedorven nauwkeurigheid van de Nederlandse schilders. Dat is niet zomaar een prettig gevoel van herkenning, maar een onmiddellijke gewaarwording. Je hebt het allemaal al eens gezien; het komt je ergerlijk bekend voor; je had net zo goed niet hoeven komen! Dat is de gemoedstoestand waarin je in Amsterdam, Leiden, Den Haag en op het platteland daar tussenin, zo half en half verkeert; als je de originelen ziet is het net alsof je naar de kopieën kijkt; en als je de kopieën ziet is het net alsof je naar de originelen kijkt. Is dat nu een grachtje in Haarlem of is het een Van der Heyden? ... En zo zwerf je rond, terwijl kunst en natuur zo onverdroten met elkaar samenspannen dat je beleving van Holland uitzonderlijk compact en compleet in zich zelf is: het verwijst niet naar elders en behoeft geen hulp van buitenaf om zich te ontvouwen'.[4]

Hoewel sinds James' bezoek meer dan honderd jaar zijn verlopen, hoewel talloze grachten zijn gedempt en nu trams hortend en stotend rijden, waar ooit schuiten en pramen voorbij voeren in een met de omgeving harmoniërend tempo, hebben Amsterdam en vele andere Nederlandse steden – Haarlem, Delft en in iets mindere mate Den Haag, Leiden en Utrecht – zoveel van dat oude karakter behouden, dat onze eigen indrukken in menig opzicht overeenstemmen met die van James en Temple. De marktpleinen van Delft en Haarlem ademen met hun kerk en stadhuis nog dezelfde sfeer als in het verleden. De 17de-eeuwse binnenstad van Amsterdam en de grachtengordel met de drie wijde, hoekig concentrische cirkels van de Herengracht, Keizersgracht en Prinsengracht, zijn vrijwel intact gebleven.

Het Singel, de vierde en meest naar binnen gelegen gracht in dit spinneweb van waterwegen, de Jordaan en de pakhuizen aan de Brouwersgracht, de talloze kleinere, onderling op logische maar ondogmatische wijze met elkaar verbonden aftakkingen, waterwegen en kaden, vormen samen nog steeds het kloppend hart van een dynamisch sociaal organisme, dat aan levendigheid niets heeft ingeboet en ondanks een sterke expansie nauwelijks sporen vertoont van een inconsequente kunstmatigheid. De heldere, strakke schaduwen die de zon door een brekend wolkendek op de gevels werpt; de sombere samenbindende toon, saai of sprankelend, al naar gelang de steeds wisselende weersge-

before; it is vexatiously familiar; it was hardly worthwhile to have come! At Amsterdam, at Leyden, at The Hague, and in the country between them, this is half your state of mind; when you are looking at the originals, you seem to be looking at the copies; and when you are looking at the copies, you seem to be looking at the originals. Is it a canalside in Haarlem, or is it a Van der Heyden? ...
And so you wander about, with art and nature playing so assiduously into each other's hands that your experience of Holland becomes something singularly compact and complete in itself – striking no chords that lead elsewhere, and asking no outside help to unfold itself.'[4]

For us, a century later, even though numerous canals were filled subsequent to James' sojourn, and trams course convulsively above the water level where boats and barges once moved at a pace synchronized with their environs, Amsterdam and many other Dutch cities – Haarlem, Delft and to a somewhat lesser extent The Hague, Leiden and Utrecht – preserve enough of what Temple and James saw to permit our own observations a continuity with theirs. The marketplaces of Delft and Haarlem, with their churches and city halls, preserve to a considerable extent the physical facts and spirit of the age in which they were built. The seventeenth-century inner core of Amsterdam and its three long, angularly concentric residential canals, the Herengracht, Keizersgracht and Prinsengracht, remain virtually intact. The Singel, the fourth and innermost member of this spiderweb of waterways, the Jordaan district with its commercial warehouses along the Brouwersgracht and numerous smaller subdivisions, waterways and quays, interconnected, logical without somehow being rigid, are still the beating heart of a dynamic social organism, expanded but alive with hardly a trace of discontinuous artificiality. Clear, crisp shadows cast on the façades by the sun penetrating a cloud-spotted sky; the sombre unifying tone, dull or sparkling according to ever-changing weather; patterns of light in and through tree-lined canalsides; terse brick and masonry work; patterns of window frames, sills, steps, gay assymetrically carved motifs crowning the gables; reflections in the dense green water ricocheting from the window panes are all essentially identical to the colourful ambience of three hundred years ago. Contemplated from quayside as broken vistas,

steldheid; lichtschakeringen langs door bomen omzoomde grachten; de strak gemetselde bakstenen; het onregelmatige patroon van raamkozijnen, vensterbanken en stoepen en de vrolijke, asymmetrisch gebeeldhouwde motieven op de topgevels; de weerspiegelingen in het groene, ondoorzichtige water, weerkaatst door de vensterruiten: het is allemaal in wezen gelijk aan de kleurige ambiance van driehonderd jaar geleden. Deze versmelting van een verfijnde en strakke geometrie, de mengeling van materialen, de levendige alledaagse bedrijvigheid en het zakelijk verkeer, gezien vanaf de gracht als een onderbroken vergezicht, of vanaf het midden van een brug of in op zichzelf staande fragmenten beschouwd vanachter ramen, dat alles vormde de inspirerende omgeving voor kunstenaars die deze gegevens in al hun verscheidenheid benaderden als onderwerpen die in hun werk opnieuw belichaamd moesten worden.

Steden speelden in het leven van de Nederlanders een belangrijke rol. De stedelingen hadden zich een wereldwijze onbekrompenheid eigen gemaakt, die niet alleen voortvloeide uit het uitgebreide handels- en reisverkeer, maar ook uit de harmonieuze wisselwerking tussen de maatschappelijke, religieuze en economische omstandigheden. Het ligt niet in onze bedoeling tot conclusies te komen over het maatschappelijke of bouwkundige karakter van de steden. We willen slechts een beeld geven van de wijze waarop de Nederlandse schilders op de stad reageerden en van de neerslag daarvan in hun werk.

Het merendeel van de motieven waaraan de Franse impressionisten en post-impressionisten hun inspiratie ontleenden en waarmee we door hun schilderijen zo vertrouwd zijn geraakt, is in minder dan een eeuw tijds zonder meer vernield. Van hun natuurlijke karakter is zo weinig overgebleven dat wie deze oorden opzoekt, hetzij voor de omgeving zelf, hetzij voor een nadere kijk op een aspect van de kunst waarin ze zo'n belangrijke rol hebben vervuld, bedrogen uitkomt. Daarom schuilt er iets zeldzaams in het vrijwel ongeschonden beeld van de 17de-eeuwse Nederlandse steden of stadsdelen, iets dat bewonderd, gekoesterd en bewaard moet worden. Hetgeen wij hier tentoonstellen zal, al is het ook maar een neveneffect, zo niet de bezoekers tot nadenken stemmen over het wezen van de stad, dan toch over het uiterlijk, de menselijke schaal, de afwisseling, over wat een stad kan zijn en moet zijn, duurzaam niet kortstondig, voor mènsen, niet voor consumenten, heterogeen, niet uniform; kortom, precies dat wat Santayana voor ogen

viewed from bridges equidistant from both sides of the canal, or head-on in self-contained fragments from facing banks or windows, this merging of exquisitely concise geometry, blended textures, vibrant domestic activity and commercial traffic provided the stimulating setting for artists who treated these facts in all of their diversity as motifs to be transformed into the new substance of their art.

Cities dominated the Dutch way of life; their citizens developed to a unique degree a kind of cosmopolitan sophistication that was not merely the result of far-ranging commerce and travel but of the harmonious interaction of social, religious and economic conditions. We endeavour not to draw conclusions about the social or architectural nature of cities, but rather to show how Dutch artists responded to and selectively recast their perceptions in their art. In less than a century the greater portion of the specific motifs of the French impressionist and post-impressionist painters, so familiar to us from their work, have been indiscriminately obliterated, so denatured that it is now no longer a pleasurable experience to seek out these settings either for their own sake or for the purpose of getting closer to an aspect of the art in which they played so important a rôle. So there is something rare in the near-intactness of the Dutch seventeenth-century city or parts of cities, something to be admired, cherished and preserved. Therefore, perhaps, as a secondary result, what we display here will cause some to reflect if not on the nature of cities, on their appearance, their requisite human scale, variety, what they can and were meant to be, enduring, not ephemeral, for people rather than consumers, heterogeneous rather than standard, in sum, truly what Santayana had in mind when he wrote that '...cities are a second body for the human mind, a second organism, more rational, permanent and decorative than the animal organism of flesh and bone: a work of natural yet moral art, where the soul sets up all her trophies of action and instruments of pleasure.'[5]

For the broad objectives of the exhibition we have used the term *cityscape* to mean paintings, drawings and graphic art in which cities, or parts of cities, appear as primary rather than subsidiary motifs. Purely topographical work figures as one of the essential sources for true cityscape painting and therefore many of these views, especially, but

stond toen hij schreef: '...steden zijn een tweede lichaam voor de menselijke geest, een tweede organisme, rationeler, duurzamer en decoratiever dan het animale omhulsel van vlees en bloed: een natuurlijk en toch zedelijk kunstwerk, waarin de ziel alle zegetekenen van de daad en alle werktuigen van het genoegen heeft uitgestald.'[5]

Het eigenlijke onderwerp van deze tentoonstelling hebben we met de naam stadsgezicht aangeduid. Daaronder verstaan we hier alle schilderijen, tekeningen en prenten waarop de stad, of een deel daarvan het hoofdmotief is. Eén van de meest wezenlijke bronnen waaruit het stadsgezicht zich heeft ontwikkeld was het zuiver topografische werkstuk. Daarom is in deze tentoonstelling veel daarvan opgenomen, voor het merendeel afkomstig uit de periode tot omstreeks 1650. Rolf Fritz[6], één van de eerste moderne kunsthistorici die de plaats van het stadsgezicht in de Nederlandse schilderkunst systematisch heeft bestudeerd, beschrijft het stadsgezicht of 'straatgezicht' kortweg als 'schilderijen met als voornaamste thema het gezicht op een bepaalde stad, of de straten in die stad.'[7]
Hij legt er de nadruk op dat het stadsgezicht een 'volledig onafhankelijk genre' is en dat 'tot het midden van de 17de eeuw deel uitmaakte van het landschap; daarna ging het stadsgezicht steeds meer op zichzelf staan.'[8] Hij vergelijkt de term stadsgezicht met de *veduta:* 'In de ruimste zin van het woord staat *veduta* voor alle afbeeldingen van steden, straten, individuele gebouwen, dorpen en landschappen die duidelijk als een bestaande plek kunnen worden thuisgebracht... *Veduta* betekent een exacte reproductie van een topografische situatie, dat wil zeggen, een zo exact mogelijke, tot in de details correcte weergave, 'naar het leven'... De artistieke waarde van een schilderij kan geheel los gezien worden van de natuurgetrouwheid waarmee het onderwerp is afgebeeld... Het stadsgezicht is de artistieke interpretatie van een stedelijk motief, de stad als thema, een bestaande plaats gezien door de ogen van een kunstenaar. De topografische juistheid is ondergeschikt aan de vrijheid van de kunstenaar om de werkelijkheid naar zijn eigen inzicht te hanteren.'[9]
Briganti schrijft: 'de term *veduta* zelf, zoals deze tegenwoordig vrijwel algemeen wordt opgevat – de topografische afbeelding van een terrein, een gebouw, een pittoresk stukje stad, een panoramisch stadsgezicht – is nauw verbonden met het begrip 'perspectief'. Beide stammen van hetzelfde woord

not exclusively, those dating from before the middle of the seventeenth century, have been included. Rolf Fritz,[6] the first of the modern scholars to systematically consider the subject of the cityscape in Dutch painting, straightforwardly describes the 'cityscape' or 'streetscape' as 'paintings that have as their principal theme either a view of a certain city or its streets.'[7] He stresses that the cityscape is a 'fully independent genre' and that 'until the middle of the 17th century [cityscapes] seemed still to be all of a piece with landscape, after this time, the cityscape became more and more distinct.'[8] He contrasts the term 'cityscape' with the *veduta:* 'In the broadest sense of the word, *veduta* means all depictions of cities, their streets, single buildings, villages and landscapes which can be clearly identified as representing an actual place.... 'Veduta' means an exact reproduction of a topographical situation, that is as exact a representation of 'life' as possible, true to the last detail... The artistic worth of a painting can be considered quite separately from its faithfulness in depicting a subject, for purposes of criticism... The cityscape is the artistic interpretation of a city motif, the transformation of an actual scene through the eyes of the artist. Topographical accuracy is secondary to the artist's freedom to deal with reality as he sees fit.'[9]

Briganti writes: 'the term *veduta* itself, as it is most widely understood today – a topographical view depicting a site, a building, a picturesque corner of a city, a panoramic townscape – is closely connected with the terminology of perspective. It derives from the same word meaning 'the point to which the sight is directed' and thence 'the appearance of a place', the 'prospect' of a place whether countryside, city or architectural subject...'.[10] While cityscape paintings could be classified as *vedute* and vice-versa, the two terms are best used separately so as to denote degrees of emphasis on perspective and topographical exactitude. Wagner in her study of Jan van der Heyden[11] follows the line established by Fritz, underscoring the important rôle of colour in the Dutch cityscape painters, and the strong landscape element in van der Heyden's work, contrasting these with the emphasis on topographical correctness and possible use of optical devices such as the *camera obscura* in Canaletto's views. Further, she notes the frequent visibility in Canaletto of the drawing construction under the colour, as opposed to van der Heyden's less formal and natural scenes.

dat 'het punt waarop de blik is gericht' betekent, en vandaar 'het aanzien van een plaats', het 'prospect' of gezicht op een plaats, hetzij landschap, stad of bouwwerk ...'[10] Hoewel men stadsgezichten als *vedute* kan classificeren en omgekeerd, is het beter de beide termen gescheiden te hanteren ter aanduiding van een meerdere of mindere mate van topografische en perspectivische exactheid. Helga Wagner sluit in haar studie over Jan van der Heyden[11] aan bij de opvatting van Fritz. Ze wijst op de belangrijke plaats die de kleur bij de Nederlandse schilders van stadsgezichten innam, en op het sterke landschapelement in het oeuvre van Van der Heyden. Ze stelt dit tegenover de nadruk op de topografische exactheid in Canaletto's werk, en het gebruik dat deze mogelijkerwijs heeft gemaakt van optische instrumenten als de camera obscura. Daarnaast wijst ze erop dat bij Canaletto onder de verflaag dikwijls de getekende opzet zichtbaar is, terwijl dit bij Jan van der Heyden niet het geval is. Schwartz daarentegen stelt dat Van der Heyden 'bij zijn stadsgezichten met hun sterk verkorte lijnen een systematisch gebruik lijkt te hebben gemaakt van de camera obscura, waardoor hij een schakel vormt tussen deze stroming in de Nederlandse schilderkunst en Canaletto en diens neef Bernardo Bellotto ...'[12]

In zijn *Dutch Landscape Painting of the Seventeenth Century* wijdt Stechow een hoofdstuk aan 'De stad': 'Wanneer is een schilderij met het gezicht op een stad geen 'landschap' meer en wordt het een echt 'stadsgezicht'? Op deze vraag bestaat natuurlijk geen antwoord dat iedereen tevreden zal stellen...'[13] Hij beklemtoont het landschapelement in schilderijen waarop een stad is afgebeeld en laat buiten beschouwing 'niet alleen alle kunstwerken die geheel of voornamelijk van topografisch belang zijn, maar ook die waarin de natuur zozeer door de architectuur of het genre (of beide) wordt verdrongen dat de landschappelijke entourage niet meer van overwegend belang is'.[14] Desondanks schenkt Stechow aandacht aan schilderijen van alle belangrijke leden van de groep stadsgezichtschilders, niet alleen aan het werk van landschapschilders als Ruisdael en Hobbema, die af en toe ook een stadsgezicht schilderden (zie cat. nos. 121, 116), maar ook aan schilderijen waarop nauwelijks een boom te bekennen valt. Wanneer hij schrijft over de invloed van de landschapschilders op de schilders van stadsgezichten in de benadering van hun onderwerpen – een belangrijk punt van onderscheid met hun voornamelijk topografisch gerichte voorgangers – komt Stechow, inhakend op Fritz,

Schwartz, on the other hand, emphasizes that van der Heyden 'seems to have made systematic use of the camera in painting his city views with their sharp foreshortenings, thus forming a link between this branch of Dutch painting and Canaletto and his nephew, Bernardo Bellotto....'.[12]

Stechow, in *Dutch Landscape Painting of the Seventeenth Century*, devotes a chapter to 'The Town': 'When does a picture which contains the view of a town cease to be a 'landscape' and become a 'cityscape' or town view proper? There is naturally no answer to this question which would satisfy everyone's taste...'.[13] He emphasizes the landscape element in views of towns, preferring to eliminate from his discussion 'not only all works that are of wholly or even primarily topographic interest but also those in which nature yields to architecture or to *genre* (or both) to such a degree as to minimize the paramount importance of landscape environment.'[14] Nevertheless, Stechow touches upon paintings by all the important members of the cityscape group, not only works by landscape painters such as Ruisdael and Hobbema who occasionally painted a cityscape (see cat. nos. 121, 116) but also pictures in which hardly a tree appears. Observing the influence of the landscape painters on the cityscape painters in their very handling of their subjects – a major point in distinguishing them from their primarily topographical predecessors – Stechow, drawing upon Fritz, makes his fundamental point:'... the town view proper does not appear before about 1650. ...it presupposes the renewed emphasis on structure and colour which has so consistently turned out to be the hallmark of those crucial years [in landscape]. The thought of a town view proper in the tonal style of the thirties and forties is almost an absurdity...'.[15]

These and other writers have considered the question of Dutch painting in which exterior architectural elements play a dominant rôle; although terminology and classification vary, there is general unanimity on which works qualify, since they are easily identifiable and limited in number.[16]

When we consider that Jan Vermeer's *View of Delft*,[17] *circa* 1660 (fig. 1), praised as the greatest single achievement of the seventeenth-century

1
Johannes Vermeer
Gezicht op Delft/View of Delft
's-Gravenhage/The Hague, Mauritshuis

tot de volgende fundamentele vaststelling: '...het echte stadsgezicht verschijnt pas omstreeks 1650... Het kon pas ontstaan bij de gratie van het hernieuwde accent op kleur en structuur, het meest typerende kenmerk van deze periode [in de landschapsschilderkunst]. De gedachte aan een zelfstandig stadsgezicht in de tonige stijl van de jaren dertig en veertig van de 17de eeuw is bijna absurd...'[15]

Naast nog een aantal anderen zijn dit de schrijvers die zich bezig hebben gehouden met die tak van de Nederlandse schilderkunst waarin de architectuur van het exterieur een overheersende rol vervulde; hoewel ze een verschillende terminologie en indeling in categorieën hanteren, zijn ze eensluidend in hun oordeel welke schilderijen tot de stadsgezichten moeten worden gerekend, omdat het hier om een beperkt aantal, gemakkelijk als zodanig te identificeren schilderijen gaat.[16]

Als we bedenken dat Jan Vermeers *Gezicht op Delft*,[17] van omstreeks 1660 (afb. 1), dat als het absolute hoogtepunt van de 17de-eeuwse Nederlandse traditie wordt geroemd, deel uitmaakt van de categorie schilderijen die we hier bekijken, dan wordt de bestudering van deze stroming extra interessant. Het zou best kunnen dat juist door het absolute meesterschap van Vermeer in het *Gezicht op Delft* en ook in het meer intieme, microcosmische gezicht in de stad *Het Straatje*[18], van omstreeks 1659 (afb. 2), andere beoefenaars van het stadsgezicht min of meer zijn verwaarloosd, terwijl wéér anderen, behalve in enkele zeer specialistische beschouwingen, geheel over het hoofd zijn gezien.

Dutch tradition, belongs to the category of paintings we are here examining, the study of that segment of the tradition takes on heightened interest. Perhaps also, because of the very greatness of his achievement in the *View of Delft* and also in that of his more intimate microcosmic inner-city view, *Street in Delft,* [18] circa 1659 (fig. 2), some practitioners of the cityscape have been somewhat neglected and others nearly completely overlooked outside of highly specialized studies. To say Vermeer (1632-1675) was working in a *genre* which was at that point well-defined would be overstating the case because he himself did so much to define new territory and set new standards, but neither would it be true to say that his pictures come out of a vacuum. For by mid-century, Dutch artists, notably in Delft, were producing views of towns which went somewhat beyond the merely literal, informative or illustrative. This fact led Max Friedländer to write, 'The highest, the incomparable achievement of Delft art is ... the town view.'[19] Stechow states: 'on the whole ...town view painting was the result of the stylistic change around 1650. Its origins lay, not in Haarlem, where Pieter Saenredam was working, but in Delft.'[20] Rosenberg, Slive and Ter Kuile agree, classing Vermeer's *View of Delft* 'as part of the new movement [of architectural paintings].'[21] They cite the work of architectural interior specialists in Delft such as Gerard Houckgeest, Hendrick Cornelisz. van Vliet (1611/12-1675) and particularly Emanuel de Witte who worked in Delft for a decade *c.* 1641- *c.* 1651.[22] De Witte also painted an occasional city view as a backdrop for

2
Johannes Vermeer
Het straatje/Street in Delft
Amsterdam, Rijksmuseum

Het zou te ver gaan te beweren dat Vermeer (1632-1675) een destijds welomschreven genre beoefende, daar hij zelf juist zoveel heeft gedaan om het nieuwe terrein te definiëren en nieuwe normen te ontwikkelen, maar men kan evenmin stellen dat zijn schilderijen ontstaan zijn in een vacuüm. Want tegen het midden van de 17de eeuw waren er, voornamelijk in Delft, al kunstenaars die de stad schilderden met een meer dan louter informatieve of illustratieve bedoeling. Hierop baseert Max Friedländer zijn uitspraak: 'Het hoogste, het onvergelijkelijke dat Delft op kunstgebied heeft voortgebracht is ... het stadsgezicht.'[19] Stechow meent: 'over het geheel genomen vloeide het schilderen van stadsgezichten voort uit de stilistische veranderingen omstreeks 1650. De oorsprong lag niet in Haarlem, de stad van Pieter Saenredam (1597-1665), maar in Delft.'[20] Deze mening wordt gedeeld door Rosenberg, Slive en Ter Kuile. Zij zien Vermeers *Gezicht op Delft* 'als onderdeel van de nieuwe stroming [de architectuurschildering].'[21]
Zij wijzen op het werk van de Delftse specialisten van het interieur zoals Gerard Houckgeest, Hendrik Cornelisz. van Vliet (1611/12-1675) en in het bijzonder Emanuel de Witte, die een tiental jaren in Delft heeft geschilderd, van omstreeks 1641 tot omstreeks 1651.[22] De Witte heeft enkele stadsgezichten geschilderd als achtergrond van genretaferelen buitenshuis (zie cat. no. 134, *De Kleine Vismarkt te Amsterdam,* 1678). Het meest opmerkelijke voorbeeld van de Delftse bijdrage aan de stijl van Vermeers stadsgezichten is het *Gezicht in Delft* (afb. 3) van Carel Fabritius (1622-1654), gedateerd 1652.[23] Dit kleine doekje (15,4 x 31,6 cm.), dat

an outdoor *genre* scene (see cat. no. 134, *The Small Fish Market in Amsterdam,* 1678). The most notable example of the Delft component in Vermeer's cityscape style is the *View in Delft* (fig. 3) by Carel Fabritius (1622-1654) dated 1652.[23] This small (15.4 x 31.6 cm.) canvas, originally mounted in a perspective box on a curved surface, was surely known to Vermeer. Its gentle atmospheric suffusion of light and colour is reflected both in Vermeer's two cityscapes and in the work of Pieter de Hooch (1629-after 1683) who was also working in Delft *c.* 1653-1660.[24]

Another ready source, one of specific organizational format rather than colour tonality, is the work of two Delft contemporaries of Vermeer, Egbert van der Poel (1621-1664) and Daniel Vosmaer (active mid-17th century). Daniel Vosmaer, the more creative of these two, painted several views of the explosion in Delft (cat. no. 128).[25] *View of Den Briel* (cat. no. 130) and his best-known work *View of Delft* (cat. no. 129) of 1663 present a much closer approximation of Vermeer's *View of Delft* in the internal variety of the architectural elements laterally silhouetted against the sky.[26] Also, his formats are similar in size to Vermeer's view. It is not inconceivable that both Vosmaer's views of Delft and Vermeer's single view were subjects requested or commissioned from the artists in order to show Delft from directions in which the city appears intact, since many of the views, including some of Vosmaer's, explicitly emphasize the damaged town and the ruined sections. The various strains of stylistic development in Delft – architectural

3
Carel Fabritius
Gezicht in Delft/View in Delft
Londen/London, National Gallery

oorspronkelijk tegen een gebogen oppervlak binnen in een kijkdoos of 'perspectiefkast' was bevestigd, moet Vermeer gekend hebben.
Het zachte, atmosferische waas van licht en kleur vinden we zowel terug in de beide stadsgezichten van Vermeer als in het werk van Pieter de Hooch (1629-na 1683), die in Delft werkzaam was (omstreeks 1653 tot 1660).[24]
Het werk van twee Delftse tijdgenoten van Vermeer, Egbert van der Poel (1621-1664) en Daniel Vosmaer (werkzaam rond het midden van de 17de eeuw) is een andere bron, meer van belang voor de compositie dan voor kleur en toon. Vosmaer, de meest creatieve van de twee, heeft verscheidene doeken gewijd aan de buskruitramp van Delft (cat. no. 128).[25] Zijn *Gezicht op Den Briel* (cat. no. 130) en zijn bekende *Gezicht op Delft* (cat. no. 129), 1663, komen in de verscheidenheid van de zich breeduit tegen de lucht aftekenende gebouwen veel dichter bij Vermeers *Gezicht op Delft*.[26] Daarbij stemt ook het formaat van Vosmaers schilderijen overeen met dat van Vermeers *Gezicht op Delft*.
Het is niet uitgesloten dat zowel de Delftse stadsgezichten van Vosmaer als het ene stadsgezicht van Vermeer door de kunstenaar in opdracht of op verzoek zijn gemaakt, met de bedoeling de stad vanuit die punten te laten zien van waaruit ze nog ongeschonden leek. Een groot aantal schilderijen namelijk, waaronder enkele van de hand van Vosmaer, brengen de in de stad aangerichte verwoestingen nadrukkelijk in beeld.
Kort samengevat: de verschillende stilistische ontwikkelingen in Delft – zowel in de interieurschilderijen en het genrestuk waarin het straatbeeld een grotere of kleinere rol speelt, zoals in het werk van

interiors, *genre* paintings in which views of streets play major and minor inter-related rôles (as in the work of Fabritius and de Hooch), and actual cityscapes themselves such as those by Vosmaer – all contribute or at least form the local background for Vermeer's *View of Delft*.

Another Dutch prototype for Vermeer's *View of Delft*, which has been noted by writers, is Esaias van de Velde's *View of Zierikzee*,[27] a small panel dated 1618. A relationship between the two, especially in composition, is certainly observable. For example, we can go further back in the traditions to Albrecht Dürer's (1471-1528) watercolour *View of Innsbruck*[28] of 1494 to find a spiritual antecedent. But the subtlety of Vermeer's colour and light penetrates into the very substance of the structure he paints in a way that forces our attention on the city as motif, the city as a representative class of subject, as worthy of portrayal as any figure, still life or landscape. This 'portrait' of a city embodies a broad, collective social expression of the country rather than an individual one. And although individualism was certainly a valued trait in seventeenth-century Dutch society, the impersonal detachment of the *View of Delft* is, in a sense, personal and at the same time universal in its appeal. The intense specificity of the motif in no way subtracts from this universality.[29] Indeed, it has been idealized, even glamourized, by Marcel Proust's devotion and the importance the French author gave to the *View of Delft* in his *A la Recherche du temps perdu*.[30] If, in their conception and execution, Pieter Saenredam's exterior views[31] (see fig. 4 and cat.

4
Pieter Jansz. Saenredam
De Mariaplaats met de
Mariakerk te Utrecht/St.
Mary's Square and St.
Mary's Church in Utrecht
Rotterdam, Museum
Boymans-Van Beuningen

Fabritius en De Hooch, als in het eigenlijke stadsgezicht zoals bij Vosmaer – hebben bijgedragen tot of vormden ten minste de achtergrond voor het *Gezicht op Delft* van Vermeer.

Een ander Nederlands schilderij dat volgens een aantal schrijvers associaties oproept met Vermeers *Gezicht op Delft* is Esais van de Velde's *Gezicht op Zierikzee*,[27] een klein paneeltje, gedateerd 1618. Er bestaat tussen beide schilderijen inderdaad een zekere verwantschap, vooral wat betreft de compositie. We kunnen nog verder teruggaan in de traditie, en in Albrecht Dürers (1471-1528) aquarel *Gezicht op Innsbruck*[28] van 1494 een voorloper zien. Maar de subtiliteit van Vermeers licht en kleur dringt door tot in het wezen van zijn onderwerp, op een manier die de aandacht vestigt op de stad als motief, de stad als een volwaardige categorie op één lijn met het portret, het stilleven of het landschap. Dit 'stadsgezicht' is niet zo zeer een individueel portret van een stad als de uitdrukking van een maatschappij als geheel. En hoewel het individualisme in de 17de-eeuwse Nederlandse samenleving zeker werd gewaardeerd, heeft de onpersoonlijke afstandelijkheid van het *Gezicht op Delft* in zekere zin zowel een persoonlijke als universele strekking. Dat het thema zo specifiek van aard is doet op geen enkele manier aan dit universele aspect af.[29] Het *Gezicht op Delft* is bijna buiten proportie geïdealiseerd door de verering die Marcel Proust ervoor koesterde en door de plaats die hij het gaf in zijn *A la Recherche du temps perdu*.[30] Het werk van Pieter Saenredam[31] (zie afb. 4 en cat. nos. 80, 82) moge in opvatting en uitwerking prozaïsch schijnen vergeleken bij de poëzie van de

nos. 80, 82) are relatively prosaic in comparison with the poetry of the Delft master, this fact merely points up two sides of the Dutch response to the Flemish realist tradition from van Eyck to Brueghel. Vermeer makes his facts no less real by his rendering in which details seem to partake of landscape generalization, whereas Saenredam does not proceed as far beyond the topographical or beneath the surface. It is a question of personal vision and degree, of conceptual rather than technical limitations, of epic as opposed to epigrammatic poetry.

Outside of the Netherlands – North and South – we must look to Spain for equally exceptional examples of cityscapes. El Greco's (c. 1541-1614) *View of Toledo*,[32] c. 1595-1600 and his *View and Plan of Toledo*,[33] c. 1610-'14 (fig. 5) are interesting to examine for what they reveal of the factual basis and sources of cityscape painting in general. In the panoramic *View and Plan of Toledo* a figure in the lower right foreground holds up a map of the city which becomes in itself a conspicuous motif within the composition. This map, a *repoussoir* device, flat against the foreground picture plane, does not merely signify the subject or stand apart, cartouche-like, but reinforces El Greco's broadly distorted spatial devices as the actual city spreads around in an arc and off deep into space on the opposite side. Vermeer also introduces maps prominently into several of his paintings, especially in *The Art of Painting*[34] of c. 1667. The border of the map in *The Art of Painting* consists of ten small cityscapes in vertical columns on each side of the map which has been identified as

5
El Greco
Gezicht op Toledo met plattegrond/View and Plan of Toledo
Toledo, Museo del Greco

Delftse meester, het laat slechts de andere kant zien van de Nederlandse reactie op de Vlaamse realistische traditie van Van Eyck tot Brueghel. Vermeer doet niets af aan de realiteit van de onderdelen als hij die laat opgaan in een landschappelijk geheel, terwijl Saenredam minder ver doordringt onder de oppervlakte van het topografische gegeven. Het is een kwestie van persoonlijke visie en van gradatie, van breedheid in conceptie eerder dan van technisch kunnen, een kwestie van epos of epigram.

Buiten de Noordelijke en Zuidelijke Nederlanden vinden we alleen in Spanje even uitzonderlijke voorbeelden van stadsgezichten. El Greco's *Gezicht op Toledo*,[32] omstreeks 1595-1600, en zijn *Gezicht op Toledo met plattegrond*,[33] omstreeks 1610-'14 (afb. 5), zijn vooral interessant voor de feitelijke grondslagen en bronnen van het stadsgezicht in het algemeen. Op het panoramische *Gezicht op Toledo met plattegrond* zien we op de voorgrond rechts een figuur die een plattegrond van de stad ophoudt, een opvallend motief in de compositie. Deze kaart heeft de functie van een *repoussoir*. Hij vormt niet uitsluitend een nadere aanduiding van het onderwerp, of een zelfstandig onderdeel als een 'cartouche', maar hij beklemtoont het verwrongen perspectief van de stad die in een boog voor ons ligt uitgespreid en zich aan de overzijde tot ver in de ruimte uitstrekt.

Ook Vermeer geeft kaarten in verscheidene van zijn schilderijen een opvallende plaats. Het duidelijkste voorbeeld hiervan is *De Allegorie op de schilderkunst*,[34] van omstreeks 1667. Aan weerszijden van deze kaart, waarvan vast staat dat hij gepubli-

having been published between 1631 and 1655.[35] This series of exquisite small impressionistic cityscapes indicates, that while Vermeer never returned to the motif of the city as a principal subject, his interests in expressing the full range of his ideas in subtle spatial devices were not simply confined to figures in interior settings. These very settings provided another means of projecting space beyond the fixed confines of the interior as do his windows, maps, paintings hung on walls and decorating furniture. Unfortunately, the border sections of this map no longer exist, so we are denied the opportunity to analyse precisely how Vermeer departed from and transformed what must have been views of much greater literalness than the sequence in his painting. If the twenty miniature cityscapes of Vermeer in their soft-focus atmospheric quality are closer to the handling in a detail of El Greco's paintings, the composition of the *View of Delft* is reminiscent of Juan Bautista del Mazo's *View of Saragossa*[36] (fig. 6) of 1647, especially if we confine ourselves to the section between the bridges on the left and right of the composition. We may therefore conclude that until around 1660 cityscapes which were works of art rather than merely records were extraordinary events, atypical of the prevailing modes of all traditions, and that only when the cityscape style crystallized in the Netherlands did artists show interest in the subject on a systematic basis.

Pieter Saenredam (1597-1665) played an extremely important rôle, especially but not entirely by virtue of his drawings, in the formulation by other painters of the cityscape *genre*.[37] Working in

ceerd is tussen 1631 en 1655,[35] zijn boven elkaar 10 stadsgezichten afgebeeld. Uit deze reeks uiterst verfijnde impressionistische stadsgezichtjes blijkt dat Vermeer zich later niet meer met de stad als hoofdmotief heeft beziggehouden, maar dat zijn streven naar de ruimtelijke vormgeving van zijn ideeën niet beperkt bleef tot figuren in een interieur. Deze reeks gezichtjes boden hem de gelegenheid om ruimte te scheppen buiten de beperkte grenzen van het interieur, net als de vensters, wandkaarten, schilderijen en het beschilderde meubilair. Helaas zijn de randtaferelen van deze kaart niet bewaard gebleven, zodat we niet in de gelegenheid zijn precies te analyseren hoe Vermeer de reeks ongetwijfeld veel natuurgetrouwer gedrukte stadsgezichten omgevormd heeft tot de reeks in zijn schilderij. Terwijl de twintig miniatuurstadsgezichtjes van Vermeer, waarvan de atmosferische behandeling aan soft-focus doet denken, sommige details op de doeken van El Greco dicht benaderen, doet de compositie van het *Gezicht op Delft* denken aan Juan Bautista del Mazo's *Gezicht op Saragossa*[36] (afb. 6) van 1647, vooral als we ons beperken tot het gedeelte tussen de bruggen links en rechts op het schilderij. Uit dit alles mogen we concluderen dat tot omstreeks 1660 een stadsgezicht als kunstwerk een ongewone gebeurtenis was, die afweek van de algemeen aanvaarde normen in de bestaande tradities. Pas toen het stadsgezicht zich in De Nederlanden tot een genre uitkristalliseerde, begonnen kunstenaars het onderwerp systematisch te bestuderen. Onder de schilders die het nieuwe genre hielpen ontwikkelen nam Pieter Saenredam een uitermate belangrijke plaats in, vooral door zijn tekeningen.[37] Hij

Haarlem, he also travelled to make on-the-spot drawings of churches, public buildings and views of streets in Utrecht, 's-Hertogenbosch, Amsterdam, Rhenen and other cities (cat. nos. 80, 81, 83).

Detailed dated drawings of architectural subjects, interiors and exteriors, some from unusual vantage points or angles but primarily head-on ground level views, begin to appear in the 1620s. Saenredam maintained an intense interest in things architectural. His father was an engraver and the son was acquainted with Jacob van Campen, the architect of the new Town Hall of Amsterdam, on which construction was started in 1648. Saenredam also owned the album of drawings containing views of Rome by the Haarlem artist Maerten van Heemskerck (1498-1574) who worked in Rome from 1532 to 1536. The spare precision and clarity of Saenredam's drawings served as the basis for numerous panel paintings of church interiors which began in the latter 1620s and which possibly came to play a part in the development of the Delft style of architectural painting. Another source for both Saenredam's drawings and paintings were the architectural models of churches throughout the Netherlands, painted on panels in a highly realistic fashion to serve as records of the architectural design. In these colour is subsidiary, thinly worked over a clear linear foundation.[38] A model of St. Bavo's Church in Haarlem, formerly attributed to Geertgen tot Sint-Jans, but now documented as the work of Pieter Gerritsz. and dated 1518, has hung in the church ever since that time. *St. Martin's Church, Zaltbommel*, 1562 (cat. no. 15) is

6
Juan Bautista del Mazo
Gezicht op Saragossa/View of Saragossa
Madrid, Museo del Prado

werkte in Haarlem, maar ging ook vaak naar Utrecht, 's-Hertogenbosch, Amsterdam, Rhenen en andere plaatsen om daar ter plaatse tekeningen te maken van kerken, openbare gebouwen en straatgezichten (cat. nos. 80, 81, 83). Sinds de jaren '20 van de 17de eeuw zijn er gedetailleerde, gedateerde tekeningen van bouwwerken bekend, interieurs zowel als exterieurs, die hij soms vanuit ongebruikelijke gezichtshoeken en standpunten, maar meestal gewoon vanaf ooghoogte laat zien. Saenredam had een intense belangstelling voor architectuur. Zijn vader was graveur. Zelf onderhield hij vriendschappelijke betrekkingen met Jacob van Campen, de bouwmeester van het nieuwe stadhuis van Amsterdam, waarvan de bouw in 1648 werd begonnen. Saenredam was ook in het bezit van een schetsboek met Romeinse gezichten van de Haarlemse kunstenaar Maerten van Heemskerck (1498-1574) die van 1532 tot 1536 in Rome heeft gewerkt. De behoedzame precisie en helderheid van Saenredams tekeningen diende als uitgangspunt voor zijn talloze schilderijen van kerkinterieurs die sinds 1630 tot stand kwamen, en die mogelijkerwijs een rol hebben gespeeld in de ontwikkeling van de Delftse architectuurschilderstijl. Een andere bron voor zowel Saenredams tekeningen als schilderijen waren de modellen van Nederlandse kerken die in een zeer natuurgetrouwe stijl op panelen werden geschilderd, om het bouwontwerp vast te leggen. De kleur speelt op deze panelen een ondergeschikte rol en is in een dunne laag over de duidelijk zichtbare ondertekening aangebracht.[38] Een model van de Sint Bavokerk te Haarlem, dat vroeger werd toegeschreven aan Geertgen tot Sint-Jans, maar waarvan nu is vastgesteld dat het van Pieter Gerritz. is, en dat het dateert uit 1518, heeft sindsdien altijd in de kerk zelf gehangen. De *Sint Maartenskerk te Zaltbommel,* 1562 (cat. no. 15) is een ander voorbeeld van dit type. Saenredam moet dit soort afbeeldingen hebben gekend, want met zijn tot in de kleinste bijzonderheden nauwkeurige herschepping van gebouwen en ruimten, blies hij als het ware leven in deze mechanische afbeeldingen. Er bestaat bijvoorbeeld een gedetailleerd model van de *Nieuwekerkstoren te Delft,* gedateerd 1620, waarop we een groep figuren en een hond aantreffen die wat conceptie betreft een opmerkelijke overeenkomst vertonen met Saenredams groots opgezette doek *De Mariaplaats met de Mariakerk te Utrecht,* gedateerd 1663 (afb. 4). Dit schilderij is, op een paar extra figuren en bomen na, een vrijwel exacte uitwerking van een tekening uit 1636 (cat. no. 83). Op dezelfde manier

another example of this type of traditional forerunner. Saenredam was no doubt familiar with such representations, for in his meticulously accurate recreations of the architectural elements and spaces he breathed life into these mechanical renderings. One detailed painted record, the *Nieuwekerkstoren, Delft,* dated 1620, shows a group of figures and a dog, remarkably similar in conception to Saenredam's large-scale *St. Mary's Square and St. Mary's Church from the West,* dated 1663 (fig. 4). This painting was made from a drawing dated 1636 (cat. no. 83), nearly exact but for a few additional figures and trees. Saenredam's *Old Town Hall of Amsterdam,* dated 1657, was likewise made from a detailed drawing-watercolour dated 1641.[39] The linear finesse of its construction and the delicate tints of colour that build the volume-space relationships recall one of Saenredam's early forerunners in the Flemish tradition, Jan van Eyck's (*c.* 1390-1441) *St. Barbara* of 1437.[40] Apart from the influence of the drawings and paintings themselves upon later cityscape artists, this delayed-action use of drawings made years before had, as we shall see, basic impact on the working methods of some of the most important of the cityscape artists.

Our discussion of the high period of the Dutch cityscape begins during the 1660s with the brothers Berckheyde – Job (1630-1693) and Gerrit (1638-1698) – both born and living throughout their careers in Haarlem. Job, the eldest, entered the painters' guild there in 1654 and, accompanied by his younger brother, made an extensive trip working or at least sketching in Germany, visiting Cologne, Bonn, Mannheim and Heidelberg. This voyage most likely took place in the latter part of the 1650s and in 1660, some time after their return, Gerrit entered the guild. No work from this period by either brother is known to exist. Relatively few paintings by Job have come down to us and he appears to have painted more *genre* than architectural scenes. His *Oude Gracht in Haarlem* (cat. no. 107) dated 1666(?), is viewed head-on, probably from a bridge. The trees along the sides of the canal, which form a screen across the top of the composition, the canal itself and spaces under and over the bridges, move our eye deep into a tunnel of space. The embankments, the boat with figures and especially the water itself are suffused with a warm, gentle translucence resulting from the thin glazes of russet tones on the panel. Although Job's architectural subjects[41]

maakte Saenredam *Het oude stadhuis van Amsterdam*, gedateerd 1657, naar een gedetailleerde geaquarelleerde tekening van 1641.[39] De finesse van lijn en de tere kleuren waarmee de verhouding tussen ruimte en volume worden opgebouwd herinneren aan één van Saenredams vroege voorlopers in de Vlaamse traditie, de *Heilige Barbara* van Jan van Eyck (omstreeks 1390-1441) uit 1437.[40] Naast de invloed die van de tekeningen en schilderijen zelf uitging op de latere stadsgezichtschilders had, zoals we nog zullen zien, ook het gebruik om te werken naar jaren tevoren gemaakte tekeningen een fundamentele invloed op de werkwijze van een aantal belangrijke schilders van stadsgezichten.

De bloeiperiode van het Nederlandse stadsgezicht begint in de jaren '60 van de 17de eeuw met de gebroeders Job (1630-1693) en Gerrit (1638-1698) Berckheyde. Ze werden in Haarlem geboren en bleven daar tot het einde van hun loopbaan wonen. Job Berckheyde, de oudste, werd in 1654 lid van het schildersgilde, en maakte in gezelschap van zijn broer een reis door Duitsland, waarbij hij onder andere in Keulen, Bonn, Mannheim en Heidelberg heeft gewerkt, of in ieder geval tekeningen heeft gemaakt. Deze reis heeft waarschijnlijk aan het einde van de jaren '50 plaatsgevonden.

Kort nadat de beide broers in 1660 waren teruggekeerd trad ook Gerrit tot het gilde toe.

Voor zover bekend bestaat van geen van beiden werk uit deze periode. Van Job Berckheyde zijn betrekkelijk weinig schilderijen bewaard gebleven, en het schijnt dat hij zich meer met het genrestuk dan met de architectuurschildering heeft beziggehouden. Bij zijn gezicht op de *Oude Gracht te Haarlem*, gedateerd 1666 (?) (cat. no. 107) kijkt men in de lengterichting over de gracht, waarschijnlijk vanaf een brug. De bomen links en rechts van de gracht die de compositie aan de bovenzijde afschermen, de gracht zelf en de ruimten boven en onder de bruggen voeren onze blik als door een tunnel de diepte in. De wallekanten, de boot met de figuurtjes en in het bijzonder het water zelf zijn doordrongen van een warme, tere, doorschijnende glans als resultaat van de roodbruine tonen die in dunne glacis op het paneel zijn aangebracht. Hoewel uit Job's architectuurstukken[41] een zekere invloed van Saenredam blijkt, zijn noch de toon, noch de verfbehandeling, noch de tekenwijze in de *Oude Gracht,* verwant aan het werk van deze architectuurspecialist. Ze lijken eerder geënt te zijn op de schilderijen van de Haarlemse meester Adriaen van Ostade (1610-1685), wiens genrestukken Job goed moet hebben gekend.

reflect some influences of Saenredam, neither the tonality or character of his paint application nor his drawing in *Oude Gracht* relate to that architectural specialist's work. They seem rather to stem from the paintings of Adriaen van Ostade, another Haarlem master whose *genre* scenes would have been well-known to Job.

In his new variations on the cityscape motif, Gerrit Adriaensz. Berckheyde makes an important contribution to the seventeenth-century Dutch tradition. His work displays a subtle feeling for colour and texture, a sturdy sense of pattern and volume organization, and a forceful but sparing use of atmospheric light which enlivens the intricate contained spaces of his urban views. His work expresses a gentle drama, resulting from coordinated small-scale units – a creative adaptation of the Flemish legacy present in all Dutch painting. He was also a landscape painter; although this aspect of his work is subsidiary to the cityscapes, it contributes to his skill in the painting of foliage, figures and other objects which play essential rôles in his space compositions. Berckheyde's colour is generally a graded spectrum of subdued reds, blues, blacks, browns and greens, roses, pinks, ivories, pearly greys with occasional yellow and orange accent notes. There is also in his work a considerable use of dark shadows which nevertheless retain an intense colourfulness. Even though his drawing of details is precise, a certain mellowness of each internal area prevents the linear junctures between units from being obviously crisp. There is rarely in Berckheyde's pictures a sense of slavish adherence to architectural accuracy for its own sake or at the cost of the particular colour, light, volume and patterns of the motifs which comprise the compositions.

Gerrit's dated works appear in the latter part of the 1660s and throughout his career he painted numerous versions of certain nearly-identical motifs.[42] Of these, the *Grote Markt* in Haarlem and the *Dam* square in Amsterdam were among the subjects he most frequently explored (see cat. nos. 102, 106, 104). He also painted many pictures in The Hague (see cat. no. 105) as well as scenes with houses in the countryside. Berckheyde was familiar with the work of his contemporaries among the landscape painters and is indebted notably to Hobbema for his handling of trees which tend toward dense greens with black or

Gerrit Adriaensz. Berckheyde levert met zijn nieuwe varianten op het thema stad een belangrijke bijdrage aan de 17de-eeuwse traditie. Uit zijn werk spreekt en subtiel gevoel voor kleur en stofuitdrukking, een sterke vlakverdeling en een krachtig doch terughoudend gebruik van een sfeervol licht dat de intieme besloten ruimten van zijn stadsgezichten verlevendigt. Zijn werk bezit een soort milde dramatiek die bereikt wordt door de harmonieuze samenvoeging van details: het is een creatieve verwerking van de Vlaamse erfenis die we in de hele Nederlandse schilderkunst tegenkomen. Gerrit Berckheyde was ook landschapschilder, hoewel dit aspect van zijn werk ondergeschikt is aan de stadsgezichten. Het komt echter ten goede aan zijn bedrevenheid in het schilderen van bomen, figuren en andere objecten die in zijn ruimtelijke composities een essentiële rol vervullen. Berckheyde's kleur bestaat in het algemeen uit een geschakeerd spectrum van gedempte roden, blauwen, zwarten, bruinen en groenen, rozen, rozeroden, ivoren en parelgrijzen, met hier en daar een geel of oranje accent. Hij maakt ook een ruim gebruik van donkere schaduwen die desondanks intens rijk van kleur blijven. Hoewel de tekening van de onderdelen nauwkeurig is, voorkomt een zekere mildheid binnen iedere afzonderlijke partij dat de overgangen abrupt verlopen. De accuratesse waarmee Berckheyde de architectuur schildert is geen slaafse imitatie van de werkelijkheid en gaat niet ten koste van de kleur, het licht, het volume en de compositie. Wij kennen gedateerde werken van Gerrit Berckheyde vanaf de tweede helft van de jaren '60. Hij heeft talloze versies gemaakt van bepaalde vrijwel identieke motieven.[42] Zo heeft hij zich met name herhaaldelijk beziggehouden met de Grote Markt te Haarlem en de Dam te Amsterdam (zie cat. nos. 102, 106, 104).

Ook in Den Haag heeft hij veel schilderijen gemaakt (zie cat. no. 105), terwijl hij eveneens landhuizen heeft geschilderd. Berckheyde kende het werk van de landschapschilders uit zijn tijd, hij heeft met name veel te danken aan Hobbema wat betreft de weergave van bomen in zware groenen met zwarte of witte accenten, hetgeen zijn gebladerte een luchtig maar geen ijl effect verleent. Berckheyde heeft het werk van zijn Haarlemse voorloper Saenredam ongetwijfeld bestudeerd. De manier waarop hij zijn luchten schildert en de harmonieuze integratie van het licht wijzen op invloeden van Saenredam en doen bovendien vermoeden dat hij het werk van de Delftse schilders, waaronder dat van Vermeer heeft gekend. Maar er

white accents, lending a wispy but not insubstantial effect to his foliage. Berckheyde doubtless studied Saenredam's work and although his painting of skies and the harmonious integration of light into his patterns indicates a debt to his Haarlem forerunner as well as a knowledge of painting in Delft, including that of Vermeer, there is a distinct contrast in the colour schemes and sense of weight in their respective styles. Where Berckheyde owes a debt to Saenredam is in the former's method of using drawings done on the spot as the basis for pictures executed years afterward. This is most evident in the numerous views of specific architectural motifs in his views of Cologne, dated examples of which begin to appear in the early 1670s. These were probably executed from a considerable repertoire of subjects drawn during his youthful trip, which also accounts for the fact that motifs – especially identifiable churches in Cologne – are shifted around in various compositions, appearing in conjunction with different combinations of squares, streets and backgrounds.[43] His Dutch views remain faithful to the actual settings; in the Cologne views he takes greater compositional liberties. Berckheyde, however, appears not to have composed cityscapes with imaginary architectural motifs as was the case with his contemporary Jan van der Heyden. The fact that he rearranged the elements in the Cologne views in no way affects the relative quality of the Dutch versus the German views but indicates that the artist did not travel again to Germany to paint those scenes from life.

The Flower Market in Amsterdam (cat. no. 103) is generally considered to be Berckheyde's masterpiece. In this composition, the artist's near-at-hand yet not informal sense of intimacy, a kind of distilled classicism, is seen at its most powerful. On the left of the painting the pinkish-red wall and three chimneys form a geometric pattern with the shadow and the horizontal linear division of the wall. The man and horse in shadow, the patterns of wall, windows, roof, chimney, doorway and division of the wall, with one small tree at the extreme left, the flowerpots in the foreground, the three trees to the right of the house – in shadow on their left and in sunlight to their right – all form a diminutive variation on Vermeer's *Street in Delft* (fig. 2) and the courtyard scenes of de Hooch. The shadow on the wall works its way up, left to right, with the

is een duidelijk verschil in het kleurgebruik en in de contrastwerking. Berckheyde heeft vooral zijn voordeel gedaan met de methode van Saenredam om zijn schilderijen te baseren op tekeningen die hij jaren eerder ter plaatse had gemaakt.

Dit komt het duidelijkst naar voren uit de talrijke Keulse stadsgezichten, waarvan de vroegst bekende omstreeks 1670 gedateerd zijn. Hij heeft hiervoor waarschijnlijk gebruik gemaakt van de schetsen die hij in zijn jonge jaren tijdens zijn reis door Duitsland had gemaakt. Dit vormt tevens de verklaring voor het feit dat sommige gebouwen – met name een aantal identificeerbare kerken te Keulen – niet op alle composities op dezelfde plaats staan, en in samenhang met wisselende combinaties van pleinen, straten en achtergronden voorkomen.[43] Op zijn Hollandse schilderijen houdt hij zich wel aan de feitelijke situatie, in de Keulse stadsgezichten veroorlooft hij zich grotere vrijheden in de compositie. Toch lijkt het dat Berckheyde geen stadsgezichten met denkbeeldige bouwwerken heeft gemaakt, zoals zijn tijdgenoot Jan van der Heyden placht te doen. Dat hij in de Keulse schilderijen elementen opnieuw heeft gegroepeerd staat los van het feit dat de Hollandse stadsgezichten van iets hogere kwaliteit zijn dan de Duitse; het wijst er alleen maar op dat de schilder niet voor een tweede maal naar Duitsland is gegaan om die gebouwen naar het leven te schilderen.

De Bloemmarkt te Amsterdam (cat. no. 103) wordt over het algemeen als Berckheyde's meesterwerk beschouwd. Deze compositie is het duidelijkste voorbeeld van Berckheyde's huiselijke maar niet informele gevoel voor intimiteit. Links op het schilderij vormen de rozerode muur en de drie schoorstenen een geometrisch patroon met de schaduw en de in horizontale vlakken verdeelde muur. De man met het paard in de schaduw, het lijnenspel van muur, ramen, dak, schoorsteen, portiek en muurverdeling, met het kleine boompje uiterst links, de bloempotten op de voorgrond en de drie bomen rechts van het huis – links in de schaduw, rechts in de zon – vormen tezamen een verkleinde variant op Vermeers *Straatje* (afb. 2) en op de binnenplaatsen van De Hooch. De schaduw op de muur klimt, van links naar rechts omhoog en vormt met de hoek die beschreven wordt door de wallekant en de brug, een opeenvolging van nauw met elkaar verweven geometrische figuren. Als tegenwicht strekt het door de zon beschenen rechtergedeelte van de boomgroep zich over de voorgevel van het stadhuis uit, hetgeen tezamen

angle of the quay and bridge in a sequence of tightly-knit geometric shapes. As a counter theme the sunlit right portion of the trees extends to the façade of the city hall, which together with the white focal point of the horse and the shape of the passageway under the bridge create a series of subtle spatial events that make of the lateral structure of the picture a continuously varied arrangement of differently textured volumes in space. The irregular patterns of the blue-grey sky work with the tree as irregular shapes organized so as to alleviate what otherwise might be the strictly geometric verticality of the architectural elements. The globe is blue, the roof of the town hall is greyish pale blue with pinkish-ivory chimneys. The patterns dividing the large boat in the foreground are echoed in the façade of the town hall and the patterns in the water – a varied dark green, brown, white and grey. On the right there is a strict alignment of gables and roofs with striped patterns – pink, red, ivory and grey, alternately cool and warm, with three prominent red chimneys at the extreme right balancing the three on the extreme left. The modulation of heights across the composition, the dense vertical-horizontal play, the contrasts between regular and irregular, cool-warm, light-dark, curved-straight, are marvels of unexpected complexity drawn from such an apparently impersonal and impassive motif. The activity taking place is as fixed as the architecture, calm without a strict sense of detachment, and there is a feeling of solidity to the whole ensemble. Textures tend to be smooth, not rugged, with a pleasing sense of patinated surfaces – pearly, worn ivory, velvety in the sky – and just enough textural differentiation to bar any monotony. The thirty-two figures and four horses are set within the picture with a sense of scale which is intimate rather than monumental, but proportionately weighty. The architecture, while central and the real subject of the painting, nevertheless does not dominate the figures' gently suspended animation. There is an enormous wealth of pictorial incident without being incidental, fragmentary, or accidental. *The Flower Market in Amsterdam* demonstrates Berckheyde's vision of the city as a fund of pictorial ideas observed, controlled and selectively rendered by an artist who treats the city as an interior, or still-life set-up to be explored for its own sake.[44]

1   Jan van der Heyden (1637-1712), the other great exponent of the cityscape, was born in

met het in het oog vallende wit van het paard en de doorgang onder de brug een subtiele reeks van ruimtelijke belevingen te weeg brengt, waardoor de in de breedte opgebouwde compositie een sterk gevarieerde dieptewerking krijgt. Het onregelmatige patroon van de blauwgrijze lucht en de boom vormt een tegenwicht voor de anders misschien té strakke verticale lijnstructuur van de gebouwen. De wereldbol is blauw, het dak van het stadhuis grijzig-lichtblauw en de schoorsteen ivoorwit met een roze gloed. De verdeling in spanten van de grote boot op de voorgrond wordt herhaald in de gevel van het stadhuis en in het water – een kleurenspel met donkergroen, bruin, wit en grijs. Rechts ziet men de strakke lijnen van de gevels en daken in een afwisselend koel en warm roze, rood, ivoor en grijs, en de drie in het oog springende rode schoorstenen uiterst rechts, die een tegenwicht vormen voor de drie schoorstenen links. Het ritme van de hoogteverschillen, het nadrukkelijke spel van horizontale en verticale lijnen, de contrasten tussen regelmatig en onregelmatig, koel en warm, licht en donker, gebogen en recht, geven dit schijnbaar zo onpersoonlijke en onverstoorbare motief een wonderlijk verrassende complexiteit. De stoffage is al even stabiel als de architectuur, er is rust zonder afstandelijkheid en het geheel ademt een sfeer van soliditeit. De stofuitdrukking is zacht en effen met een aangenaam patina van paarlemoer of oudivoor, fluwelig in de lucht, maar zo gevarieerd dat er geen moment sprake is van eentonigheid. De tweeëndertig figuren en vier paarden zijn met een meer intiem dan monumentaal gevoel voor proportie in het schilderij geplaatst, zonder daardoor aan belang in te boeten. Hoewel de architectuur centraal staat en het eigenlijke onderwerp is van het schilderij, worden de figuren in hun verstilde beweging er niet door overheerst. Het schilderij bevat een weelde aan picturale details, zonder dat deze toevallig, fragmentarisch of bijkomstig zijn. Uit de *Bloemmarkt* blijkt dat Berckheyde de stad ziet als een reservoir van picturale ideeën die de kunstenaar observeert en beheerst selecterend weergeeft, waarbij hij de stad net als een interieur of een stilleven behandelt, dat op grond van eigen, innerlijke kwaliteiten de aandacht verdient.[44]

Jan van der Heyden (1637-1712), de andere belangrijke vertegenwoordiger van het stadsgezicht werd in Gorinchem geboren, maar verhuisde als jonge man naar Amsterdam waar hij tot zijn dood is blijven wonen.[45] Hij is in de leer geweest bij een glazenier, en zijn latere activiteiten als werktuig-

Gorinchem, but his family moved to Amsterdam when he was a young man and he lived there until the end of his life.[45] He was the pupil of a glass painter; his later activities as a mechanical engineer perhaps indicate that he also received some form of basic scientific training.[46] He is documented as living on the Herengracht in 1661. His earliest dated works in the mid-sixties are still lifes, the earliest extant cityscape dating from 1666.[47] Van der Heyden also painted landscapes. The figures in some of his cityscapes were painted by Adriaen van de Velde (1636-1672) and Johannes Lingelbach (1624-1674).[48] He travelled in Germany around the same time as the Berckheydes and, like Gerrit, painted numerous versions of Cologne and other German cities (see cat. no. 114, *View of Emmerik*) worked up from earlier drawings. Van der Heyden and Berckheyde certainly knew each other's work. He also travelled in Belgium which provided sources for many views as did towns such as Delft, Utrecht, Veere and Nijmegen. Despite the sense of unrelieved objectivity in all his cityscapes, and the accuracy of many, examination of van der Heyden's architectural motifs indicates that he took extensive liberties in rearranging the topography of his subjects, producing what Stechow has termed 'composite views'.[49] He also painted many architectural fantasies, some with italianate Baroque buildings for which his source of knowledge could have been both van de Velde and Lingelbach (see *Cityscape*, cat. no. 115). The influence of Saenredam is evident especially in the miniature effect which pervades all van der Heyden's work (see cat. no. 110, *Imaginary Cityscape*, 1670).[50] Rosenberg, Slive and Ter Kuile observe that '...a quality of early Flemish painting seems to reappear: exquisite refinement without prettiness.'[51] Surely a major contributory factor in achieving this quality is the predominant use of panels, emphasizing and augmenting the polish of van der Heyden's surfaces. Van der Heyden's views of canals and squares, as well as the more exotic imaginary motifs he assembled, glow with an exceptional clarity of sunlight interspersed with crisp detail. As in Berckheyde, trees and foliage are integrated throughout to relieve the inherent regularity of the architectural motifs. Van der Heyden fuses subtlety in placement and vivid detail in his drawing with a glowing richness of colour to make his cityscapes picturesque in the best sense of the term.

Van der Heyden devoted much of his energy to the invention of improvements in street lamps and

kundige en uitvinder doen vermoeden dat hij ooit in de beginselen van de natuurwetenschap moet zijn ingewijd.⁴⁶ Het is bekend dat hij in 1661 op de Herengracht woonde. Zijn vroegst gedateerde schilderijen stammen uit het midden van de jaren zestig en zijn stillevens; het eerste ons bekende stadsgezicht is van 1666.⁴⁷ Van der Heyden heeft ook landschappen geschilderd. De figuren in een aantal van zijn stadsgezichten zijn geschilderd door Adriaen van de Velde (1636-1672) en Johannes Lingelbach (1624-1674).⁴⁸ Hij heeft omstreeks dezelfde tijd als de gebroeders Berckheyde een reis door Duitsland gemaakt, en net als Gerrit Berckheyde heeft hij talloze variaties op gezichten in Keulen en andere Duitse steden geschilderd (zie cat. no. 114, *Stadsgezicht te Emmerik*), gebaseerd op eerder gemaakte tekeningen. Van der Heyden en Berckheyde hebben elkaars werk ongetwijfeld gekend. Van der Heyden heeft ook gereisd in België, dat hem evenals Delft, Veere, Utrecht en Nijmegen de thema's verschafte voor menig schilderij. Ondanks de sfeer van objectiviteit die uit al zijn stadsgezichten spreekt, en ondanks het feit dat vele daarvan zeer natuurgetrouw zijn weergegeven, blijkt bij nauwkeurige beschouwing dat hij het niet zo nauw nam met de topografische situatie, hetgeen resulteerde in wat Stechow 'samengestelde gezichten' noemt.⁴⁹ Ook heeft hij veel gefantaseerde bouwwerken geschilderd, die hij zowel aan Van de Velde als aan Lingelbach kan hebben ontleend (zie cat. no. 115). In zijn werk is een duidelijke invloed van Saenredam aanwijsbaar, vooral als we kijken naar de ver doorgevoerde detaillering die in zijn hele oeuvre aanwezig is (zie cat. no. 110, *Gefantaseerd stadsgezicht*, 1670).⁵⁰ Rosenberg, Slive en Ter Kuile merken hierover op: '...een kenmerk van de vroege Vlaamse schilderkunst schijnt hier zijn intrede te doen: verfijnd raffinement zonder bekoorlijkheid.'⁵¹

Dit effect is ongetwijfeld voor een deel het gevolg van het feit dat Van der Heyden veel op paneel heeft geschilderd, wat de gepolijste gladheid van het verfoppervlak nog accentueerde en versterkte. Zowel Van der Heydens gezichten op grachten en pleinen als zijn meer exotische fantasieschilderijen zijn als het ware doorgloeid met een ongewoon helder zonlicht dat de rijke detaillering scherp doet uitkomen. De bomen en het gebladerte zijn net als bij Berckheyde in het geheel geïntegreerd om de regelmaat die inherent is aan architectonische motieven te verzachten. Bij Van der Heyden gaan een subtiel gevoel voor compositie en een levendig gebruik van details gepaard met een warme kleuren-

was appointed Director of Street Lighting for the city of Amsterdam in 1670. In 1672, together with his brother Nicolaes, he invented and manufactured a new type of fire hose and in 1677 became fire chief of Amsterdam. In 1690, together with his son, Jan, he published and illustrated a book on his invention (cat. no. 49). So, in effect, we find a unique situation in which an artist not only leaves behind him a record of the appearance of Amsterdam but also makes essential contributions to the environment itself, to its preservation, and to the very commerce of the city. These activities and civic responsibilities to which the artist devoted an increasing amount of time also made him a rich man. By the 1680s his production of paintings began to diminish although he continued to paint until his death thirty years later in 1712.

View of the Oudezijds Voorburgwal with the Oude Kerk in Amsterdam (cat. no. 112) probably dating from the latter part of the 1660s, shows van der Heyden's cityscape style at its finest and most typical. No better description could be found for this picture than the general remarks made in 1855 by the English writer George Stanley: 'The accurate minuteness with which all these objects were delineated would have awakened admiration only at the excessive labour of the artist, had he not added to his work the beauty of colour in all the suavity of which it is capable. The delicate lightness of his penciling coincided with the microscopic objects; the colours melt and blend with each other, and the delusive *chiaroscuro*, heightening the charm, gives force and vigour to every part, making it true to nature. The beauty of his skies, whether clouded or serene, or illumined by sunshine, has great attraction. The light-floating silvery vapour relieves the intensity of the azure; or gilded by the sun, enriches by contrast the verdure of his foliage.'⁵²

An unusual result of van der Heyden's collaboration with Adriaen van de Velde is *Cityscape with Ox and Dog* (cat. no. 113) *c.* 1665-1672. The combination of two, actually three, *genres* of Dutch painting – cityscape, landscape and the animal 'portrait' recalling Potter – reinforces the ever-present connection of the cityscape with the Dutch landscape tradition.⁵³

The representation of cities by Dutch artists who were primarily landscape painters can be found in

weelde, waardoor zijn stadsgezichten in de beste zin van het woord pittoresk genoemd kunnen worden. Van der Heyden heeft veel gedaan voor de verbetering van de straatverlichting. In 1672 ontwikkelde hij samen met zijn broer Nicolaes een nieuw type brandspuit, en in 1677 werd hij opperbrandmeester van Amsterdam. In 1690 publiceerde hij samen met zijn zoon Jan een door hem zelf geïllustreerd boek over deze uitvinding. De unieke situatie doet zich hier dus voor dat een kunstenaar niet alleen het aanzien van zijn stad voor het nageslacht heeft vastgelegd, maar ook zelf een belangrijke bijdrage heeft geleverd aan de instandhouding, en aan de handel en nijverheid zelf van die stad. Door zijn uitvindingen en door de functies die daaruit voortvloeien en waaraan hij steeds meer tijd ging besteden, werd Van der Heyden een gefortuneerd man. Hij heeft dan ook sinds ongeveer 1680 steeds minder geschilderd, hoewel hij tot aan zijn dood, dertig jaar later in 1712, het penseel is blijven hanteren.

Het *Gezicht op de Oudezijds Voorburgwal met de Oude Kerk te Amsterdam,* (cat. no. 112) is een fraai en typerend voorbeeld van Van der Heydens stijl. Het dateert waarschijnlijk van kort voor 1670. Er bestaat van dit schilderij geen betere beschrijving dan die van de Engelse schrijver George Stanley, die er in 1855 het volgende over zei: 'De minutieuze precisie waarmee al die objecten zijn getekend zou uitsluitend ontzag hebben gewekt voor de Herculesarbeid van de kunstenaar, ware het niet dat hij in zijn werk alle schoonheid en lieflijkheid van de kleur heeft weten te leggen. Zijn delicate, lichte penseelvoering valt samen met de microscopisch kleine objecten; de kleuren versmelten en vermengen zich, en het bedrieglijk natuurgetrouwe *chiaroscuro,* dat de charme nog verhoogt, geeft kracht en vitaliteit, ja leven aan ieder onderdeel. De schoonheid van zijn luchten, soms zwaar bewolkt, dan weer helder grijs of door de zon doortinteld, heeft een grote bekoring. Een op het licht zwevend zilverig waas verzacht de intensiteit van het azuur, of het vormt, verguld door de zon, een rijk contrast met het groen van het gebladerte'.[52]

Een ongebruikelijk resultaat van de samenwerking tussen Van der Heyden en Adriaen van de Velde is het *Stadsgezicht met os en hond* (cat. no. 113), omstreeks 1665-1672. De combinatie van twee, of eigenlijk drie verschillende genres - stadsgezicht, landschap, en het aan Potter herinnerende 'dierportret' onderstreept hier nog eens de band die het stadsgezicht altijd heeft bewaard met de Neder-

a group of atypical but notable excursions into the cityscape *genre* by such men as Jan Wijnants (1632-1684), Meyndert Hobbema, Pieter Wouwerman (1623-1682), and Jacob van Ruisdael (c. 1628/29-1682). Wijnants' *View of the Herengracht, Amsterdam* (cat. no. 136) of c. 1660-1662, is a unique departure for the artist, which Stechow has called 'the first . . . inner-city view painted by any Dutch artist of the 'Golden Age'.'[54] He also remarks that its colour 'is almost entirely restricted to the silvery gray-green and light brown of the trees, the reddish nuances in the architecture and some of the figures, and a dark bluish gray in the sky – a combination which is echoed to a degree in . . . Amsterdam scenes by [Gabriel] Metsu, Hobbema and Ruisdael, but quite different from those by Jan van der Heyden.'[55]

Hobbema's *A View of the Haarlem Lock and the Herring-Packers' Tower, Amsterdam*[56] (cat. no. 116) is discussed by the same writer as follows: 'The compositional equilibrium of the picture is superb, with the most harmonious relationship between tower, houses, lock, bridge, masts and trees, a wonderfully cool shade, a perfect sky, luminous greys, and a bluish-green foliage which goes well with the brick-red. The well-placed, unobtrusive figures are by Hobbema's own hand.'[57] Pieter Wouwerman in his *Horse Market in Delft* (cat. no. 135) c. 1670, carries on the long-standing tradition of an outdoor *genre* scene in which the town is seen as a setting (see, for example, cat. nos. 2, 10, 11).

Immediate forerunners of this type of view can also be found in varying degrees in the work of such artists as Jan Steen (1626-1679)[58] and Hendrick Martensz. Sorgh (c. 1611-1670). In Wouwerman, the Delft tradition engenders a more comprehensive town panorama than in the work of either Steen or Sorgh (see cat. no. 124) and the considerable activity of the horse market shares rather than dominates the scene. The emphasis laid on the clear profile against the sky is a direct legacy of Vermeer, Vosmaer and de Hooch.

In many cases it is difficult to distinguish the limits between landscape and cityscape or at least the predominance of one aspect over another. In Jacob van Ruisdael's *View of Egmond on the Sea* (cat. no. 121) of 1648 the entire village is situated in a landscape setting, recessed in an expanse of fields, the remaining two-thirds of the sky with irregularly silhouetted *repoussoir* tree at the left

landse landschapstraditie.⁵³ Er waren schilders van stadsgezichten die zich soms aan een landschap waagden, en natuurlijk ook landschapschilders die af en toe een stadsgezicht hebben gemaakt, zoals Jan Wijnants (1632-1684), Meyndert Hobbema, Pieter Wouwerman (1623-1682) en Jacob van Ruisdael (omstreeks 1628/29-1682). De schilder Wijnants heeft maar één stadsgezicht gemaakt, *De Herengracht te Amsterdam,* (cat. no. 136) omstreeks 1660-1662. Stechow noemt dit: 'het eerste...gezicht op de binnenstad van een Nederlandse schilder uit de Gouden Eeuw.'⁵⁴ Hij merkt tevens op dat de kleuren 'vrijwel geheel beperkt zijn tot het zilverig grijsgroen en lichtbruin van de bomen, de roodachtige nuances in de architectuur en sommige figuren en het donkere blauwgrijs van de lucht – een combinatie die we later min of meer terugvinden in de Amsterdamse schilderijen van Metsu, Hobbema en Ruisdael, maar die aanzienlijk verschilt van die van Jan van der Heyden.'⁵⁵ Van *De Haarlemmersluis en de Haringpakkerstoren te Amsterdam*⁵⁶ door Hobbema (cat. no. 116) zegt Stechow het volgende: 'Het compositorisch evenwicht van het schilderij is meesterlijk, er is een volkomen harmonie tussen toren, huizen, sluis, brug, masten en bomen, een prachtige koele schaduw, een perfecte lucht, stralende grijzen, een blauwgroen gebladerte dat goed past bij het rood van de bakstenen. De goed geplaatste, onopvallende figuren zijn van Hobbema zelf.'⁵⁷ In de *Paardenmarkt te Delft,* 1670 (cat. no. 135) zet Pieter Wouwerman de gevestigde traditie voort van een genretafereel buitenshuis waarbij de stad het decor vormt (zie cat. nos. 2, 10, 11). Schilderijen die min of meer als voorlopers van dit type stadsgezicht kunnen worden beschouwd zijn iets vroeger te vinden in het oeuvre van Jan Steen (1626-1679)⁵⁸ en Hendrick Martensz. Sorgh (omstreeks 1611-1670) (zie cat. no. 124). In Wouwermans schilderij heeft de Delftse traditie echter een wijdser stadspanorama voortgebracht dan in het werk van Steen of Sorgh, en de levendige drukte van de paardenmarkt is eerder onderdeel dan onderwerp van het tafereel. Het zich duidelijk tegen de lucht aftekenende stadsprofiel is een directe erfenis van Vermeer, Vosmaer en De Hooch.

Het is vaak moeilijk om de grens tussen landschap en stadsgezicht te trekken, of althans om vast te stellen welk aspect op een gegeven moment overheerst. Op Jacob van Ruisdaels *Gezicht op Egmond aan Zee* (cat. no. 121) van 1648 is het dorpje geheel in het landschap opgenomen, weggedoken in het uitgestrekte duingebied, terwijl de kerktoren in het taking precedence over the church spire in the middle ground. In Ruisdael's *View of Amsterdam* (cat. no. 122) of 1675-1680, one of a small group of cityscapes painted in the latter stage of the artist's career, the emphasis is on atmosphere and the town, while the true subject of the picture, is diminished in scale to the point where it verges on the incidental. For Ruisdael, like Wijnants and Hobbema, is generally not concerned to delineate the internal character of the architectural details, but rather to absorb what specificity exists in the generalized sweep of the natural atmosphere which encloses it.⁵⁹

The work of the Beerstraatens, Jan (1622-1666) and Abraham (born *c.* 1644), forms a somewhat separate type of the cityscape *genre* from that which emphasizes architecture and makes of its features the major pattern and colour element of the picture composition. In their work an atmospheric, even romantic, quality appears. Many scenes are views of frozen canals, bare trees tinged with snow, in a dramatic dark-light colour and light scheme largely unrelated to that of any of the foregoing artists. Their vision (see cat. nos. 98, 100) is a distant echo of the imagery of Pieter Brueghel (*c.* 1525-1659) which has been stripped of its grandeur by earlier Dutch painters such as Hendrik Avercamp (1585-1634) and Arent Arentsz. (*c.* 1585-1631), and the influence of the work of Aert van der Neer (1603/04-1677).

Henri Havard valued the paintings and drawings of the Beerstraatens highly. Of Jan, he observed the following: 'Another singularity which makes us like Beerstraaten today and which in the past must have been unfavourable to his reputation, is the freedom of his execution. He does not have those sharp and precise profiles, which distinguish van der Heyden and the two Berckheydes, his competitors. His monuments are not 'written' with that almost mathematical correctness which is found in their work; he does not have their rigorous precision. In addition, his pictures do not have that smooth shiny quality which had such an extraordinary vogue in Holland at that time and which was so fatal to the destiny of the Dutch school. He was, on the contrary, a colourist, that is to say that he looked for agreeable contrasts of tone, now bathing his compositions in a warm golden light, now exhausting the scale of greys, so fertile in gentle effects and delicate transitions...'.⁶⁰

midden wordt overheerst door de lucht die twee-derde van het schilderij in beslag neemt en door het grillige silhouet van de boom links op de voorgrond. In Ruisdaels *Gezicht op Amsterdam* (cat. no. 122) van 1675-'80, dat deel uitmaakt van een groepje stadsgezichten dat de kunstenaar op latere leeftijd schilderde, ligt de nadruk op de atmosfeer en de stad, terwijl het eigenlijke onderwerp van het schilderij, de rivier, tot dermate bescheiden proporties is teruggebracht, dat het bijna bijkomstig is geworden. Ruisdael wil namelijk evenals Wijnants en Hobbema niet zozeer het karakter van de bouwkundige details beschrijven als wel doordringen in het wezenlijk eigene van de atmosfeer die de architectuur omgeeft.[59]

Het werk van de familie Beerstraaten, Jan (1622-1666) en Abraham (geboren omstreeks 1644), staat enigszins apart van het type stadsgezicht waarin de nadruk ligt op de architectuur en waarin de eigenschappen daarvan de compositie en de kleur van het schilderij bepalen. Hun werk is sfeervol, bijna romantisch. Dikwijls schilderen zij een dichtgevroren gracht met kale, besneeuwde bomen in een dramatisch clair-obscur, dat nauwelijks enige verwantschap vertoont met het kleurenschema van hun voorgangers. Hun visie (zie cat. nos. 98, 100) is een verre echo van de voorstellingswereld van Pieter Brueghel (omstreeks 1525-1569), maar dan ontdaan van zijn grandeur door eerdere Nederlandse schilders als Hendrik Avercamp (1585-1634) en Arent Arentsz. (omstreeks 1585-1631), en door de invloed van het werk van Aert van der Neer (1603/04-1677). Henri Havard had een grote waardering voor de schilderijen en tekeningen van de Beerstraatens. Over Jan schreef hij: 'Een andere bijzonderheid waarom wij Beerstraaten appreciëren, maar die vroeger zijn reputatie geen goed moet hebben gedaan, is de vrijheid van uitwerking. We vinden bij hem niet die scherpe, precieze contouren, het kenmerk van Van der Heyden en zijn concurrenten de gebroeders Berckheyde. Zijn monumenten zijn niet 'geschreven' met de bijna mathematische nauwkeurigheid die we in hun werk aantreffen; hij heeft niet hun onbuigzame precisie. Daar komt bij dat zijn schilderijen ook niet dat gladde en glanzende hebben dat toentertijd zo en vogue was in Holland en dat zo'n fatale invloed zou hebben op het lot van de Hollandse School. Integendeel, hij was een kolorist, dat wil zeggen, hij zocht naar aangename tooncontrasten, en liet zijn composities nu eens in een warm, gouden licht baden, om een volgende keer weer alle nuances te gebruiken van grijs, dat zich zo goed

Lesser-known artists working in the cityscape *genre* include Jacobus Vrel (active second half of the 17th century) and Johannes van Cuylenburch (born before 1621). These men worked on a small scale and the pictures which incorporate views, or rather vignettes, of towns are closely tied to their interior *genre* scenes. Vrel painted a number of small inner-city views on panel (cat. nos. 131, 132) which reveal the influence of Pieter Brueghel.[61] Vrel's scenes have an almost claustrophobic sense of enclosure. More than any of the painters of city views, including de Hooch, his work conveys a sense of viewing the town from within, the intimate episodes of daily life brought up close. His colour, generally warm with varying tones of russets, has a considerable degree of translucency and tends toward the sombre. Cuylenburch's *A Smithy in Zwolle* (cat. no. 108), of *c.* 1665-'75 conveys almost the opposite quality from that of Vrel. Pointedly asymmetrical and ruggedly brushed-in, the composition distinctly foreshadows aspects of eighteenth-century French *genre*.

The legacy of the seventeenth-century Dutch cityscape painters is at once simple and complex to trace. In the Netherlands itself the work of Jan van der Heyden spawned an extensive following of architectural painters who adopted his concern with atmospheric clarity and detail. Painters such as Cornelis Pronk (1691-1759), Jan de Beijer (1703-*c.* 1785), Jan ten Compe (1713-1761), Jan Ekels the Elder (1724-1781), Paulus la Fargue (1729-1782) and Isaac Ouwater (1750-1793) maintained van der Heyden's sense of objectivity (possibly with the aid of devices such as the *camera obscura*) and, in general, intensified the topographical accuracy of their forbears. Their styles are lighter and filled with poise and graceful illustrative incident, but in their resolute literalness the Dutch eighteenth-century cityscape painters add nothing essential to the basic seventeenth-century form.[62]

Connections between and possible influence of the seventeenth-century Dutch cityscape style upon the eighteenth-century Italian *vedute* painters are more problematic. At the end of the seventeenth century Venetian painters began to systematically explore the possibilities of the city, a motif which can be found in Venetian art since the fifteenth century.[63] Venice, like Amsterdam, is a city of abundant vistas which were always a part of the

leent voor tere effecten en delicate schakeringen[60]. Tot de minder bekende stadsgezichtschilders behoren Jacobus Vrel (werkzaam in de tweede helft van de 17de eeuw) en Johannes van Cuylenburch (geboren vóór 1621). Deze kunstenaars werkten op kleine formaten, en hun stadsgezichtjes, of liever stadsvignetjes, vertonen een nauwe verwantschap met hun genretaferelen binnenshuis. Vrel heeft een aantal kleine paneeltjes met taferelen van de binnenstad geschilderd (cat. nos. 131, 132), die invloeden van Brueghel vertonen[61]. Zijn werk heeft een bijna claustrofobisch besloten sfeer. Meer dan enig ander schilder, meer dan De Hooch ook, laat hij de stad van binnenuit zien, en de intieme gebeurtenissen uit het leven van alledag brengt hij dichterbij. Zijn kleur, over het algemeen warm met wisselende tonen roestbruin, is van een opvallende doorschijnendheid en neigt naar het sombere. Cuylenburchs *Werkplaats van een smid te Zwolle*, (cat. no. 108) van omstreeks 1665-'75 is bijna de tegenpool van het werk van Vrel. Deze uitgesproken asymmetrische compositie is een duidelijke voorbode van bepaalde aspecten van het 18de-eeuwse Franse genrestuk.

De invloed van de 17de-eeuwse Hollandse stadsgezichtschilders is enerzijds eenvoudig, anderzijds moeilijk na te gaan. In de Nederlanden zelf werd het werk van Jan van der Heyden op grote schaal nagevolgd door de architectuurschilders die zijn voorkeur voor het detail en voor sfeervolle helderheid overnamen. Schilders als Cornelis Pronk (1691-1759), Jan de Beyer (1703-omstreeks 1785), Jan ten Compe (1713-1761), Jan Ekels de Oude (1724-1781), Paulus la Fargue (1729-1782) en Isaac Ouwater (1750-1793) handhaafden in hun werk de objectiviteit van Van der Heyden (waarbij ze misschien gebruik maakten van instrumenten als de camera obscura) en legden nog meer nadruk dan hun voorgangers op de topografische nauwkeurigheid. Zij schilderden in een lichte, beheerste stijl vol sierlijke illustratieve details, maar in hun rigoureuze exactheid voegen deze 18de-eeuwse schilders niets wezenlijks toe aan de in de 17de eeuw geschapen formule.[62]

De verbanden tussen en de eventuele invloed van het 17-eeuwse Nederlandse stadsgezicht op de 18de-eeuwse Italiaanse *vedute* geven meer problemen. Tegen het einde van de 17de eeuw begonnen Venetiaanse schilders zich meer systematisch bezig te houden met de picturale mogelijkheden van de stad, een onderwerp dat al sinds de 15de eeuw in de Venetiaanse kunst wordt aangetroffen.[63]

artistic tradition in the Republic. To what degree the eighteenth-century Venetian *vedute* painters based their art on the well-thought-out discoveries of the Dutch seventeenth-century cityscape painters has not been thoroughly determined. Since the fifteenth century a continuous stream of Netherlandish painters had gone to live and work in Italy for brief periods or permanently, and by the eighteenth century extensive exchange of art and artists had occurred.[64]

Concerning the means of possible transferral of picture ideas indigenous to the Dutch seventeenth-century cityscape style, discussion focuses on the work and career of Gaspar van Wittel (Amersfoort 1652/3-1736 Rome) who left his home near Utrecht around 1674 and is documented as having joined the Dutch painters' guild in Rome at the beginning of 1675.[65]

Known in Italy as Gasparo Vanvitelli, he pursued a long and influential career mainly in Rome, but also worked in Naples and other Italian cities including Venice. Van Wittel was in a position to have known at firsthand the Dutch cityscape form, since its most creative period of development in the 1660s had occurred by the time he left Holland. He was doubtlessly familiar with Gerrit Berckheyde's and van der Heyden's views of Haarlem and the *Dam* square in Amsterdam, crowded with fashionably dressed people, interspersed with landscape elements, canals with boats flying flags on festive occasions and quays flanked by neatly orchestrated architectural façades. He would also have known the work of Saenredam, who had drawn and painted views of Utrecht. Van Wittel left the Netherlands at an age when we have seen other Dutch artists on the verge of their mature styles. His teacher Matthias Withoos[66] (1627-1703) painted still lifes with landscape backgrounds as well as cityscapes of topographical accuracy and portraits.[67] Withoos' education included training with the architect van Campen and he had spent several years in Italy, c. 1648-'50.[68]

Thus he would have been predisposed to be attentive to architecture and architectural painting; when his pupil van Wittel arrived in Rome he went to work as a draughtsman for a Dutch hydraulics engineer from Amsterdam, Cornelis Meyer. As van Wittel's style of *vedute* painting developed, his method of making preliminary drawings, both rough sketches and careful

Net als Amsterdam bezit Venetië een zeer rijk en gevarieerd stadsbeeld, dat steeds deel heeft uitgemaakt van de artistieke traditie van de Republiek. Men heeft nog niet met zekerheid kunnen vaststellen in hoeverre de 18de-eeuwse *vedute* schilders zich hebben gebaseerd op de weldoordachte vernieuwingen van de 17de-eeuwse Nederlandse stadsgezichtschilders. Sinds de 15de eeuw was er een voortdurende stroom van Nederlandse schilders die in Italië gingen werken, soms voor korte tijd, soms voorgoed, en omstreeks 1700 was er zo een uitgebreide uitwisseling van kunst en kunstenaars tot stand gekomen.[64] Bij de vraag hoe bepaalde picturale ideeën, die ontleend zijn aan het Nederlandse 17de-eeuwse type stadsgezicht, Italië bereikt kunnen hebben, concentreert de aandacht zich vooral op de figuur van Caspar van Wittel (Amersfoort 1653-1736 Rome). Van Wittel vertrok omstreeks 1674 uit Utrecht en werd begin 1675 lid van het Nederlandse schildersgezelschap in Rome.[65] In Italië stond hij bekend als Gasparo Vanvitelli. Zijn lange, invloedrijke loopbaan heeft zich voornamelijk in Rome afgespeeld, maar hij heeft ook in andere Italiaanse steden gewerkt, zoals Napels en Venetië. Van Wittel kende de stijl van het Nederlandse stadsgezicht uit de eerste hand, want voordat hij naar Italië vertrok had hij de meest creatieve periode in de ontwikkeling van dit genre in de jaren zestig nog meegemaakt. Hij is zonder twijfel bekend geweest met de gezichten van Berckheyde en Van der Heyden op Haarlem en de Dam in Amsterdam, met modieus geklede figuren, de vele landschapselementen, de grachten met aan weerszijden de strak gerangschikte gevelrijen en de boten die bij feestelijke gelegenheden met vlaggen zijn getooid. Hij kan ook de geschilderde en getekende gezichten op Utrecht van Saenredam hebben gekend. Van Wittel verliet Utrecht op de leeftijd waarop andere kunstenaars tot artistieke rijpheid kwamen. Zijn leermeester Withoos[66] (1627-1703) schilderde stillevens met landschappen op de achtergrond, topografisch nauwkeurige stadsgezichten en portretten.[67] Withoos was onder andere bij de bouwmeester Jacob van Campen in de leer geweest en hij had een aantal jaren in Italië doorgebracht, omstreeks 1648-'50.[68] Hij zal dus vermoedelijk wel meer dan gewone aandacht hebben gehad voor de architectuur en de architectuurschildering; toen zijn leerling Van Wittel in Rome aankwam trad deze als tekenaar in dienst van Cornelis Meyer, een Nederlandse waterbouwkundige uit Amsterdam. Naarmate Van Wittel een eigen *vedute* stijl ontwikkelde volgde hij meer en meer de perspective studies of views and individual architectural elements, accords with the traditional Dutch procedures we have already noted. Schwartz observed that van Wittel 'could be considered another link between the Northern and the Italian painters and Etchers of *Vedute* ...'.

The question of Dutch influence on the Italian (Venetian) cityscape has heretofore centred on the *who* and perhaps to some extent the *how,* both of which aspects are more than circumstantially satisfied by van Wittel. The real question is specifically *what*, if anything, of his Dutch background van Wittel transmitted. It is not enough to observe that van Wittel was an influence – or even an intermediary – conveying ideas, but rather what specific characteristically Dutch elements he may have embedded in his acknowledged fundamental contribution to the nascent Italian *vedute* tradition. The present exhibition may assist in bringing to light evidence with which to approach the question of specific influence, since aspects of individual works which embody these collective Dutch traits heretofore seen only in isolation are examined in the light of their own sources. We may thereby be led to perceive these characteristics in a new context and associate them with the eighteenth-century Italian paintings with which we have a long-standing familiarity. The visual connections can only be explored in depth when we likewise know the Dutch seventeenth-century contribution in a systematic way.

Briganti, for example, considers that van Wittel in his *vedute* is not dissimilar in substance from the exact, objective analytical portraits of cities created by his predecessors van der Heyden and Berckheyde, whose work he considers original and independent.[70] Barcham, in his review of Briganti's study, writes: 'Canaletto and Guardi now can be regarded as only the brilliant conclusion to a historical process that, throughout its entire development, produced attractive as well as documentary works of art.'[71] He emphasizes the need for further investigation of van Wittel's Dutch background: 'Sky and light are particularly important elements in van Wittel's search to depict a convincing space. While his predecessors certainly do not ignore those aspects of a view, van Wittel gave great significance to them. No doubt this emphasis, as well as the overall bright tonality of his works, reflects his firm basis in

al eerder vermelde traditionele Nederlandse werkwijze, waarbij hij uitging van vooraf gemaakte tekeningen, zowel ruwe schetsen als zorgvuldig uitgewerkte perspectiefstudies van afzonderlijke bouwwerken en stadsgezichten.

Schwartz merkt op dat 'Van Wittel kan worden beschouwd als één van de schakels tussen de Noordelijke en de Italiaanse schilders en etsers van *vedute*...'.[69]

De discussie over de Nederlandse invloed op het Italiaanse (Venetiaanse) stadsgezicht heeft zich tot nu toe voornamelijk gericht op de vraag naar het *wie* en tot op zekere hoogte misschien ook het *hoe*, maar met Van Wittel zijn deze beide vragen meer dan voldoende beantwoord. Waar het werkelijk om gaat is *wat* Van Wittel dan wel van zijn Nederlandse achtergrond heeft overgebracht. Men kan er niet mee volstaan te zeggen dat Van Wittel een zekere rol heeft gespeeld – misschien zelfs als trait d'union – bij het overbrengen van ideeën. Men moet eerder zien na te gaan welke specifieke Nederlandse elementen zijn onbetwiste, fundamentele bijdragen aan de ontluikende Italiaanse *veduta* traditie bevatte. Deze tentoonstelling kan misschien materiaal aandragen waarmee de kwestie van die specifieke invloed nader bestudeerd kan worden. Zij haalt immers bepaalde aspecten van individuele werken waarin deze gemeenschappelijke Nederlandse kenmerken tot uiting komen uit hun isolement, en laat ze zien in het licht van hun eigen bronnen. Het wordt daardoor wellicht mogelijk deze karakteristieken in een nieuwe context te zien en ze in verband te brengen met de 18de-eeuwse Italiaanse schilderijen, waarmee we al zo lang vertrouwd zijn. De visuele verbanden kunnen alleen dan grondig onderzocht worden als we eveneens de Nederlandse 17de-eeuwse bijdrage systematisch hebben onderzocht.

Zo is Briganti bijvoorbeeld van mening dat Van Wittel in zijn *vedute* niet wezenlijk afwijkt van de exacte, objectieve, analytische stadsportretten van zijn voorgangers Van der Heyden en Berckheyde, wier werk hij oorspronkelijk en onafhankelijk noemt.[70] In zijn bespreking van Briganti's studie schrijft Barcham: 'We kunnen nu stellen dat Canaletto en Guardi slechts een schitterende afsluiting zijn geweest van een historisch proces dat, sinds het begin van zijn ontwikkeling aantrekkelijke kunstwerken heeft opgeleverd die bovendien documentaire waarde hebben.'[71] Hij benadrukt de noodzaak van een verder onderzoek naar Van Wittels Nederlandse achtergrond: 'Lucht en licht zijn bijzonder belangrijke elementen in Van Wittels

Dutch artistic traditions...'.[72] Pallucchini assumes some contact with van der Heyden's work on the part of Canaletto (1697-1768) during the latter's trips to England.[73] Wagner speculates on the possibility that during one of his visits in 1746 and 1755, Canaletto may have seen van der Heyden's work. She further states that van Wittel could have been the intermediary who transmitted a new picture type, based on the pioneering work of the Dutch cityscapists, to the Venetian *vedute* painters. The ever-present landscape element in van der Heyden is a distinguishing factor between his work and the unobstructed views of monuments scenographically developed in depth of field by such artists as Canaletto. Wagner compares van der Heyden's *An Architectural Fantasy*[74] of the late 1660s with a Canaletto *Capriccio* dated 1744 and another of *c.* 1755,[75] stating that if we did not see the costumes we would think of Canaletto. The clear light, long shadows, pale colours, all differ from van der Heyden's usual fantasy or composite views, and in this instance convey the quality of a true 'capriccio.' She concludes that at least in their marked kinship, van der Heyden anticipates Canaletto.[76]

Constable disagrees, saying that Fiocco and Pallucchini both 'suggest that the deficiencies in the English work [of Canaletto] were, at least in part, due to the influence of Dutch painting, and in particular of Jan van der Heyden. Fiocco thinks that the clarity of colour in Dutch landscape painting turned Canaletto's head, and seduced him into seeking a porcelain-like finish; while Pallucchini holds that a demand for documentary precision stimulated resort to Dutch example. '...there is no reason to think that ... he would have seen much Dutch painting, or many examples of van der Heyden's work.'[77] Constable does, on the other hand, emphasize the influence of van Wittel on Canaletto – 'a considerable figure, who helped to establish topography in Venice.'[78] 'The probable influence of Vanvitelli on Canaletto seems to have been underestimated. In addition to providing an example of a painter primarily concerned with topography, he may also have influenced Canaletto stylistically.'[79] If, in fact, Canaletto met van Wittel or knew and was influenced by his work, as seems generally accepted, and recognized in it something different from his Italian forerunners, it is not impossible that he was led to seek out on his own the work of the Dutchmen from whose work van Wittel's style sprung.

7
Camille Corot
Woonhuis en fabriek van monsieur Henry/Residence and Factory of Mr. Henry
Philadelphia, Philadelphia Museum of Art

zoeken naar een overtuigende weergave van de ruimte. Hoewel zijn voorgangers beslist niet voorbijgaan aan deze aspecten van het stadsgezicht, hebben ze bij Van Wittel altijd een voorname plaats ingenomen. Deze nadruk op lucht en licht weerspiegelt ongetwijfeld, evenals de heldere tonaliteit in al zijn schilderijen, zijn hechte banden met de Nederlandse artistieke traditie...'[72]
Pallucchini neemt aan dat Canaletto (1697-1768) tijdens zijn bezoeken aan Engeland op de één of andere manier het werk van Van der Heyden heeft leren kennen.[73] Wagner houdt rekening met de mogelijkheid dat Canaletto tijdens één van zijn bezoeken in 1746 en 1755 Van der Heydens werk heeft gezien. Bovendien meent ze dat Van Wittel een bemiddelende rol gespeeld kan hebben bij de introductie van een nieuw type stadsgezicht, dat gebaseerd was op het pionierswerk van de Hollanders, bij de Venetiaanse *vedute* schilders.
Door het steeds aanwezige landschappelijke element onderscheidt het werk van Van der Heyden zich duidelijk van de stadsgezichten van kunstenaars als Canaletto, die ons een door niets belemmerde blik bieden op de als een toneeldecor in de ruimte geplaatste monumenten.
Wagner vergelijkt Van der Heydens *Fantasiearchitectuur*[74], uit het einde van de jaren '60, met een *Capriccio* van Canaletto uit 1744 en een ander uit omstreeks 1755[75], en zegt dat het, afgezien van de kostuums, aan Canaletto doet denken. Het klare licht, de lange schaduwen en de bleke kleuren wijken nogal af van de meeste van zijn architectuurfantasieën en samengestelde gezichten, en maken van dit schilderij een 'capriccio' in de ware zin des woords. Ze komt tot de slotsom dat, althans in

But it is Canaletto's nephew, Bernardo Bellotto (1720-1780) to whose work closer scrutiny should be directed. He surely came into contact with examples of Dutch seventeenth-century cityscape painting which had their impact on his style. Bellotto left Venice in 1747 and worked in Munich, Dresden, Vienna and Warsaw. He made an etching after a lost landscape with town view by van der Heyden which is captioned *'Paisage Original de Van der Heyde Hollandois/qui se trouve dans la Galerie de S. Ex.ce M.gr. le Comte de Brühl Premier Ministre de Sa M. le Roi de Pologne Elect. de Saxe...'.*[80] This relates to such compositions of Bellotto's as his *Munich, View of the Bridge Gate and the Isar, from the South-East*[81] of c. 1761 which in turn relates not only to van der Heyden but also recalls Vermeer's *View of Delft*. Inner-city views by Bellotto such as his *Dresden, the Frauenkirche, View towards the Courland Palace*[82] of c. 1750-'54 among others, bear the imprint of similar compositions by Berckheyde and van der Heyden. It is not improbable that Bellotto saw a number of works by van der Heyden and his contemporaries on his travels and visits to the collections of his royal patrons, who would naturally have sought out prototypes for the views they wished painted of their own cities. We can also not be certain to exactly what extent Dutch cityscape prints of the late seventeenth century such as those by Jan van Call, 1656-1703, (cat. no. 48) influenced contemporary and subsequent developments in Italy. Whatever the extent of the link, conceptual or stylistic, the eighteenth-century Venetian *vedute* painters, Luca Carlevarijs, Canaletto, Bellotto and their followers were building on a foundation of

8
Georges Seurat
L'Avant Port à Port-en-Bessin
St. Louis, St. Louis Museum of Art

dit opzicht Van der Heyden al vooruit wees naar Canaletto.[76]
Constable is het hier niet mee eens en zegt dat Fiocco en Pallucchini allebei veronderstellen dat de tekortkomingen in het Engelse werk [van Canaletto], althans voor een deel, te wijten waren aan de invloed van de Hollandse school, en in het bijzonder aan de invloed van Van der Heyden. Fiocco meent dat Canaletto's hoofd op hol werd gebracht door de heldere kleuren in de Nederlandse landschapschilderkunst, met als gevolg dat hij een porseleinachtige glans ging nastreven. Volgens Pallucchini was het de voorkeur voor realisme en precisie die hem er toe brachten zijn toevlucht te zoeken tot Nederlandse voorbeelden.' ...Er is geen reden om aan te nemen dat...hij veel werk van Nederlandse schilders, of veel voorbeelden van het werk van Van der Heyden, heeft gezien.'[77] Aan de andere kant wijst Constable wel op de invloed die Van Wittel op Canaletto had, 'een figuur van formaat, die veel gedaan heeft voor de topografische schilderkunst in Venetië.'[78] 'De invloed die Vanvitelli waarschijnlijk op Canaletto heeft uitgeoefend lijkt te zijn onderschat.
Behalve dat hij een voorbeeld was van een schilder die zich vooral bezighield met topografie, heeft hij wellicht ook de stijl van Canaletto beïnvloed.'[79]
Als Canaletto Van Wittel of diens werk heeft gekend en door hem werd beïnvloed, zoals algemeen wordt aangenomen, en als hij daarin getroffen werd door dingen die afweken van de Italiaanse traditie, dan is het niet ondenkbaar dat hij op eigen gelegenheid het werk van de Nederlanders aan wie Van Wittels stijl was ontleend is gaan onderzoeken.

thoroughly formulated Dutch antecedents. How much of that tradition they knew and to what extent they adapted from it remains open to further consideration.

In the nineteenth century, apart from the unbroken line of painters in the Netherlands, Camille Corot in a work such as *L'Avant-Port de Rouen*[83] of 1834 simplifies direct generalized borrowings from the seventeenth-century Dutch tradition. In a letter dated February 26, 1833, the artist, conscious of the Dutch origins of this composition, wrote: 'If Ruysdael and Van de Velde would like to help me it couldn't do me any harm.'[84] The clear light and crisp simplified architectural rendering of his *Residence and Factory of Mr. Henry*[85] (fig. 7) of 1833 bears a striking kinship to the outdoor compositions of Saenredam (cf. fig. 4). The *Belfry of Douai*[86] of 1871 recasts Berckheyde's views of Haarlem (cf. cat. no. 102). The fundamental connection between the Barbizon landscape painters and the Dutch landscape tradition finds a parallel in a minor key with the cityscape.[87]

Manet,[88] Jongkind and the impressionists Sisley and Monet[89] take up the theme of the cityscape although none are as directly related to the Dutch in their expression as Corot. Nevertheless, their formats and the intimacy of their views derive not from the resolute formality of the Italian eighteenth-century *vedute* painters but from Corot with whom they share the legacy of the accessible informality of the Dutch tradition. Monet painted

Maar meer dan Canaletto is het zijn neef Bernardo Bellotto (1720-1780) wiens werk om nader onderzoek vraagt. Hij heeft zonder twijfel voorbeelden van Nederlandse stadsgezichten gezien en deze hebben zijn stijl beïnvloed. Bellotto verlaat Venetië in 1747 en heeft in München, Wenen, Dresden en Warschau gewerkt. Hij heeft een ets gemaakt naar een verloren gegaan landschap met het gezicht op een stad van Van der Heyden, met het onderschrift *Paisage Original de Van der Heyde Hollandois/qui se trouve dans la Galerie de S. Ex.ce M.gr. le Comte de Brühl Premier Ministre de Sa M. le Roi de Pologne Elect. de Saxe...*'[80] Deze ets vertoont verwantschap met sommige composities van Bellotto, zoals bijvoorbeeld zijn *Gezicht op de toegang van de brug over de Isar te München*,[81] van omstreeks 1761, dat niet alleen verwant is met Van der Heyden, maar ook herinneringen oproept aan het *Gezicht op Delft* van Vermeer. Bellotto's gezichten in een stad, zoals het *Gezicht op de Lievevrouwekerk en het Courland Paleis te Dresden*,[82] omstreeks 1750-'54, dragen het stempel van soortgelijke composities van Berckheyde en Van der Heyden. Het is niet onwaarschijnlijk dat Bellotto tijdens zijn reizen een aantal werken van Van der Heyden en diens tijdgenoten heeft gezien in de kunstverzameling van zijn vorstelijke beschermheren. Zij hebben ongetwijfeld schilderijen uitgezocht die als voorbeeld moesten dienen voor de gezichten die ze van hun eigen stad wilden laten schilderen. We weten ook niet precies in welke mate de Nederlandse topografische prenten, bijvoorbeeld die van Jan van Call (cat. no. 48) de contemporaine en latere ontwikkeling in Italië hebben beïnvloed. Afgezien van de vraag hoe nauw de verbinding in stijl en conceptie was, in elk geval staat het vast dat de 18de-eeuwse Venetiaanse *vedute* schilders Luca Carlevarijs, Canaletto, Bellotto en hun navolgers voortbouwden op het fundament van een al eerder door de Nederlanders ontwikkelde formule. Hoe goed ze die traditie kenden en hoeveel ze eraan hebben ontleend staat voor nadere beschouwing open.

In de 19de eeuw vinden we, de onafgebroken stoet van Nederlandse schilders buiten beschouwing latend, bij Camille Corot in vereenvoudigde en veralgemeende vorm directe ontleningen aan de 17de-eeuwse Nederlandse traditie, bijvoorbeeld in *L'Avant-Port de Rouen*,[83] van omstreeks 1834. Dat de kunstenaar zich bewust was van de Nederlandse oorsprong die aan deze compositie ten grondslag lag blijkt uit een brief die hij op 26 februari 1833 schreef: 'Als Ruysdael en Van de Velde me een

numerous views of city streets including a number of Dutch subjects. The *Zuiderkerk in Amsterdam*[90] of 1874 is according to Wildenstein 'a subject reminiscent of the scenes of the old Dutch masters;' the author compares it specifically to van der Heyden's *View of the Oudezijds Voorburgwal with the Oude Kerk in Amsterdam* (cat. no. 112).[91]

Vincent van Gogh, who in 1885 described Vermeer's *View of Delft* as 'incredible,' three years later wrote to Emile Bernard, 'that incomparable sphinx, Vermeer of Delft, found this extremely solid technique which has never been surpassed, which at present...we are burning to find. ...we are working and reasoning with *colors,* just as they were with *chiaroscuro, tonal values.*'[92] Vincent had painted views of and in Paris and his opinion of Vermeer was widely shared at that time among artists and critics in France.

Perhaps the closest in conception to Vermeer of any artist's work since the seventeenth century are the views painted by Georges Seurat in 1888 at Port-en-Bessin on the Normandy coast. *L'Avant-Port à Port-en-Bessin* (fig. 8)[93] takes up the theme of the narrow band of tightly-knit houses, seen across a body of water directly opposite from a slightly raised vantage point (cf. fig. 1). The infinite variations of pattern and subtle atmospheric light lend a glow to the colour. The technique itself has often been related to Vermeer, for this picture in particular and several of the others painted at the same time are virtual reconstitutions of Vermeer's ideas expressed in a form uniquely Seurat's.[94]

Camille Pissarro was the impressionist painter who employed the motif most systematically. He had for several years been painting 'avenues' and 'boulevards' viewed from hotel windows in Paris and Rouen when, in October, 1898, he made an eight-day trip to Holland. 'The paintings by Hals, and the *View of Delft* by Vermeer,' he wrote to his son Lucien, 'are masterpieces akin to the works of the impressionists.... Amsterdam is an admirable city, full of movement and of the unexpected; I hope to return.... The hotels seem to be located by the best sites, along canals bordered by trees or near the port. I have seen marvelous things to paint, aspects full of freshness, effects of bland or misty clarity which our ancestors never attempted to transcribe. Happy are the artists who look at nature and transcribe it!'[95] Subsequently, the artist

handje wilden helpen zou me dat geen kwaad doen.'[84] Het heldere licht en de strakke, vereenvoudigde weergave van de architectuur in zijn *Woonhuis en fabriek van monsieur Henry*[85] (afb. 7), van omstreeks 1833, vertonen een treffende verwantschap met de exteriors van Saenredam (vgl. afb. 4). *De klokketoren van Douai*[86] uit 1871 doet rechtstreeks denken aan Berckheydes gezichten op Haarlem (vgl. cat. no. 102). De fundamentele verwantschap tussen de schilders van de School van Barbizon en de Nederlandse landschapsschilders vinden we in iets mindere mate ook terug in het stadsgezicht.[87] Manet[88], Jongkind en de impressionisten Sisley en Monet[89] hebben het stadsgezicht als thema gebruikt, maar geen van hen vertoont een zo directe verwantschap met de Nederlanders als Corot. Het formaat en de intimiteit van hun stadsgezichten zijn echter niet ontleend aan de formele strengheid van de Italiaanse 18de-eeuwse *vedute* schilders maar aan Corot, met wie ze de erfenis van de informele toegankelijke Nederlandse traditie delen. Monet heeft talloze straatbeelden geschilderd, waaronder een aantal Nederlandse. Volgens Wildenstein is *De Zuiderkerk te Amsterdam*[90] van 1874 'een onderwerp dat de schilderijen van de oude Hollandse meesters in herinnering roept.' De schrijver vergelijkt het in het bijzonder met Van der Heydens *Gezicht op de Oudezijds Voorburgwal met de Oude Kerk te Amsterdam* (cat. no. 112).[91] Vincent van Gogh, die in 1885 Vermeers *Gezicht op Delft* 'ongelooflijk' noemde, schreef drie jaar later aan Emile Bernard: 'Vermeer van Delft, die onvergelijkelijke sfinx, heeft die buitengewoon solide techniek gevonden die nooit is overtroffen, en die wij nu vurig hopen te vinden ... wij werken en redeneren in *kleuren*, net zoals zij dat deden in *clair-obscur, in toonwaarden*'.[92] Vincent had in Parijs stadsgezichten geschilderd, en zijn mening over Vermeer werd in die tijd door de kunstenaars en de critici algemeen gedeeld.

Van alle kunstenaars sinds de 17de eeuw benaderen de gezichten die Georges Seurat in 1888 bij Port-en-Bessin aan de kust van Normandië schilderde in hun conceptie misschien nog het meest die van Vermeer. In *L'Avant-Port à Port-en-Bessin* (afb. 8)[93] neemt hij opnieuw het thema op van een smalle strook dicht openstaande huizen, gezien vanaf een kleine verhoging aan de overkant van een water. (vgl. afb. 2)

Door de oneindige variatie van tekening en een sfeervol subtiel licht krijgen de kleuren een bijzondere gloed. Deze techniek is vaak met Vermeer in verband gebracht, want met name dit schilderij painted views of Paris and Dieppe. Pissarro's awareness of the traditions and, like his teacher Corot, his comprehension of their achievements, underscores the continuity of ideas first advanced by the seventeenth-century Dutch cityscape artists.

As a student in the 1890s, Henri Matisse was considerably influenced by the Dutch tradition. He is said at that time to have copied a painting by van der Heyden entitled *Village Church*.[96] A work such as *Woman Tending Pigs*[97] of 1895 confirms the influence of the Dutch tradition. Matisse continued to employ the city as a motif during the latter nineties and in his subsequent views of *Notre Dame*. And Maurice Utrillo, adapting ideas from Corot and Sisley, fixing his energies on the city as his exclusive motif, imaginatively carried the legacy of the seventeenth-century Dutch cityscape well into the twentieth century.

Richard J. Wattenmaker

vormt, samen met verscheidene andere uit dezelfde tijd, in feite een reconstructie van de ideeën van Vermeer, uitgedrukt in een vorm die onmiskenbaar van Seurat is.[94]

Camille Pissarro heeft van alle impressionisten dit motief het meest systematisch toegepast. Hij had al verscheidene jaren 'avenues' en 'boulevards' geschilderd, gezien vanuit hotelramen in Parijs en Rouen, toen hij in oktober 1898 een achtdaags bezoek aan Holland bracht. 'De schilderijen van Hals en het *Gezicht op Delft* van Vermeer,' schreef hij aan zijn zoon Lucien, 'zijn meesterwerken, verwant met het werk van de impressionisten...Amsterdam is een prachtige stad, vol beweging en vol verrassingen. Ik hoop er weer eens terug te komen... Het lijkt wel of de hotels gelegen zijn op de mooiste punten, op door bomen omzoomde grachten of vlakbij de haven. Ik heb schitterende dingen gezien om te schilderen, nieuwe gezichtspunten, zachte en nevelige effecten die onze voorouders nooit hebben trachten over te brengen. Gelukkig zijn de kunstenaars die naar de natuur kijken en haar weergeven!'[95]

Sindsdien heeft Pissarro gezichten op Parijs en Dieppe geschilderd. Het feit dat Pissarro zich bewust was van de traditie en, net als zijn leermeester Corot, begreep wat eerder door anderen was bereikt, onderstreept nog eens de continuïteit van de ideeën die in eerste instantie waren ontwikkeld door de schilders van het 17de-eeuwse Nederlandse stadsgezicht.

Als student heeft Henri Matisse in de jaren negentig onder sterke invloed gestaan van de Nederlandse traditie. Hij zou in die tijd een kopie hebben gemaakt naar een schilderij van Van der Heyden getiteld *Dorpskerk*.[96] Een werk als *De varkenshoedster*[97] uit 1895 vormt een bevestiging van de invloed van de Nederlandse traditie. In de laatste jaren van de 19de eeuw en ook later in zijn gezichten op de *Nôtre Dame,* is Matisse de stad als motief blijven gebruiken. En Maurice Utrillo, die de ideeën van Corot en Sisley in gewijzigde vorm overnam en zich uitsluitend op het thema stad heeft toegelegd, zette de traditie van het 17de-eeuwse Nederlandse stadsgezicht met verbeeldingskracht voort tot ver in de 20ste eeuw.

Richard J. Wattenmaker

Notes

1. Edited by G. N. Clark, Cambridge, 1932, 103. This memoir, a report on the customs and state of government affairs, was intended to provide an informed account of the Netherlands with whom England was then at war. Temple's admiration for the Dutch has a practical rather than aesthetic basis. He comments on the ease with which the citizens bear taxes and 'contribute much towards the publick Beauty and Honour' and is clearly impressed, 'as I have neither observed nor heard of any Building publick or private, that has not been finished in the time designed for it.' He also notes that 'the House at the *Hague*, built purposely for casting of Cannon, was finisht in one summer, during the heat of the first *English* War...' [1652-54]. The moral is drawn for a competing nation. We may infer that Temple had in mind as well to draw a parallel to the rebuilding of London which had been proceeding since the fire of 1666 and to the fact that while the style of domestic architecture was being indelibly influenced by the Dutch the industriousness with which it was carried out should also be learned from.
2. See Lewis Mumford, 'Amsterdam's Exemplary Contrast,' *The City in History: Its Origins, Its Transformations, and Its Prospects,* New York, 1961, 439-445.
3. See Steen Eiler Rasmussen, 'The Dutch Contribution,' *Towns and Buildings*, Liverpool, 1951, 80-93. In addition to Amsterdam, the author considers the architecture and city planning of Delft.
4. 'In Holland,' *Transatlantic Sketches*, Boston, 1875, 382 (dated The Hague, August 8, 1874). James had already written on Dutch painting two years earlier and at some length on a cityscape then attributed to Jan van der Heyden. See 'Art: The Dutch and Flemish Pictures in New York,' *The Atlantic Monthly*, XXIX, No. CLXXVI, June, 1872, 762, 763.
5. George Santayana, *The Last Puritan*, New York, 1936, 140.
6. *Das Stadt- und Strassenbild in der holländischen Malerei des 17. Jahrhunderts*, Berlin, 1932.
7. *Ibid.* 9.
8. *Ibid.* 10.
9. *Ibid.* 10-11.

⁶ R. Fritz, *Das Stadt- und Strassenbild in der holländischen Malerei des 17. Jahrhunderts*, Berlin, 1932
⁷ Fritz (zie noot 6), 9
⁸ Fritz (zie noot 6), 10
⁹ Fritz (zie noot 6), 10-11
¹⁰ G. Briganti, *The View Painters of Europe*, New York enz. 1970, 2. (Zie ook 1-6). Zie ook A. Zwollo, *Hollandse en Vlaamse veduteschilders te Rome 1675-1725*, Assen 1973, 2, 222, die onderscheid maakt tussen de termen *veduta*, *prospettiva* en *capriccio* en W. L. Barcham, *The Imaginary View Scenes of Antonio Canaletto*, (New York University 1974), New York enz. 1977, 1-13
¹¹ H. Wagner, *Jan van der Heyden 1637-1712*, Amsterdam enz. 1971, 21, 30
¹² H. Schwartz, 'Vermeer and the Camera Obscura' in: *Pantheon*, 24 (1966), 170-182 (177)
¹³ W. Stechow, *Dutch Landscape Painting of the Seventeenth Century*, London 1966, 124
¹⁴ Stechow (zie noot 13)
¹⁵ Stechow (zie noot 13)
¹⁶ J. Rosenberg, S. Slive and E. H. ter Kuile, *Dutch Art and Architecture 1600 to 1800*, Baltimore 1966, bevat een lezenswaardig hoofdstuk over 'Architectural Painting', 188-193; Wagner (zie noot 11), 21-29. Zie ook Chr. Brown, *Dutch Townscape Painting*, London 1972, voor een goed overzicht. J. G. Links, *Townscape Painting and Drawing*, London 1972, geeft een populair en goed geïllustreerd, maar niet altijd betrouwbaar overzicht van het stadsgezicht in de Westerse schilderkunst
¹⁷ 's-Gravenhage, Mauritshuis
¹⁸ Amsterdam, Rijksmuseum
¹⁹ M. Friedländer, *Landscape-Portrait-Still-Life: Their Origin and Development*, Oxford 1949, 188
²⁰ Stechow (zie noot 13), 125
²¹ Rosenberg (zie noot 16), 191
²² Rosenberg (zie noot 16), 192. Zie ook T. Trent Blade, 'Two Interior Views of the Old Church in Delft' in: *Museum Studies*, 6 (1971), 34-50
²³ Londen, National Gallery (*Gezicht op Delft met een muziekhandelaar*). Zie N. MacLaren, *The Dutch School, National Gallery Catalogues*, London 1960, 127-128; W. A. Liedtke, 'The 'View of Delft' by Carel Fabritius' in: *The Burlington Magazine*, 118 (1976), 61-73 en Fritz (zie noot 6), 63-64, die dit als het eerste echte 'straatgezicht' beschouwt
²⁴ Bv., *Spinnende vrouw op een binnenplaats*, omstreeks 1656, Londen, The Queen's Gallery, Buckingham Palace
²⁵ Zie ook *Gezicht op Delft na de buskruitontploffing, 1654*, van omstreeks dezelfde datum, Hartford, Wadsworth Atheneum. Zie voor een studie over

¹⁰ Giuliano Briganti, *The View Painters of Europe*, New York and London, 1970, 2. (See also discussion 1-6.) See also An Zwollo, *Hollandse en Vlaamse veduteschilders te Rome: 1675-1725*, Assen, 1973, 2, 222, who distinguishes between the term *veduta, prospettiva* and *capriccio* and William L. Barcham, *The Imaginary View Scenes of Antonio Canaletto*, (New York University 1974), New York-London, 1977, 1-13.
¹¹ Helga Wagner, *Jan van der Heyden: 1637-1712*, Amsterdam and Haarlem, 1971, 21, 30.
¹² Heinrich Schwartz, 'Vermeer and the Camera Obscura,' *Pantheon*, XXIV, 2, 1966, 170-182 (177).
¹³ Wolfgang Stechow, London, 1966, 124.
¹⁴ *Ibid.*
¹⁵ *Ibid.*
¹⁶ Jakob Rosenberg, Seymour Slive and E. H. Ter Kuile, *Dutch Art and Architecture: 1600 to 1800*, Baltimore, 1966, contains a useful chapter on 'Architectural Painting,' 188-193; Wagner, 21-29. See also Christopher Brown, *Dutch Townscape Painting*, London, 1972 for a good general survey. A popular well-illustrated but not wholly reliable history of the cityscape in western painting will be found in J. G. Links, *Townscape Painting and Drawing*, London, 1972.
¹⁷ The Hague, Mauritshuis.
¹⁸ Amsterdam, Rijksmuseum.
¹⁹ *Landscape-Portrait-Still-Life: Their Origin and Development*, Oxford, 1949, 188.
²⁰ *Dutch Landscape Painting, op.cit.*, 125.
²¹ *Op. cit.*, 191.
²² *Ibid.*, 192. See also Timothy Trent Blade, 'Two Interior Views of the Old Church in Delft,' *Museum Studies 6*, Chicago, 1971, 34-50.
²³ London, National Gallery (*View in Delft, with a Musical Instrument Seller's Stall*). See Neil McLaren, *The Dutch School (National Gallery Catalogues)*, London, 1960, 127, 128; Walter A. Liedtke, 'The 'View of Delft' by Carel Fabritius,' *The Burlington Magazine*, 118, 1976, 61-73 and Fritz, *op cit.*, 63, 64, who considers it the first true 'streetscape.'
²⁴ E.g., *A Courtyard in Delft at Evening, with a Woman Spinning*, c. 1656 (The Queen's Gallery, Buckingham Palace).
²⁵ See also *View of Delft after the Gunpowder Explosion, 1654*, of about the same date, Hartford, Wadsworth Atheneum. For a study of Vosmaer's work see Susan Donahue, 'Daniel Vosmaer,' *Vassar Journal of Undergraduate Studies*, XIX, Dec., 1964, 18-27. Another *View of Delft*, dated by Donahue to the later 1650s, is in the collection of the Ponce Art Museum, Puerto Rico. Cf. this type

Vosmaers werk S. Donahue, 'Daniel Vosmaer' in: *Vassar Journal of Undergraduate Studies*, 19 (1964), 18-27. Een ander *Gezicht op Delft*, door Donahue gedateerd rond het einde van de jaren '50, bevindt zich in de collectie van het Ponce Art Museum, Puerto Rico. Vgl. dit type stadsgezicht met Ludolf de Jongh (1616-1679), *Gezicht op Rotterdam* (Rotterdam, Museum Boymans-Van Beuningen) Dit werk is beter bekend, vermoedelijk ten onrechte, als een zogenaamde 'anamorfose', naar aanleiding van de vertekende tegelvloer van het paviljoen. Zie cat. tent. *Anamorfosen: spel met perspectief*, Amsterdam, Rijksmuseum 1975, no. 17

Berlijn, Staatliche Museen Preussischer Kulturbesitz, Gemäldegalerie; zie Stechow (zie noot 13), 125-126, die ook Fritz citeert (zie noot 6), 71-73, als de eerste die op deze verwantschap wijst.

Wenen, Albertina

Zie C. Seymour jr., 'Dark Chamber and Light-Filled Room: Vermeer and the Camera Obscura' in: *The Art Bulletin*, 46 (1964), 323-331 (326), die van mening is dat Vermeer voor het *Gezicht op Delft* gebruik heeft gemaakt van de camera obscura

Zie J. Meyers, 'Proust and Vermeer' in: *Art International*, 17 (1973), 68-71, 97

Bv., *Het Oude Stadhuis van Amsterdam*, gedateerd 1657 (Amsterdam, Rijksmuseum); *De Mariakerk en de Mariaplaats te Utrecht*, gedateerd 1659 ('s-Gravenhage, Mauritshuis); *De Mariaplaats met de Mariakerk te Utrecht*, gedateerd 1663 (Rotterdam, Museum Boymans-Van Beuningen)

New York, Metropolitan Museum of Art. Zie H. E. Wethey, *El Greco and His School*, Princeton 1962, 85-86, no. 129. El Greco (1541-1614)

Toledo, Museo del Greco. Zie Wethey (zie noot 32), 84-85, no. 128

Wenen, Kunsthistorisches Museum

J. A. Welu, 'Vermeer: His Cartographic Sources' in: *The Art Bulletin*, 57 (1975), 536-537 (afb. 10), 538 (n.b. noten 41, 42 en 43)

Madrid, Museo del Prado. J. B. del Mazo (1612-'16-1667)

Zie *Catalogue Raisonné of the Works by Pieter Jansz. Saenredam*, Utrecht, Centraal Museum 1961; cat. tent. *Saenredam 1597-1665: Peintre des Eglises*, Paris, Institut Néerlandais 1970; Rosenberg (zie noot 16), 189-191, en Fritz (zie noot 6), 50-55

Zie voor een uitgebreid artikel over deze geschilderde modellen G. Roosegaarde Bisschop, 'De geschilderd maquette in Nederland' in: *Nederlands Kunsthistorisch Jaarboek*, 7 (1956), 167-217, waarin een lijst met dertien nog bestaande voorbeelden is opgenomen.

[26] of view with Ludolf de Jongh (1616-1679), *A View in Rotterdam* (Rotterdam, Boymans-Van Beuningen Museum).

This work is better known, probably mistakenly so, for the so-called anamorphic spatial distortions attributed to the patterned floor of the pavilion. See *ANAMORFOSEN: Spel met perspectief*, Amsterdam: Rijksmuseum, 1975 (cat. no. 17).

[27] Berlin, Staatliche Museen Preussischer Kulturbesitz Gemäldegalerie; see Stechow, *Dutch Landscape Painting, op. cit.*, 125, 126, who also cites Fritz, *op. cit.*, 71-73, as the first to publish the relationship.

[28] Vienna, Albertina.

[29] See Charles Seymour, Jr. 'Dark Chamber and Light-Filled Room: Vermeer and the Camera Obscura,' *The Art Bulletin*, XLVI, 3, September, 1964, 323-331 (326), who believes the *View of Delft* was achieved with the aid of a *camera obscura*.

[30] See Jeffrey Meyers, 'Proust and Vermeer,' *Art International*, XVII, 5, May, 1973, 68-71, 97.

[31] E.g., *The Old Town Hall of Amsterdam*, dated 1657 (Rijksmuseum, Amsterdam); *St. Mary's Church and St. Mary's Square in Utrecht from the North-East*, dated 1659 (The Hague, Mauritshuis); *St. Mary's Square and St. Mary's Church from the West*, dated 1663 (Boymans-van Beuningen Museum, Rotterdam).

[32] New York, Metropolitan Museum of Art. See Harold E. Wethey, *El Greco and His School*, Princeton, 1962, 85, 86, No. 129. El Greco (1541-1614).

[33] Toledo, Museo del Greco. See Wethey, *op cit.*, 84, 85, No. 128.

[34] Vienna, Kunsthistorisches Museum.

[35] James A. Welu, 'Vermeer: His Cartographic Sources,' *The Art Bulletin*, LVII, 4, Dec., 1975, 536, 537 (fig. 10), 538 (esp. notes 41, 42, 43).

[36] Madrid, Museo del Prado. J. B. del Mazo (1612-'16-1667).

[37] See M. E. Houtzager, P. T. A. Swillens and J. Q. van Regteren Altena, *Catalogue Raisonné of the works by Pieter Jansz. Saenredam*, Utrecht: Centraal Museum, 1961; *Saenredam 1597-1665: Peintre des Eglises*, Paris: Institut Néerlandais, 1970; Rosenberg, Slive and Ter Kuile, *op. cit.*, 189-191 and Fritz, *op. cit.*, 50-55.

[38] For a comprehensive article on these painted models of Dutch churches see G. Roosegaarde Bisschop, 'De geschilderde maquette in Nederland,' *Nederlands Kunsthistorisch Jaarboek*, 7, 1956, 167-217, including a list of thirteen extant examples.

[39] Amsterdam, Municipal Archives.

39 Amsterdam, Gemeentearchief

40 Antwerpen, Museum voor Schone Kunsten. (Op een grond van krijt en lijm geschilderd). Vermeld in een Haarlemse kunstverzameling in 1769. Het is mogelijk dat Saenredam dit werk kende.

41 Bv., *Interieur van de beurs te Amsterdam* (Amsterdam, Amsterdams Historisch Museum) en *De oude beurs* (Frankfurt, Städelsches Kunstinstitut)

42 Er is nog geen uitgebreide studie over het werk van Gerrit Berckheyde met een catalogue raisonné verschenen. Hieraan bestaat echter wel behoefte teneinde een beeld te krijgen van de totale omvang van, en de chronologische ontwikkeling in, zijn werk

43 Bv., identieke gezichten op de kerk van St. Gereon in Keulen komen tegen drie verschillende achtergronden voor, waarbij ook een aantal identieke onderdelen van de stoffage verschillend zijn verdeeld. Londen, Colnaghi (paneel, gedateerd 1672); Boston, Museum of Fine Arts (paneel, ongedateerd); Merion, Pennsylvania, The Barnes Foundation (doek, ongedateerd)

44 Berckheyde heeft geen directe navolgers gehad. *De Herengracht te Amsterdam* (cat. no. 109) van de vrij onbekende Amsterdamse schilder Timotheus de Graaf (1650-na 1718) staat dichtbij Berckheyde's gedateerde doek uit 1685 met vrijwel hetzelfde onderwerp (Amsterdam, Rijksmuseum, no. A 682) en moet iets later gedateerd worden

45 Wagner (zie noot 11), voor een onderzoek van de bronnen, de chronologie en een catalogue raisonné van deze kunstenaar

46 Schwartz (zie noot 12), 178, veronderstelt een fundamenteler verband tussen de mechanica en het werk van Van der Heyden: 'het is niet uitgesloten dat Van der Heyden als onderdeel van zijn onderzoekingen op het terrein van de mechanica een camera obscura heeft gebouwd en er proeven mee heeft genomen...'

47 Wagner (zie noot 11), no. 38

48 Zie cat. no. 113

49 Stechow (zie noot 13), 126

50 Bv., Van der Heydens tekeningen, (cat. no. 67). Zie ook H. Wagner, 'Jan van der Heyden als Zeichner' in: *Jahrbuch der berliner Museen*, 12 (1970), 111-150

51 Rosenberg (zie noot 16), 193

52 G. Stanley, *A Classified Synopsis of the principal Painters of the Dutch and Flemish Schools, their scholars, imitators, and analogists,* ... London 1855, 36. Zie ook 37, 281-282. Wagner maakt in haar studie geen melding van deze bron, die vele andere ter zake doende uitspraken bevat. Stanley maakt ook

40 Antwerp, Musée des Beaux-Arts. (Painted on a chalk ground.) Documented in a Haarlem collection in 1769 and possibly known to Saenredam.

41 E.g., *View of the Interior of the Exchange at Amsterdam*, (Amsterdams Historisch Museum, Amsterdam) and *The Old Exchange, Amsterdam* (Städelsches Kunstinstitut, Frankfurt).

42 No comprehensive study of Gerrit Berckheyde's art, with critical catalogue, has ever been published. This is needed in order to assess the full extent and chronological development of his work.

43 E.g., identical views of the church of St. Gereon, Cologne appear in three separate settings in versions, each with some identical elements of staffage also distributed differently, Colnaghi, London (panel, dated 1672); Museum of Fine Arts, Boston (panel, undated); The Barnes Foundation, Merion, Pennsylvania (canvas, undated).

44 Berckheyde did not leave any direct followers. *A View on the Herengracht, Amsterdam* (cat. no. 109) by the little-known Amsterdam painter, Timotheus de Graaf (1650-after 1718) would appear to be very close to Berckheyde's dated work of 1685 of the nearly identical subject (Rijksmuseum, no. A 682) and dates from slightly later.

45 See Wagner, *op. cit.* for a study of the sources, chronological and *catalogue raisonné* of the artist's life and work.

46 Schwartz, *op. cit.*, 178, posits a more fundamental connection between the engineering and van der Heyden's work, 'the construction of, and experimenting with a *camera obscura* may very well have been among Jan van der Heyden's mechanical explorations...'.

47 Wagner, *op. cit.*; No. 38.

48 See cat. no. 113.

49 *Dutch Landscape Painting*, *op. cit.*, 126.

50 E.g., van der Heyden's drawings (cat. no. 67). See also H. Wagner, 'Jan van der Heyden als Zeichner,' *Jahrbuch der berliner Museen*, 12, 1970, 111-150.

51 *Op. cit.*, 193.

52 *A Classified Synopsis of the principal Painters of the Dutch and Flemish Schools, their scholars, imitators, and analogists,* ... London, 1855, 36. See also pp. 37, 281-282. This source, including many other pertinent observations, is not included in Wagner's study. Stanley also comments on Gerrit Berckheyde's work: 'His drawing and perspective are correct, his penciling broad, his colouring

een aantal opmerkingen m.b.t. het werk van Gerrit Berckheyde: 'Zijn tekening en zijn perspectief zijn correct, zijn penseelvoering is breed, zijn kleuren getemperd van toon, en zijn chiaroscuro is onberispelijk...' (37). 'De kleuren in Berckheyde's schilderijen zijn bijzonder zacht en tenderen in het algemeen naar grijs...' (280). Zie ook 283-284 voor algemene opmerkingen over het Nederlandse stadsgezicht. Stanley zag ook de waarde van Vermeer in: 'hij schept een magisch effect...'

3. E. P. Richardson, 'A Painting by Jan van der Heyden and Adriaen van de Velde' in: *Bulletin of The Detroit Institute of Arts*, 19 (1939) 3, 24-27. Zie Wagner (zie noot 11), 112 (no. 209) voor een soortgelijke voorstelling

4. W. Stechow, 'Jan Wijnants View of the Heerengracht, Amsterdam' in: *The Bulletin of The Cleveland Museum of Art*, 52 (1965), 164-173 (164)

5. Stechow (zie noot 54), 171-172. Volgens de schrijver zijn de figuren van iemand anders. (Misschien een vroege poging van A. van de Velde?)

6. MacLaren (zie noot 23), 172-176

7. Stechow (zie noot 13), 128

8. Bv., *Vismarkt in 's-Gravenhage*, omstreeks 1650 ('s-Gravenhage, Haags Gemeentemuseum)

9. Zie ook Allaert van Everdingens *Gezicht op Alkmaar*, omstreeks 1670, als ander voorbeeld van dit type. (Parijs, Fondation Custodia, Institut Néerlandais)

10. H. Havard, *L'art et les artistes Hollandais*, 4 vols., Paris 1879-'81; vol. 3, 1880, 1-60, (18)

11. Bv., *De strijd tussen carnaval en vasten*, 1559 (Wenen, Kunsthistorisches Museum) en *De spreekwoorden*, 1559 (Berlijn, Staatliche Museen Preussischer Kulturbesitz, Gemäldegalerie)

12. Zie voor een overzicht van genoemde en andere schilders van het 18de-eeuwse Nederlandse stadsgezicht cat. tent. *Amsterdamse stadsportretten 1700-1900*, Amsterdam, Amsterdams Historisch Museum 1971 en E. Roger Mandle, *Dutch Masterpieces from the Eighteenth Century, Paintings & Drawings 1700-1800* (inleiding van J. W. Niemeijer), Minneapolis 1971

13. Bv., Jacopo Bellini's zogenaamde schetsboeken (Louvre en British Museum) en Gentile Bellini's *Redding van het reliek van het Heilig Kruis*, 1500 (Venetië, Accademia)

14. Cat. tent. *Italy Through Dutch Eyes, Dutch Seventeenth Century Landscape Artists in Italy*, Ann Arbor, The University of Michigan Museum of Art 1964 (inleiding van W. Stechow); cat. tent. *Nederlandse 17e eeuwse italianiserende landschapschilders*, Utrecht, Centraal Museum 1965; en Zwollo (zie noot 10)

subdued in tone, and he is unimpeachable in his chiaroscuro...' (37). 'There is great suavity of colour in all of Berckheyde's pictures, generally approaching to grey...'. (280). See also pp. 283-284 for general comments on the Dutch cityscape. Stanley recognized the worth of Vermeer; 'he produces a magical effect...'.

53. E. P. Richardson, 'A Painting by Jan van der Heyden and Adriaen van de Velde,' *Bulletin of The Detroit Institute of Arts*, XIX, 3, Dec., 1939, 24-27. See Wagner, *op. cit.*, 112 (no. 209) for another similar representation.

54. Wolfgang Stechow, 'Jan Wijnants View of the Heerengracht, Amsterdam,' *The Bulletin of The Cleveland Museum of Art*, LII, 10, Dec., 1965, 164-173, 164.

55. *Ibid.*, 171-172. The author considers the figures to be by another hand. (An early effort by A. van de Velde?)

56. See McLaren, *op. cit.*, 172-176.

57. Stechow, *Dutch Landscape Painting*, *op. cit.*, 128.

58. E.g., *Fish-market at The Hague*, c. 1650 (The Hague, Gemeentemuseum).

59. See also Allaert van Everdingen's *View of Alkmaar*, c. 1670, for another example of this type (Paris Fondation Custodia, Institut Néerlandais).

60. *L'art et les artistes Hollandais*, 4 vols., Paris, 1879-81, III, 1880, 1-60 (18).

61. E.g., *The Fight between Carnival and Lent*, 1559 (Vienna, Kunsthistorisches Museum) and *The Netherlandish Proverbs*, 1559 (Berlin, Staatliche Museen Preussischer Kulturbesitz Gemäldegalerie).

62. For a survey of these and other eighteenth-century Dutch cityscape artists see *Views of Amsterdam, 1700-1900*, Amsterdam Historical Museum, 1971 and E. Roger Mandle, *Dutch Masterpieces from the Eighteenth Century: Paintings & Drawings 1700-1800* (introduction by J. W. Niemeijer), Minneapolis, 1971.

63. E.g., Jacopo Bellini's so-called sketchbooks (Louvre and British Museum) and Gentile Bellini's *Recovery of the Relic of the Holy Cross*, 1500 (Venice, Accademia).

64. See *Italy through Dutch Eyes: Dutch Seventeenth Century Landscape Artists in Italy*, Ann Arbor: The University of Michigan Museum of Art, 1964 (introduction by W. Stechow); *Nederlandse 17e Eeuwse Italianiserende Landschapschilders*, Centraal Museum, Utrecht, 1965, and Zwollo, *op. cit.*

65. See Giuliano Briganti, *Gaspar van Wittel, e l'origine della veduta settecentesca*, Rome, 1966; *idem*, *The View Painters of Europe*, *op. cit.*, *Nederlandse 17e*

65. G. Briganti, *Gaspar van Wittel, e l'origine della veduta settecentesca*, Rome 1966; Briganti (zie noot 10); *Nederlandse 17e eeuwse italianiserende landschapschilders* (zie noot 64), 225-227 en Zwollo (zie noot 10), 120-211
66. Zwollo (zie noot 10), 127 (afb. 155, 156) beeldt twee tekeningen af, stadsgezichten van Amersfoort en Hoorn. De schrijfster is van mening dat de tekening van Hoorn in 1672 gemaakt kan zijn toen Van Wittel daar met Withoos was, en dat hij in diezelfde tijd een bezoek heeft gebracht aan Amsterdam waar hij het werk van Berckheyde, Van der Heyden en Saenredam gezien zou kunnen hebben. Zie ook W. Vitzthum, *Drawings by Gaspar van Wittel from Neapolitan Collections*, Ottawa 1977, cat. nos. 77, 78, 79. No. 79, *Stadsgezicht in Nederland* (Zwollo, no. 155) is door haar geïdentificeerd als Amersfoort en no. 78, *Stadsgezicht in Nederland* (Zwollo, no. 156) als Hoorn. No. 77, *Hollands stadsgezicht*, een naar het leven getekende roodkrijt schets, is vermoedelijk een voortekening voor no. 79. Het huis links is vervangen door een fantasie barok herenhuis met een paviljoen en een overwelfde poort aan de waterkant. De wijze waarop Van Wittel een naar het leven getekend motief verwerkte in een nieuwe samenstelling met fantasiearchitectuur is een Nederlandse benadering die zeer waarschijnlijk aan Italiaanse kunstenaars is overgedragen
67. W. Bernt, *The Netherlandish Painters of the Seventeenth Century*, 3, London 1970, 139, ills. 1404, 1405
68. Zwollo (zie noot 10), 125, afb. 154
69. Schwartz (zie noot 12), 178. Zie ook Barcham (zie noot 10), 76-79
70. Briganti (zie noot 65), 95, 98
71. Barcham, bespreking van Briganti (zie noot 65) in: *The Art Bulletin* 51 (1969), 189-193
72. Barcham (zie noot 71), 192-193
73. R. Pallucchini, *La Pittura Veneziana del Settecento*, Venezia enz. 1960, 109. Zie ook Wagner (zie noot 11), 19, noot 35, waar de schrijfster G. Fiocco citeert, *Enciclopedia Italiana*, 8, Roma 1930, 659, die beweert dat Canaletto een negatieve invloed ondervond van Van der Heyden, die hij een ondermaatse imitator van Vermeer noemt
74. Londen, National Gallery. Zie MacLaren (zie noot 23), 160-161 en Stechow (zie noot 13), 210, noot 18
75. Zie W. G. Constable, *Canaletto, Giovanni Antonio Canale (1697-1768)*, 2 vols., Oxford 1962, nos. 476 en 484 (*Capriccio: Het Colleoni monument te Venetië tussen ruïnes*, en *Capriccio: een klassieke triomfboog en*

Eeuwse Italianiserende Landschapschilders, op. cit., 225-227 and Zwollo, op. cit., 120-211
66. Zwollo, op. cit., 127 (pls. 155, 156) reproduces two drawings, views of cities (Amersfoort and Hoorn). The author believes that the drawing of Hoorn may have been done in 1672 on a trip there with Withoos and that at the same time van Wittel visited Amsterdam where he could have seen the work of Berckheyde, van der Heyden and Saenredam. See also Walter Vitzthum, *Drawings by Gaspar van Wittel from Neapolitan Collections*, Ottawa, 1977, cat. nos. 77, 78, 79. No. 79, *A City in Holland* (Zwollo, no. 155) identified by her as Amersfoort and no. 78, *A City in Holland* (Zwollo, no. 156) identified as Hoorn. No. 77, *Dutch View*, a red crayon sketch drawn from nature, would appear to be preparatory for no. 79, with the ordinary Dutch house on the left replaced by an imaginary Baroque mansion with freestanding pavilion and archway at the water's edge.
Thus, we can see van Wittel working from the natural to the ideal, assembling a composite motif with architectural fantasy, a Dutch approach very likely passed on to the Italians.
67. See Walther Bernt, *The Netherlandish Painters of the Seventeenth Century*, London, 1970, III, 139, pls. 1404, 1405.
68. See Zwollo, op. cit., 125, pl. 154.
69. Op. cit., 178. See also Barcham, op. cit., 76-79.
70. *Gaspar van Wittel, e l'origine...*, op. cit., 95, 98.
71. Barcham, review of Giuliano Briganti, *Gaspar van Wittel (op. cit.)*, The Art Bulletin, LI, 2 (June, 1969), 189-193.
72. Ibid., 192-193.
73. Rodolfo Pallucchini, *La Pittura Veneziana del Settecento*, Venice/Rome, 1960, 109. See also Wagner, op. cit., 19, note 35 where the author cites G. Fiocco, *Enciclopedia Italiana,* Rome, 1930, VIII, 659, claiming that Canaletto received negative influence from van der Heyden whom he terms a substandard imitator of Vermeer.
74. London, National Gallery. See McLaren, op. cit., 160-161 and Stechow, *Dutch Landscape Painting*, op. cit., 210, note 18.
75. See W. G. Constable, *Canaletto, Giovanni Antonio Canale (1697-1768)*, 2 vols., Oxford, 1962, nos. 476 and 484 (*Capriccio: the Colleoni Monument, Venice, set among ruins* and *Capriccio: a classic triumphal arch and a Gothic building by the Lagoon* which he dates just after Canaletto's second trip).
76. Wagner, op. cit., 19, 21, 30, 40.
77. Constable, op. cit., I, 139-140.
78. Ibid., 61.

een gothisch gebouw aan de lagune), welke hij vlak na Canaletto's tweede reis dateert
Wagner (zie noot 11), 19, 21, 30, 40
Constable (zie noot 75), 1, 139-140
Constable (zie noot 75), 1, 61
Constable (zie noot 75), 1, 62 e.v.
Schwartz heeft hierop gewezen en de ets, die hij tussen 1756 en 1763 dateert afgebeeld (zie noot 12), 177-178, 180 (afb. 14). Zie A. de Vesme, *Le Peintre-Graveur Italien*, Milan 1906, 506, 507 (no. 34, *Paysage*, 2e staat van twee). Dit is een gezicht gezien over een rivier, op een, op een heuvel gelegen, stad, en behoort waarschijnlijk tot één van Van der Heydens fantasievoorstellingen
München, Residenzmuseum
Dresden, Gemäldegalerie
Rouen, Musée des Beaux-Arts *(Les Quais Marchands de Rouen)*
'J'ai mis en train une marine rouennaise. C'est sur une toile de cinq pieds et demie, c'est composé de petits navires, de fabriques, chaumières dans le fond. Si Ruysdael et Van de Velde voulaient m'aider cela ne me nuirait pas.' Zie cat. tent. *Hommage à Corot, Peintures et dessins des collections françaises*, Paris, Orangerie des Tuileries 1975, 38 (no. 28). Origineel in Parijs, Fondation Custodia, Institut Néerlandais. Corot was ongetwijfeld bekend met de zowel door Nederlanders als door Italianen geïnspireerde werken van Alexandre-Jean Noël (1752-1832) zoals *Paris - la cité vue du Port St. Nicolas vers 1780* (Parijs, Musée Carnavalet)
5 Philadelphia Museum of Art
6 Parijs, Musée du Louvre. In 1854 bracht Corot een bezoek aan Holland
7 19de-eeuwse Franse schrijvers als Arsène Houssaye, Charles Blanc, Thoré-Bürger, Eugène Fromentin en Henri Havard hebben uitvoerig over de Nederlandse 17de-eeuwse traditie geschreven, waarmee zij deze niet alleen toegankelijk maakten voor de Franse kunstenaars, maar haar bij hen ook in hoog aanzien brachten. Zie voor een beschouwing over deze geschriften, hun invloed op de Franse kunstenaars en de wisselende invloed van de Nederlandse schilderkunst op de Franse kunst in de 19de eeuw, H. van der Tuin, *Les vieux peintres des Pays-Bas et la critique artistique en France de la première moitié du XIXe siècle*, Paris 1948; P. ten Doesschate Chu, *French Realism and the Dutch Masters, The Influence of Dutch Seventeenth-Century Painting on the Development of French Painting between 1830 and 1870*, Utrecht 1974 en F. Suzman Jowell, *Thoré-Bürger and the Art of the Past*, (Harvard University 1971), New York enz. 1976

79 *Ibid.*, 62 et seq.
80 Pointed out by and reproduced by Schwartz, *op. cit.*, 177, 178, 180 (fig. 14) who dates it 1756-1763. See A. de Vesme, *Le Peintre-Graveur Italien*, Milan, 1906, 506, 507 (no. 34, *Paysage*, second of two states). This is a view of a town on a hill seen from across a river and may well have been one of van der Heyden's imaginary scenes.
81 Munich, Residenzmuseum.
82 Dresden, Gemäldegalerie.
83 Rouen, Musée des Beaux-Arts *(Les Quais Marchands de Rouen)*.
84 'J'ai mis en train une marine rouennaise. C'est sur une toile de cinq pieds et demie, c'est composé de petits navires, de fabriques, chaumières dans le fond. Si Ruysdael et Van de Velde voulaient m'aider cela ne me nuirait pas.' See *Hommage à Corot, Peintures et dessins des collections françaises*, Paris, 1975, 38 (no. 28). Original in Fondation Custodia, Institut Néerlandais, Paris. Corot was also no doubt familiar with such Dutch- and Italian-inspired works as *Paris - La Cité vue du Port St. Nicolas vers 1780* (Musée Carnavalet) by Alexandre-Jean Noël (1752-1832).
85 Philadelphia Museum of Art.
86 Paris, Musée du Louvre. Corot made a trip to Holland in 1854.
87 Nineteenth-century French writers such as Arsène Houssaye, Charles Blanc, Thoré-Bürger, Eugène Fromentin and Henri Havard wrote extensively on the seventeenth-century Dutch tradition, making it not only accessible but highly valued among French painters. For discussion of these writings, their influence on French artists and the various influences of Dutch painting on French nineteenth-century art, see H. van der Tuin, *Les vieux peintres des Pays-Bas et la critique artistique en France de la première moitié du XIXe siècle*, Paris, 1948; Petra ten Doesschate Chu, *French Realism and the Dutch Masters: The Influence of Dutch Seventeenth-Century Painting on the Development of French Painting between 1830 and 1870*, Utrecht, 1974 and Frances Suzman Jowell, *Thoré-Bürger and the Art of the Past* (Harvard University, 1971), New York – London, 1976.
88 Manet is known to have visited Holland at least twice in 1852 and 1872. See J. Verbeek, 'Bezoekers van het Rijksmuseum in het Trippenhuis 1844-1885', *Bulletin van het Rijksmuseum*, 1958, no. 3, 64 (Gedenkboek uitgegeven ter gelegenheid van het honderdvijftigjarig bestaan).
89 Monet made two trips to Holland where he worked in 1871 and 1872. On the first of these he

88 Het is bekend dat Manet in 1852 en in 1872 minstens twee keer in Nederland is geweest. Zie J. Verbeek, 'Bezoekers van het Rijksmuseum in het Trippenhuis 1844-1885' in: *Bulletin van het Rijksmuseum*, 6 (1958), no. 3, 64 (Gedenkboek uitgegeven ter gelegenheid van het honderdvijftigjarig bestaan)

89 In 1871 en in 1872 was Monet in Nederland, waar hij toen heeft gewerkt. Tijdens het verblijf in 1871 heeft hij op dezelfde dag als, en waarschijnlijk in gezelschap van, de geleerde Henri Havard een bezoek gebracht aan het Rijksmuseum. Zie Verbeek (zie noot 88)

90 Philadelphia Museum of Art

91 Daniel Wildenstein, *Claude Monet, Biographie et catalogue raisonné, 1840-1881, Peintures*, 1, Lausanne enz. 1974, 71, noot 504 (cat. nos. 308 en 309)

92 *The Complete Letters of Vincent van Gogh*, 3 vols., Greenwich 1959, 2, 431 (no. 431, november 1885); 3, 508 (no. B14 [9], augustus 1888)

93 St. Louis Art Museum

94 Zie ook *Le Port et les Quais à Port-en-Bessin* (Minneapolis Institute of Art) en *Dimanche, Port-en-Bessin* (Otterlo, Rijksmuseum Kröller-Müller)

95 Camille Pissarro, *Letters to his Son Lucien*, ed. by J. Rewald, New York 1943, 331 (Parijs, november 1898)

96 Zie A. H. Barr jr., *Matisse, His Art and His Public*, New York 1951, 33. Er is van Van der Heyden geen schilderij van die naam in het Louvre aanwezig en we zijn er niet in geslaagd het betreffende werk van Matisse te localiseren

97 Zie G. Diehl, *Henri Matisse*, Paris 1958, afb. 3 (kleurenrepr.) en 7-8

visited the Rijksmuseum on the same day and apparently accompanied by the scholar Henri Havard. See Verbeek, *op. cit.*

90 Philadelphia Museum of Art.

91 Daniel Wildenstein, *Claude Monet: Biographie et catalogue raisonné, 1840-1881, Peintures*, I, Lausanne-Paris, 1974, 71, and note 504 (cat. nos. 308 and 309).

92 *The Complete Letters of Vincent van Gogh*, 3 Vols., Greenwich, 1959, II, 431 (no. 431, Nov. 1885); III, 508 (no. B14 [9], augustus 1888).

93 St. Louis Art Museum.

94 See also *Le Port et les Quais à Port-en-Bessin* (Minneapolis Institute of Art) and *Dimanche, Port-en-Bessin* (Rijksmuseum Kröller-Müller).

95 Camille Pissarro, *Letters to his Son Lucien*, Ed. by John Rewald, New York, 1943, 331 (Paris, November, 1898).

96 See Alfred H. Barr, Jr., *Matisse: His Art and His Public*, New York, 1951, 33. There is no painting by van der Heyden of that title in the Louvre and we have been unable to trace Matisse's work.

97 See Gaston Diehl, *Henri Matisse*, Paris, 1958, pl. 3 (colour) and pp. 7-8.

De stad achter het beeld

Zwolle omstreeks 1600. Torens en huizen. Water en land. Het schilderij van Zwolle toont een vredige stad in een vreedzaam landschap. De openheid van water en land stuiten op de stadsmuur die de beslotenheid van torens en huizen begrenst. Zwolle ligt in zijn geheel en als geheel voor ons. Als eenheid, als stad.

29 januari 1579. In de stad Utrecht tekenen vertegenwoordigers van de Nederlandse gewesten Gelre, Holland, Zeeland, Utrecht en de Groninger Ommelanden een militair-politiek verdrag: de Unie van Utrecht.
Het is oorlog. De Nederlanden zijn in opstand gekomen tegen hun wettige vorst Philips II, die tevens koning van Spanje is. De strijd, bekend als de tachtigjarige oorlog, zal tot 1648 duren.
Omstreeks 1600 tekenen zich echter al de contouren af van wat bij de Vrede van Munster in 1648 zal worden bevestigd. Het Zuiden der Lage Landen blijft binnen de Spaanse invloedssfeer, terwijl het Noorden zijn onafhankelijkheid weet te bestendigen.
De Unie van Utrecht groeit uit tot de staatkundige grondslag van de Republiek der Verenigde Nederlanden: de federatie der zeven gewesten Holland, Zeeland, Utrecht, Gelre, Overijssel, Friesland en Groningen. In deze unie behouden de samenstellende gewesten of provincies hun zelfstandigheid. Het overkoepelende orgaan der Staten-Generaal heeft slechts geringe bevoegdheden. Bij de besluitvorming is eenstemmigheid der gewesten vereist, in zaken van bestand, vrede, oorlog of belastingen. Dit betekent dat de Republiek der Verenigde Nederlanden zeven harten heeft, die kloppen in de zeven provincies.
Ondanks deze federatieve opbouw en de niet geringe oorlogsinspanningen tegen de Spanjaarden weet de Republiek zich na 1600 in korte tijd onder de Europese mogendheden te scharen, dank zij een bijna wonderbaarlijke economische expansie, die in het bijzonder gedragen wordt door de Hollandse steden.

The Town behind the Picture

Zwolle around 1600. Towers and houses. Water and land. The painting of Zwolle shows us a peaceful city in a tranquil landscape. The openness of water and land ends at the city wall that surrounds the crowded intimacy of the towers and houses.

Zwolle as an entity lies before us in its entirety. A unity. A city.
January 29, 1579. In the city of Utrecht, representatives of the Dutch territories of Gelderland, Holland, Utrecht, Zeeland and the Ommelanden of Groningen (i.e., 'the regions surrounding the city of Groningen') are meeting to sign a military-political treaty: the Union of Utrecht.
It is wartime. The Dutch have come up in arms against their legal ruler Philip II, also King of Spain. The struggle, known as the Eighty-Years War, will last until 1648.
However, by 1600 the contours are already visible of the territorial limits which will be established by the Peace of Münster in 1648. The southern part of the Low Countries is and will remain within the sphere of Spanish influence, while the northern part will be able to maintain its independence.
The Union of Utrecht will develop into the political foundation of the Republic of the United Netherlands, a federation of seven provinces: Holland, Utrecht, Zeeland, Gelderland, Overijssel, Friesland and Groningen.
The provinces that make up this union would retain their independence. The representative 'umbrella' body of the States-General would be given only limited authority. Decisions regarding truces, peace, war or taxes would require the unanimous approval of the provinces. This means that the Republic of the United Netherlands has seven hearts that beat in seven different provinces. Despite this federal structure and the not inconsiderable war efforts against the Spaniards, after 1600 the Republic will be able to take its place among the European powers within a short time, thanks to an almost mirculous economic expansion to which the cities of the province of Holland will contribute significantly.

Vragen met betrekking tot de Nederlandse steden

In de geschiedschrijving is de 17de-eeuwse Nederlandse stad als zodanig weinig aan de orde gesteld. Het geven van een algemeen beeld is daarom een hachelijke zaak, ook omdat er zoveel onderlinge verschillen bestaan. Toch heeft het zin enkele vragen te stellen: is het toevallig dat de Hollandse steden de Republiek zo'n aanzien hebben gegeven, hoe is de verhouding stad-platteland, wat is het politieke gewicht der steden, hoe is de stedelijke bevolkingsstructuur en wie spelen een rol in het stadsleven?

De Hollandse steden en de bloei van de Republiek

In de eeuwen vóór de komst van trein, auto, telegraaf, telefoon en andere gemakken, waren de communicatielijnen moeilijk. Elk contact over een grotere afstand kostte inspanning. Het verkeer over land was door de slechte wegen een probleem. Het vervoer te water verliep vlotter, maar toch waren voor zeilschepen en trekschuiten korte afstanden nog lang.
De ruimtelijke concentratie van functies die sedert de late Middeleeuwen in de steden had plaatsgevonden betekende een belangrijke verkorting van een aantal communicatielijnen, met als gevolg voor de steden een optimale ontplooiing op economisch, politiek en cultureel gebied.
Een factor was ook dat de steden een zekere mate van zelfstandigheid bezaten, die teruggrijpt op in de Middeleeuwen verworven stadsrechten. Hierdoor waren de steden uit de rechtskring van hun omgeving getild en konden zij tot op zekere hoogte hun eigen belangen behartigen op het gebied van wetgeving, rechtspraak, bestuur, verdediging en niet in het minst nijverheid en handel.
Dit in het algemeen. Hoe kwam het echter dat de Nederlandse en vooral de Hollandse steden, Amsterdam voorop, het land zo hebben opgestuwd in de vaart der volkeren?
Ik verklaar dit mede uit de concentratie die de Hollandse steden vormden. Omstreeks 1650 woonde in Holland waarschijnlijk iets minder dan de helft der bijna twee miljoen Noord-Nederlanders.
In 1622 leefde 54% (362.000 mensen) van de inwoners van Holland in de achttien stemgerechtigde steden en in het 'dorp' 's-Gravenhage, waarbij Amsterdam (105.000, in 1650 zelfs omstreeks 200.000 zielen), Leiden (45.000 inwoners) en Haar-

Some questions about Dutch cities

Historians have paid little attention to the Dutch seventeenth-century city as such. It is precarious to try to give a general picture, in part because there are so many differences between the cities themselves.
Nevertheless, a few questions should be asked. Was it a coincidence that the cities of the province of Holland gave the Republic such prestige? What was the relationship of city to countryside? What political weight did the cities have? What was the social structure of the urban population? Who played a part in municipal life?

The cities of the province of Holland and the prosperity of the Republic

In the centuries before the coming of the train, automobile, wireless, telephone and other conveniences, the lines of communication were difficult. Contacts covering distances required considerable effort. Because of poor roads, traffic overland was a problem. Transport by water was easier, but even so, short distances were still long for sailing vessels and horse-drawn tow boats.
The spatial concentration of functions that had taken place in the cities since the late Middle Ages meant an important shortening of a number of lines of communication; as a result, optimal growth – economic, political and cultural – was possible in the cities.
Another factor of importance for this growth was the fact that the towns had a certain measure of independence going back to the municipal rights which they had already acquired in the Middle Ages. With these rights they no longer fell under the laws that applied outside their limits, and therefore could, to a certain extent, promote their own interests in the area of legislation, jurisdiction, administration, defense and, very far from least, industry and trade.
This is the general picture. But how did the Dutch cities, particularly those of the province of Holland with Amsterdam in the lead, manage to propel the country so far ahead in the momentum of history? In part, this may be attributed to the urban concentration formed by the cities of Holland. Around 1650 probably almost half of the nearly two million people living in the Northern Netherlands were to be found in the province of Holland. In 1622, 54% (362,000 persons) of the inhabitants of the province lived in its eighteen

lem (39.000 ingezetenen) de lijst aanvoeren. En hierbij is nog niet eens gesproken over het percentage dat in andere, klein-stedelijke of semi-stedelijke gemeenschappen leefde. Voor Europa was dit uniek.

Holland was als waterland bovendien bevoordeeld boven hoger gelegen Nederlandse streken en het buitenland. Omstreeks 1650 waren alle steden en dorpen van een zeker belang door geregelde binnenvaartdiensten verbonden. De trekschuiten tussen Amsterdam en Haarlem vervoerden toen 275.000 passagiers per jaar! Het belang van de binnenvaart kan niet hoog genoeg worden geschat. De 17de-eeuwse Engelse diplomaat William Temple zag dit scherp in en hij berekende dat één paard voor een trekschuit meer vracht kon verplaatsen dan vijftig paarden voor een wagen.

Het water vormde voor de Hollandse en Nederlandse steden een in onze ogen gebrekkig, maar voor de 17de eeuw uiterst efficiënt net van verbindingen.

De hoge graad van urbanisatie in Holland en de verbindingen over water waren uiterst belangrijke factoren voor de bloei van de Republiek.

Zij kunnen toegevoegd worden aan andere, die vaker worden gehanteerd: koene koopmansgeest, nieuwe organisatievormen zoals de Verenigde Oostindische Compagnie (de eerste grote naamloze vennootschap ter wereld), de in Amsterdam gevestigde Beurs en Wisselbank (die mogelijk maakte transacties giraal vlot af te ronden) en de economische en politieke problemen der Europese mogendheden, waardoor tijdelijk een internationaal vacuüm ontstond.

Stad en land

De 17de-eeuwse Nederlandse stad is omgeven door wallen, door uit de Middeleeuwen stammende stenen muren, voorzien van enigszins uitspringende torens en poortgebouwen of door nieuwe, met steen beklede massieve aarden dijken, beter bestand tegen het zware geschut van de tijd. Deze eigentijdse wallen, met hun op regelmatige afstanden van elkaar gelegen bastions of dwingers, doen aan als vervaarlijke halsbanden van waakhonden. Op de bastions staan vaak molens, omdat het in de stad moeilijk wind is te vangen.

Alle steden van enig economisch belang liggen aan het water en bij enkele grote westelijke havensteden, zoals Amsterdam, is het havenfront open en de stad bij de haven niet ommuurd. Slechts palenrijen vormen een barrière.

enfranchised cities and the then 'village' of The Hague. In the lead was Amsterdam (105,000 and in 1650, approximately 200,000 inhabitants!), followed by Leiden (45,000) and Haarlem (39,000), not to mention the number of people that lived in smaller cities and city-like communities. For Europe this concentration was unique.

The province of Holland, because it was a watery region, had an important advantage over other Dutch and foreign areas which were less watery. By 1650 all of its towns and villages of any importance were connected by regular inland navigation services. The horse-drawn tow boats that plied between Amsterdam and Haarlem at that time transported 275,000 passengers annually! The importance of inland navigation cannot be over-estimated. In the seventeenth century the English diplomat William Temple clearly recognized this, and he calculated that one horse pulling a tow boat could move more freight than fifty horses pulling a wagon. For the Dutch cities, and those of the province of Holland in particular, the waterways provided a network of connections that may seem cumbersome to our eyes but were extremely efficient for the seventeenth century.

The high degree of urbanization in the province of Holland and its water transportation facilities were very important factors for the prosperity of the Republic.

These factors should be added to others which are spoken of more frequently as contributing elements: the bold spirit of business enterprise resulting in new forms of organization, such as the United East India Company (the first big limited liabilities company in the world), the establishment in Amsterdam of the Bourse and the Exchange Bank (which made it possible to settle transactions promptly via deposits), and also the economic and political problems of the European powers, which had created a temporary international vacuum.

Town and country

The seventeenth-century Dutch city was surrounded either by walls of stone dating from the Middle Ages and provided with slightly projecting towers and gate buildings, or by massive newer earthen dikes, surfaced with stone, which were better protection against the heavy artillery of the time. The newer walls, with their bastions placed at regular intervals, are suggestive of the menacing, studded collars of watch dogs.

Meer dan de molens bepalen de kerken in de 17de eeuw het stedelijke silhouet. De laat-gothische hoofdkerken rijzen met schip en al boven de huizen uit, terwijl hun torens tot ver in de omtrek het herkenningsteken bij uitstek vormen van de stad. De woonhuizen zijn smal. De publieke gebouwen, zoals stadhuizen, stadswijnhuizen (in het Oosten), waaggebouwen, markt-, vlees-, vis- en lakenhallen zijn meestal een of twee maten groter. Het in 1655 ingewijde nieuwe stadhuis van Amsterdam is zó groot dat over het achtste wereldwonder gesproken wordt.

Alle steden hebben hun markten, vaak in de buurt van de Waag, waar de marktwaar gewogen en belast wordt. In het Westen zijn de steden zo vol dat er ook markt gehouden wordt langs de grachten, die in de laaggelegen steden de bebouwing dooraderen en mogelijk maken koopwaar over water tot aan de huizen te vervoeren.

Bij de dichtbevolkte grote Hollandse steden treedt de stad vaak buiten haar muren. In de nabijheid hiervan zijn gebieden met tuinen, buitentjes en kleine industrieën te vinden. Verderop, soms wel een dagreis ver, verrijzen langs stromen en kanalen, liefst op wat hogere gronden, de statige buitenhuizen der rijken, opgetrokken in stedelijke stijl.

In het agrarische Oosten is de situatie soms tegenovergesteld. Het land dringt de stad in en tussen de huizen bevinden zich niet zelden weiden, boomgaarden en warmoezerijen.

De steden zijn brandpunten van nijverheid en handel, maar het platteland is nergens uitsluitend agrarisch. De Zaanstreek, onder de rook van Amsterdam, is zelfs een belangrijk industriegebied waar in 1630 bijna de helft van de industriemolens van Holland staat, zoals zaag-, olie-, papier-, verf- en hennepmolens. Deze 128 molens zullen zich in honderd jaar vermenigvuldigen tot 584... Vanuit de welvarende Zaandorpen worden bovendien talloze walvisvaarders gereed.

Ook in dunner bevolkte gewesten is nijverheid op het platteland. Ik noem slechts de veengraverijen ten Zuiden van de stad Groningen, waar turf wordt gestoken en gestookt in de vele kalkbranderijen, steen- en pannenbakkerijen. En in het afgelegen Twente ontstaat op het platteland een huisindustrie, die de Amsterdamse markt van textiel voorziet.

Voorbijgaand aan de particuliere, zeer belangrijke activiteiten van stedelingen buiten de muren (landbezit, turfgraverijen, invoering en verhandeling van nieuwe gewassen zoals tabak), wil ik tenslotte

Windmills were often built *on* the bastions, since it is difficult to catch the wind *in* a city.

All cities of any economic importance were situated by the water, and in several of the large western ports, like Amsterdam, the harbour side was open and without a wall, its only barrier being formed of rows of piles.

The churches of the seventeenth century determined the city silhouette more than the windmills. The late Gothic cathedrals, naves and superstructure, rose up above the houses, while the towers served as prominent landmarks that could be seen from far off.

The dwelling houses were narrow. The public buildings, such as the town halls, municipal wine houses (in the east), weigh-houses, market, meat, fish and cloth halls were usually one or two sizes larger. The new town hall of Amsterdam, inaugurated in 1655, was so large that people referred to it as the eighth wonder of the world.

All towns had their own markets, often in the vicinity of the weigh-house, where market produce was weighed and taxed. In the west the cities were so full that market was also held along the canals, which ran like arteries between the buildings of the low-lying cities and made it possible to transport merchandise to the houses on the canals.

Because they were so densely populated, the big cities of the province of Holland often spilled over their walls. In the immediate vicinity, there were garden areas, small country homes and small-scale industries. Farther away, sometimes a day's journey, the stately country homes of the wealthy, built in urban style, could be seen along the rivers and canals, on high ground wherever possible.

In the agrarian east, the opposite situation sometimes prevailed. The country invaded the town, and not infrequently meadows, orchards and vegetable plots were to be found between the houses.

The towns were focal points of industry and trade, but nowhere was the countryside exclusively agrarian. The Zaan region, under the smoke of Amsterdam, was a major industrial area, where almost half of the industrial windmills of Holland were located in 1630, such as saw, oil, paper, paint and hemp mills. In the course of a hundred years, these 128 windmills were to multiply to 584... Moreover, countless whaling vessels were made ready for voyage in these prosperous villages on the Zaan.

There was industry in the rural areas of the more

nog wijzen op de vérstrekkende invloed van sommige steden op het omringende platteland. Waarschijnlijk speelt het ontbreken van tegenspel door andere steden hierbij een rol. Zo overheerst Groningen door haar bezittingen en invloed op de rechtspraak, de Ommelanden. De stad Utrecht deelt in de provincie de lakens uit, mede door haar overwegende invloed op de benoeming der gereformeerde (!) kanunniken van de voorheen roomskatholieke, maar nog steeds bestaande en met aardse goederen rijk gezegende kapittels van de Domkerk.

Het politieke gewicht der steden

Alle provincies werden door gewestelijke Statenvergaderingen bestuurd, die in het Westen door een grotere samenhang werden gekenmerkt dan elders, waar zoals in Gelre de samenkomsten weinig frequent waren.
In Holland beschikten de steden over achttien stemmen en de adel slechts over één. Gevoegd bij het economisch overwicht der steden betekende dit dat Holland door steden werd geregeerd. Omdat Holland 58% der inkomsten van de Unie fourneerde, oefenden de Hollandse steden die elkaar vaker wel dan niet wisten te vinden, grote invloed uit over de provinciegrenzen heen. Deze werd echter getemperd, omdat de barrière van de gewestelijke zelfstandigheid zeer moeilijk was te nemen. Ook de stadhouders uit het huis Oranje vormden een tegenwicht. Door hun militaire leiderschap van de Republiek en hun goede connecties met de adel en de gereformeerde predikanten hadden zij gezag. Binnen de steden hadden zij bovendien een zekere invloed, omdat zij het recht bezaten magistraten te benoemen en zij hierbij soms hun eigen inzichten volgden.
In Utrecht brachten de steden, de adel en de kapittels ieder één stem uit. Omdat de stad Utrecht de samenstelling van de vertegenwoordigers overwegend beïnvloedde, domineerde deze stad.
Dat was ook het geval in Groningen, waar Stad en Lande elk één stem uitbrachten.
In de Staten van Zeeland zaten de steden op zes stoelen, terwijl de adel in de persoon van de prins van Oranje één zetel bezette. Als markies van Veere en Vlissingen beschikte de prins over twee stedelijke stemmen, terwijl de andere steden weinig voorstelden, op het machtige Middelburg na. In de overige gewesten overwoog de adel. In Overijssel hadden adel en steden evenveel stemmen, maar de aristocraten legden meer gewicht in

sparsely populated provinces as well. We may mention only the peat-digging operations south of the city of Groningen, where turf was used to fuel the many lime-burning ovens, and brick and roofing tile kilns. In remote Twente, a home industry grew up that provided the Amsterdam market with textiles.
Bypassing the private, very important activities of townspeople outside the city walls (land ownership, turf-cutting operations, introduction and marketing of new crops like tobacco), we should like finally to point out the far-reaching influence of some cities on the surrounding countryside. Probably the lack of counter-influence from other cities had some relevance here. Groningen, for instance, through its land ownership and influential legal position, dominated the surrounding district. The city of Utrecht set the tone in its province, partly because of its decisive weight in the appointment of Calvinist (!) canons of the formerly Roman Catholic chapters of the Domkerk (cathedral), which were still there and richly blessed with earthly goods.

The political weight of the cities

All the provinces were governed by provincial assemblies (the Staten van Holland, the Staten van Zeeland, etc.); those in the west were characterized by greater cohesion than elsewhere – in Gelderland, for example, meetings were held less often. In the province of Holland the cities had eighteen votes and the nobility but one. This, added to the economic predominance of the cities, meant that the province of Holland was ruled by its cities. Because this province furnished 58% of the income of the Union, its cities – which found themselves in agreement with each other more often than not – exercised considerable influence beyond the provincial boundaries. However, this influence was prevented from becoming even greater by virtue of the system of provincial independence. The Stadholders of the House of Orange were also a counter-weight. Their authority stemmed from their military leadership of the Republic and their good connections with the nobility and Reformed clergymen. Moreover, they had a certain influence within the cities because they had the right to appoint magistrates and in exercising this right they sometimes followed their own views.
In the province of Utrecht, the cities, nobility and

de schaal. De steden Deventer, Kampen en Zwolle trachtten zich aan het gewestelijke gezag te onttrekken; onderling waren zij vaak verdeeld.
In Gelre, waar adel en steden ook over een gelijk aantal zetels beschikten, waren de edelen in verschillende stedelijke besturen gepenetreerd.
In de Friese Staten brachten de steden samen één stem uit, tegenover de adellijke en niet-adellijke grondbezitters drie. Slechts Leeuwarden en in mindere mate Harlingen en Franeker bezaten enig gewicht.
Brabant, Limburg en Zeeuws Vlaanderen werden door de Staten-Generaal bestuurd. In deze Generaliteitslanden speelden 's-Hertogenbosch, Breda, Bergen op Zoom en Maastricht in hun omgeving een rol, echter geen zelfstandig politieke.
Het landschap Drente tenslotte was met de Unie verbonden op basis van zelfbestuur. Van een stedelijk element was hier nauwelijks sprake.

Burgerij, regenten en volk

In de geschiedschrijving duiken geregeld de begrippen burgerij, regenten en volk op. Een grove maar wel bruikbare indeling.
Niet iedere bewoner van de stad is een burger. Zij die het burger- of poorterschap niet bezitten, zijn stedelingen van de tweede rang, bij de burgers achtergesteld in de rechtspraak en in principe uitgesloten van het lidmaatschap der ambachtsgilden, de schuttersvendels en van deelname aan het bestuur. Dit betekent niet dat de poorter welvarender is dan de ingezetene-zonder-meer. De ingezetene kan rijk en de burger arm zijn. De burgerij kan het best gezien worden als een brede middengroep die én burgerrechten én een zekere mate van welstand bezit.
Niet iedere burger kan hoge bestuursfuncties vervullen. Dit is voorbehouden aan een elite, die van het regentenpatriciaat of de 'regenten'.
In Amsterdam komen de regenten voort uit de rijke kooplieden, in de kleinere steden wortelen zij waarschijnlijk meer in de brede burgerij. In Gelderse steden als Arnhem en Nijmegen worden onder de regeringspersonen ook edelen gevonden, terwijl kleinere steden in dit gewest niet zelden door dit soort Heren worden beheerst.
Over het volk ónder de burgerij is weinig bekend; er moet wat deze brede en onmondige groep van stedelingen betreft nog veel onderzoek worden verricht. Zonder weerklank is het volk echter niet geweest. Als het zich bij onlusten roert, wordt gesproken over grauw en hollend gemeen. In de

chapters each had one vote. The city of Utrecht had a dominant position because its influence was greatest in the selection of representatives.
This was also true of Groningen, despite the fact that the city and the countryside each had one vote.
In the States of Zeeland the cities had six seats, while the nobility, in the person of the Prince of Orange, had one. As Marquis of Veere and Vlissingen, the Prince had two municipal votes at his disposal. Otherwise the Zeeland towns, except for powerful Middelburg, were of little importance politically.
In the rest of the provinces the nobility dominated. The nobility and the towns in Overijssel had an equal number of votes, but the aristocrats tipped the scale. The towns of Deventer, Kampen and Zwolle tried to break away from the authority of the province; the three cities often were at odds with each other.
In Gelderland, where the nobility and the towns also had an equal number of seats, the nobility had infiltrated several municipal administrations.
In the States of Friesland, the towns had one vote together, against the three of the noble and non-noble landowners. Only Leeuwarden, and to a lesser degree, Harlingen and Franeker, had any real weight.
Brabant, Limburg and Zeeuws Vlaanderen were governed by the States-General. In these areas, 's-Hertogenbosch, Breda, Bergen op Zoom and Maastricht played a part in their own vicinity, though not an independent political one.
To conclude this section, the area of Drente was connected to the Union on the basis of self-government. There was no urban element to speak of in Drente.

Burghers, regents and common people

In Dutch historiography the terms 'burgher', 'regent' and 'common people' (volk) are often used – a crude but nevertheless useful classification.
Not every inhabitant of a city was a burgher. Those who did not have the status of burgher were second-rate townspeople, underprivileged in matters of jurisprudence and excluded from membership in trade guilds, the civic guard and participation in the government. This does not mean that the burgher was better off than those who did not enjoy his civic privileges. It was possible for the latter to be wealthy and for the burgher to be poor. In general, however, the

werken van Bredero, Hooft en Huygens wordt het volk als sappig en kleurrijk ten tonele gevoerd.

Armenzorg

De welvaart in de Republiek werd niet door alle gewesten en niet door iedereen gedeeld. Het Zuiden, dat door de tachtigjarige oorlog veel geleden had en het Oosten waren veel armer dan het welvarende Westen en Noorden. De armoede aan de ene en de welvaart aan de andere kant leidden tot toeneming en uitbreiding der in de steden gevestigde Godshuizen, zoals weeshuizen, ziekenhuizen, dolhuizen en gestichten voor ouden van dagen, die ook nu nog vaak het stadsbeeld sieren.

De stadsbesturen hielden toezicht op de gang van zaken, terwijl zij ook de inspanningen der verschillende kerkgenootschappen steunden. Regelmatig namen patriciërs in de bestuurscolleges der Godshuizen plaats.

Het woord armenzorg dient met de nodige reserve te worden gebruikt. In verschillende huizen werden oudere burgers tegen betaling opgenomen ter verzorging op hun oude dag. De burgerweeshuizen richtten zich in de eerste plaats op wezen uit de kleine burgerij. Arme wezen van ouders die geen poorter waren kwamen terecht in stedelijke tehuizen van een minder soort.

Hulp werd niet zomaar verleend. Voor veel stedelijke Godshuizen was het poorterschap een vereiste en voor voedseluitdelingen moest men enige jaren in de stad verbleven hebben, soms een bepaalde leeftijd bezitten, kinderen hebben of invalide zijn. De fatsoenlijke nood werd gelenigd op grond van christelijke naastenliefde; de armoede werd echter bestreden in de gevallen dat zij werd beschouwd als het gevolg van een bandeloos leven. Om dit kwaad en dat van de bedelarij te keren, verrezen tuchthuizen, waaraan een reclasseringsgedachte ten grondslag lag. In beginsel, want van het laatste is in de praktijk nooit iets terecht gekomen.

Ambachtsgilden en schutterijen

Voor het lidmaatschap der ambachtsgilden en schutterijen was het poorterschap vereist.
In de ambachtsgilden was de stedelijke bedrijvigheid op verschillende niveau's georganiseerd. In een ontwikkelde stad als Amsterdam waren makelaars, chirurgijns, smeden, schilders, bakkers, slagers, beurtschippers, korendragers en talloze andere beroepen in gilden verenigd.
In alle gevallen werd een volledige overkoepeling

burghers can best be thought of as the broad middle class, having both civic rights and a certain degree of prosperity.

But being a burgher was in itself no guarantee for the filling of a high position in government. Such posts were reserved for the elite, for a patriciate of governers, known as the 'regents'.

In Amsterdam, the regents came from the rich merchant class, but in the smaller cities they probably were from the middle class. In the cities of Gelderland, such as Arnhem and Nijmegen, nobles could also be found in power. In the smaller towns of this province the same grand gentlemen often held individual sway.

Little is known about the common people in the towns; much research still remains to be done on this large and disenfranchised group of town dwellers. But this group was not altogether without an echo to its voice. When the 'natives were restless' there was talk enough of the scum, the rabble and the mob. Their yeasty vitality still speaks to us loud and clear in the works of Gerbrand Adriaensz. Bredero, Pieter Cornelisz. Hooft and Constantijn Huygens.

Charity

The prosperity of the Republic was not shared by all the provinces and by everyone. The south, which had suffered a great deal from the Eighty-Years War, and the east, were much poorer than the flourishing west and north. Poverty on the one hand, and prosperity on the other, led to the increase and expansion of the houses of charity founded in the cities, such as orphanages, hospitals, insane asylums and homes for the aged. Even now, their buildings embellish the appearance of many cities.

The municipal councils supervised the way things were run, and at the same time supported the efforts of the various church organizations. Patricians regularly filled a function in such houses of charity.

The term charity should be used with some reservation. In various institutions elderly citizens who paid were admitted and cared for in their old age. The municipal orphanages were first of all intended for orphans from the lower burgher-class. Orphans from a still lower class were also placed in municipal orphanages – of a still lower class.

Aid was not given for the asking. Citizenship was a requirement in order to qualify for many

der meestal zelfstandige beroepsbeoefenaren nagestreefd, wat in de grote steden maar zeer ten dele werd bereikt. De meeste gilden lieten slechts een beperkt aantal leden toe, vaak na het afleggen van een meesterproef en het betalen van intreegeld. Door de ambachtsgilden werd beheersing van de plaatselijke markt, beperking van de concurrentie, garantie van kwaliteit, een redelijk inkomen en sociale veiligheid nagestreefd.

In de Hollandse steden vielen de groothandel en de op industriële leest geschoeide, kapitaalsintensieve bedrijven buiten het gildewezen.

Het feit dat buiten het rechtsgebied der steden, op het platteland, geen gildebepalingen golden, bevorderde overigens de niet-stedelijke nijverheid. Het is moeilijk inzicht te krijgen in hoeverre de ambachtsgilden de stedelijke economische activiteiten beheersten, omdat cijfers over de gilden schaars zijn en er nauwelijks onderzoek gedaan is met betrekking tot stedelijke beroepsstructuren. Typerend voor de steden was ook de aanwezigheid van een schutterij. De burger had namelijk het recht en de plicht deel te nemen aan de handhaving van de orde en de bewaking en verdediging van de stad. Militair stelden de schutterijen in de 17de eeuw weinig voor. Het schijnt dat zij in Holland wat beter gesitueerde burgers verenigden dan de ambachtsgilden; om dit met zekerheid te stellen is overigens meer onderzoek nodig.

Ambachtsgilden en schutterijen stonden onder toezicht van het stadsbestuur. De reglementen en benoemingen moesten door de overheden worden goedgekeurd, terwijl de commandanten vaak afkomstig waren uit het patriciaat.

Ten tijde van de Unie van Utrecht was de invloed van deze twee typisch burgerlijke organisaties over het algemeen groter dan in de 17de eeuw. In verschillende steden, zoals Dordrecht, Groningen, Nijmegen en 's-Hertogenbosch, hadden de ambachtsgilden in de 16de eeuw politieke invloed bezeten. De schuttersgilden die omstreeks 1580 werden omgezet in wijksgewijs georganiseerde milities, hadden in het begin van de tachtigjarige oorlog een vitale rol gespeeld bij de wisseling van de macht in de steden.

In 1581 kwam in Holland een eind aan het feest. De Staten besloten dat de schutterijen en ambachtsgilden niet meer geraadpleegd mochten worden door de stedelijke besturen. In Nijmegen en 's-Hertogenbosch verloren de ambachtsgilden hun invloed toen deze steden bij de Republiek werden gevoegd, in 1591 en 1629. In Groningen verloren de ambachtsgilden na een krachtmeting,

municipal houses of charity. To be eligible for food distribution, the recipient must have lived in the city for several years, sometimes to be of a certain age, to have children, or to be an invalid. Respectable poverty of the 'deserving' sort was provided for according to the dictates of Christian charity. But the claim upon charity would also be opposed if it was thought that the poverty in question was the result of living a lawless life. With the aim of combatting the latter evil, as well as beggary, houses of correction were built, based on the idea of rehabilitation. In practice, however, nothing ever came of the original motive.

Trade guilds and municipal militias

Citizenship was required for membership in a trade or in one of the municipal militias.
In the trade guilds, municipal industry was organized at various levels. In a highly developed city like Amsterdam, the brokers, surgeons, smiths, painters, bakers, butchers, skippers, grain carriers and countless other professions were united in guilds.

In all cases the attempt was made to impose a central 'umbrella' over the trades, a policy which in the larger cities had only limited success. Most of the guilds only admitted a limited number of members, usually after the prospective member had submitted a work showing he had mastered his craft and after the payment of an entrance fee. The function of the trade guilds was to control the local market, limit competition, guarantee quality and a reasonable income and social security for its members.

In the towns of the province of Holland, the wholesale trade and those companies which were industrial in nature and heavily capitalized did not come within the scope of the guilds. In the countryside, outside the jurisdiction of the towns, guild regulations did not apply, and this promoted rural industry. It is difficult to know how far the trade guilds controlled the town's economic activities because of insufficient data on the guilds, and because of a relative lack of research on the structure of the urban economy.

The presence of a civic guard was also characteristic of the towns. The burgher had both the right and the duty to take part in the maintenance of order and the protection and defence of the city. From a military point of view, the civic guard was not important in the seventeenth century. It seems that in the province

in 1662 het laatste restje invloed op het bestuur.

De Gereformeerde kerk

De Gereformeerde kerk was de officiële kerk van de Republiek.
Belangrijke minderheden waren rooms-katholiek gebleven, terwijl niet weinige doopsgezind, collegiant, quaker, remonstrant of luthers waren. In enkele plaatsen waren ook nog kleine joodse gemeenschappen. In Brabant en Limburg was de meerderheid van de bevolking rooms-katholiek. De officiële status van de Gereformeerde kerk leidde tot 'calvinisering' van de stedelijke en gewestelijke besturen. Slechts in Maastricht, waar ook de vorst-bisschop van Luik rechten deed gelden, verkeerden Genève en Rome op gelijkwaardige voet, terwijl de helft van de magistraat daar gereformeerd en de helft rooms-katholiek was.
Op het platteland was de positie van de Gereformeerde kerk niet overal even sterk. Een minderheid der adellijke geslachten kon het zich permitteren rooms te blijven. In 1656 werden in Utrecht en Holland zelfs 166 roomse ambachtsheren geteld...
De officiële status van de Gereformeerde kerk was aan grenzen gebonden. De dominees waren ondergeschikt aan het stadhuis. De overheden betaalden hun tractementen en eisten een belangrijk deel in hun benoeming op. Zij controleerden het werk der kerkelijke organen. In de stedelijke kerkeraden hadden vertegenwoordigers der stadsbesturen zitting als 'commissarissen-politiek'. De kerkgebouwen werden onderhouden uit de stedelijke kas.
Het zwaartepunt van de gereformeerde kerkelijke organisatie lag evenals de burgerlijke op provinciaal niveau, in de provinciale synoden. De samenkomsten werden door de gewestelijke Staten betaald, maar tot het houden van vergaderingen was ook weer toestemming der provinciale autoriteiten nodig, terwijl terzake kundige 'commissarissen-politiek' ook hier de debatten volgden. Toestemming tot het houden van een landelijke synode is maar eenmaal, in 1618-'19 te Dordt, verleend...
De overheersing van de kerk door de staat is niet zonder meer tot stand gekomen. Een sterke stroming bij de gereformeerden, die der contra-remonstranten, eiste in het begin van de 17de eeuw een zelfstandige en dominerende plaats op voor de kerk.
Op de Synode van Dordt leek het of deze richting zou zegevieren. In de daaropvolgende jaren werd de Gereformeerde kerk echter meer en meer teruggedrongen, omdat de stedelijke regeringen niet

of Holland the civic guard unified the wealthier burghers more than the trade guilds did; however, additional study is needed before this can be stated with certainty.
Trade guilds and the civic guard came under the control of the municipal administration. Regulations and appointments had to be approved by the public authorities, while the officers often came from the patriciate. During the latter part of the sixteenth century, the influence of these two typical, burgher-like institutions was, generally speaking, greater than in the seventeenth century. In various cities, such as Dordrecht, Groningen, Nijmegen and 's-Hertogenbosch, the sixteenth-century trade-guilds were politically influential.

The marksmen's guilds, which were converted into militias, organized according to town districts about 1580, played a vital part in the change of power in the cities at the beginning of the Eighty-Years War. In the province of Holland their power ended in 1581. The States of Holland decided that the civic guard and trade guilds need no longer be consulted by the public authorities. The trade guilds lost their influence in Nijmegen and 's-Hertogenbosch in 1591 and 1629, respectively, when these towns were joined to the Republic. In Groningen, after a trial of strength, the trade guilds lost what was left of their influence on the government in 1662.

The Reformed church

The Reformed Church was the official church of the Republic.
An important minority of the population remained Roman Catholic, and there were quite a few Mennonites, Collegiates, Quakers, Remonstrants and Lutherans. In Brabant and Limburg, the majority of the people were Catholics. In some places there were also small communities of Jews. The official status of the Reformed Church led to the 'Calvinisation' of municipal and provincial administrations. Only in Maastricht, where the Prince-Bishop of Liège also administered rights, did Geneva and Rome associate on equal terms, since half of the magistrates there were Reformed, and the other half, Catholics.
In the countryside the position of the Reformed Church was not equally strong everywhere. A minority of noble families could afford to remain Catholic. In 1656 there were no less than 166

voelden voor een monopolie van de predikanten op godsdienstig gebied, omdat dit zou kunnen leiden tot een staat in de staat.
De magistraten toonden zich tegelijkertijd in toenemende mate tolerant tegenover godsdienstige minderheden. Dit hing samen met humanistisch getinte bestuursopvattingen, vrij vaak voorkomende persoonlijke sympathieën en het koel berekenende inzicht dat in een pluriform-religieuze samenleving minderheden bepaalde vrijheden niet straffeloos ontzegd kunnen worden.

Stabiliteit van het regentengezag

De Amsterdamse burgemeester Cornelis Pietersz. Hooft meende dat de 'rijckste, eerbaerste ende notabelste personen' het meest geschikt waren om de stad te besturen. Hij raakte met deze uitspraak de kern van de zaak. Het regentenpatriciaat bestond uit rijke en notabele burgers, van wie een eerbaar optreden werd verwacht. Hooft sprak niet over de noodzaak van een bepaalde afkomst en in principe was een goede komaf ook niet vereist. De om de stedelijke macht geschaarde rijken en notabelen zijn nooit tot een geboorte-aristocratie uitgegroeid, al kochten met name in het Westen des lands verschillende patriciërs adellijke titels.
Wel werden zeer veel onderlinge huwelijken gesloten en werden mensen uit eigen kring bevoordeeld boven buitenstaanders, als het om stedelijke ambten ging. Cijfers over Amsterdam en Zierikzee geven aan dat tussen 65 en 85% der 17de-eeuwse magistraten in deze steden mede door familierelaties in de regering zijn gekomen. In de loop van de eeuw is deze tendens steeds sterker geworden. Er trad een oligarchisering op. Deze werd ook bevorderd doordat de magistraatskeuze overwegend werd beïnvloed door zittende regeringspersonen. De stadsbesturen stonden daarbij niet of nauwelijks bloot aan plaatselijke druk van buiten het regentenpatriciaat. Wel hadden zij rekening te houden met de stadhouder, die als een soort afschaduwing van de voormalige vorst het benoemingsrecht der stedelijke personen had (of verwierf, dat hing van de provincie af). Meestal baseerde de stadhouder zich op een stedelijke voordracht. Bij verschillende gelegenheden kwam het echter tot botsingen, waarbij de stadhouder niet schroomde zijn bevoegdheden in stelling te brengen. Met als gevolg dat soms 'de wet werd verzet', een in onze ogen wat vergaande uitdrukking voor een wisseling van regenten.
De stadhouder kon bij zijn geschillen met de ste-

Catholic country squires in the provinces of Holland and Utrecht...
The official status of the Reformed Church was subject to limitations. The clergymen were subordinate to the town hall, and the town paid their salaries and demanded an important say in their appointments. It also kept an eye on the work done by the various church-bodies. Representatives of the municipal councils, the 'political-commissioners', also attended meetings of city church councils. Church buildings were maintained by the municipal treasury.
The focal point of Reformed church organization, like that of civic organization, was found at a provincial level, in the provincial synods. The assemblies were paid for by the Provincial States, and the approval of the provincial authorities was needed in order to hold meetings, which were also closely followed by expert 'political-commissioners'. Permission to hold a national synod was granted only once, in 1618-1619, at Dordrecht...
The dominance of the church by the state did not take place of its own accord. In the beginning of the seventeenth century, a strong Reformed group, the 'Counter-Remonstrants', demanded an independent and predominant position for the church.
At the Dordrecht Synod, it looked as if this tendency would prevail. In the years that followed, however, the Reformed Church was subject to increasing restraint. The municipal governments did not relish a clerical monopoly in the field of religion, since they feared this could lead to a state within the state.
At the same time the magistrates were inclined to be increasingly tolerant of religious minorities. Such tolerance was related to the humanist tinge that coloured the administrative way of thinking, to the personal sympathies of the administrators themselves, and to the coolly-calculated perception that in a pluriform religious society minority-group freedom cannot be abridged with impunity.

Stability of rule by the regents

The Amsterdam burgomaster Cornelis Pietersz. Hooft was of the opinion that the 'richest, most virtuous and most notable persons' were the best qualified to govern the city. In saying this, he touched upon the heart of the matter. The patriciate of regents consisted of rich, notable

den meestal profiteren van tegenstellingen binnen het patriciaat. Altijd waren er wel groeperingen die elkaar sleutelposities betwistten. Het is echter onjuist te denken dat de stadhouder tegen het regentenbestel of het patriciaat als zodanig was. Nooit heeft hij de regentenklasse opengebroken of open willen breken. Stadhouder Willem III kan zelfs in zekere zin worden gezien als initiator van oligarchische stedelijke ontwikkelingen. In 1674 en 1675 verwierf hij in Utrecht, Gelre en Overijssel, de magistraatsbenoeming in de steden en daardoor maakte hij in de twee laatste gewesten een einde aan daar (waarschijnlijk) nog bestaande politieke invloeden vanuit de burgerij, ten gunste van een hem welgezinde regeringskliek.

De krachten binnen en buiten het patriciaat hielden dit in evenwicht. Nergens is één familie blijvend naar voren gekomen. Zelfs in Amsterdam, waar de stadhouder geen rechten kon doen gelden op de keuze der burgemeesters, zijn de Bickers, Valckeniers, Hoofts en Corvers niet uitgegroeid tot dynastieën zoals die der Florentijnse Medici.

De tegenstellingen binnen de groep der rijksten en notabelsten waren overigens nooit zo ernstig dat gezamenlijke belangen in gevaar werden gebracht. De twisten waren vaak nogal ondergeschikt van aard en van het soort waardoor iedere gemiddelde werksituatie wordt geteisterd.

De heerschappij der regenten is in de 17de eeuw nooit serieus in gevaar gebracht, niet door de stadhouder en de regenten zelf dus, maar ook niet door de burgerij en zeker niet door het volk.

Bij verschillende gelegenheden zijn burgerij en volk wel in beweging gekomen. De ernstigste crisis vond in 1672 plaats. De Republiek was in oorlog met Engeland en het land werd onder de voet gelopen door Franse, Munsterse en Keulse legerbenden. In de voorafgaande periode hadden de Hollandse steden zich ingespannen om het stadhouderschap af te schaffen, daarbij gebruikmakend van de jeugd van de verweesde Oranje-telg Willem III. In de hoge nood van 1672 werd deze echter toch nog tot stadhouder uitgeroepen, omdat men van hem redding verwachtte. Burgerij en volk in de Hollandse steden werden onrustig. Zij gingen de straat op en hoopten dat Oranje zou optreden tegen de regenten. De schutterijen stelden eisen, die overigens niet verder gingen dan de roep om eigen verkiezing van hun commandanten en afschaffing van de benoemingen door de magistraat. Willem III greep in. Regenten die zo dom waren om in 1672 nog anti-Oranje te zijn, werden vervangen door patriciërs die beter begrepen uit

burghers, who were expected to act from virtuous principles. Hooft does not mention the necessity of good birth and in fact this was never a prerequisite. The wealthy and the notables who held the reins of power in the towns also never developed into an aristocracy by birth, even though some patricians, particularly in the west, bought titles of nobility.

Many marriages between these families did occur, however, and those from their own circle did get preference over outsiders when it came to municipal posts. Statistics on Amsterdam and Zierikzee show that between 65 and 85% of the seventeenth-century magistrates in those cities owed their positions in part to family connections. In the course of the century, this trend became more pronounced, and the oligarchic form of government grew stronger. The oligarchic impulse was further strengthened by the fact that the choice of magistrates was largely in the hands of incumbent administrators.

Furthermore, municipal governments were not, or were only slightly subject to local pressure from outside the patriciate of regents. They did, however, have to consider the Stadholder in whom a vestige of former royal authority survived, in that he had (or had acquired, depending on the province) the right to make local appointments. Usually he based his choice on the town's recommendation. On various occasions, a conflict did arise, in which case the Stadholder did not hesitate to use his authority to appoint new magistrates.

In his disputes with the cities the Stadholder usually took advantage of conflicts within the patriciate. There were also groups contending for key positions. However, it is wrong to think that the Stadholder was opposed to the system of regents, or to the patriciate as such. He never broke up or wanted to break up the regent class. In a certain sense, Stadholder William III can even be considered the initiator of oligarchic municipal developments. In 1674 and 1675 he acquired the right to appoint town magistrates in Utrecht, Gelderland, and Overijssel, thereby (probably) ending the still existent political influence of the middle class in Gelderland and Overijssel, in favour of a government clique well-disposed towards him.

The forces in and outside the patriciate held it in balance. Nowhere does a single family continue to advance. Even in Amsterdam, where the Stadholder had no authority as to the choice of the

welke hoek de wind ging waaien. Verder veranderde er niets.

Een enkele keer is het volk alleen, zonder steun van de burgerij, in opstand gekomen. Toen het Amsterdamse volk in 1696 wegens de heersende duurte oproerig werd sloegen schutterij, vrijwilligers te paard en het gezagsgetrouwe turfdragersgilde het gepeupel neer. Patriciaat en burgerij hadden elkaar gevonden tegenover een gemeenschappelijk gevaar...

Kortom, de regenten hadden in de 17de eeuw de draden van het stedelijk web stevig in handen; handig, ten eigen bate, maar zeker ook bekwaam en in het voordeel van de stad.

Dedalo Carasso

burgomasters, the Bickers, Valckeniers, Hoofts and Corvers never developed into dynasties such as the Florentine Medici.

But as a matter of fact, the differences within the group of the richest and most notable were never so serious as to endanger common interests. The quarrels were usually relatively unimportant, no more than the kind that plagues the average groop of Dutch people who find themselves working together. In the seventeenth century the rule of the regents was never seriously threatened by the Stadholder, or by the regents themselves, or by the burghers, and certainly not by the common people.

On different occasions the burghers and the populace did become rebellious. The most serious crisis occurred in 1672. The Republic was at war with England, and the country was overrun with marauding bands of soldiers from France, Münster and Cologne. In the preceding period, the Dutch cities had made a great effort to get rid of the institution of the Stadholder, thereby taking advantage of the youth of the orphaned scion of Orange, William III. However, during the crisis situation of 1672, the latter was proclaimed Stadholder, in the hope that deliverance would come through him. The burghers and common people in the cities of Holland were getting restless. They took to the streets and hoped that Orange would act against the regents. The militia made demands, which were limited after all to the mere chosing of their own officers and to abolishing appointments made by the magistrates. William III intervened. Regents who were foolish enough to still be anti-Orange in 1672 were replaced by patricians who better understood which way the wind was blowing. Nothing else was changed.

The common people revolted a few times without the support of the burghers. In 1696, when the populace of Amsterdam began rioting, because of high prices, the civic guard, volunteers on horseback, and the loyal turf-carriers guild suppressed the uprising. Patriciate and burghers found themselves, confronting the common danger...

In the seventeenth century the regents firmly held the reins of municipal power in their hands; they were motivated by self-interest, but they were also competent and the city benefitted from their rule.

Dedalo Carasso

Catalogus/Catalogue

* Alleen tentoongesteld in Amsterdam
  Exhibited in Amsterdam only

** Alleen tentoongesteld in Toronto
  Exhibited in Toronto only

Glossary

brug	– bridge
burgwal	– rampart
gracht	– canal
kerk	– church
markt	– market
plaats	– square
plein	– square
poort	– gate
sluis	– lock
stad	– town/city
stadhuis	– town hall
steeg	– alley
straat	– street
toren	– tower

P. 64/65: cat. no. 25

Kaarten, boeken en prenten

De topografische traditie in de Noordelijke Nederlanden

Stadsgezichten in de betekenis die de samenstellers van deze tentoonstelling er aan geven, dus gezichten in een stad of op een gedeelte van een stad, komen vóór de 17de eeuw in Nederland bijna niet voor.
Ook in het eerste kwart van die eeuw blijven zulke 'echte' stadsgezichten bescheiden in aantal en betekenis.
Wie de zalen van deze tentoonstelling doorwandelt zal al spoedig merken dat ze in de schilderkunst zelfs bijna niet voorkomen voor het midden van de eeuw. Op een of twee geïsoleerde uitzonderingen na zijn de vroegste dateerbare voorbeelden op de expositie geschilderd in de jaren 1650-'60, dus meteen voorafgaande aan de bloeiperiode van het genre. Het is moeilijk een verklaring te geven voor deze plotselinge opbloei, maar de contouren van het verschijnsel worden wellicht duidelijker als we het zien tegen de achtergrond van de topografische traditie in de Nederlandse beeldende kunst. Deze traditie is met name in de grafiek duidelijk te volgen, vandaar dat die hier in het bijzonder de aandacht krijgt.
Min of meer realistisch aandoende stadsgezichten als decor van een bijbelse voorstelling of een portret zijn in de Nederlandse kunst al bekend sinds Jan van Eyck (omstreeks 1390-1441) de Madonna en kanselier Rolin schilderde met op de achtergrond een stad, die hier en daar aan Maastricht doet denken (omstreeks 1436).
In de meeste gevallen merkt men bij nadere bestudering toch grote verschillen op met de toenmalige topografische situatie. Verwonderlijk is zoiets niet, want om een realistische weergave was het de kunstenaar meestal niet begonnen.
Ook bij de uitbeelding van historische gebeurtenissen die plaats vonden in het land en in de tijd van de kunstenaar, heeft het geduurd tot ver in de tweede helft van de 16de eeuw voor de kunstenaars gingen streven naar een topografisch juiste weergave van de plaats van handeling. Om een voorbeeld uit de grafiek te nemen, de Mechelaar Frans Hogenberg heeft een paar honderd prenten geëtst als illustraties van de eerste periode van de

Maps, Books and Prints

The Topographical Tradition in the Northern Netherlands

Cityscapes, in the sense in which the organizers of this exhibition understand the term, i.e. views of cities or of certain parts of cities, were largely unknown in the Netherlands until the seventeenth century. And the 'proper' cityscapes that began to be produced in the first quarter of that century were still small in both number and importance. The visitor to this exhibition will soon notice that painted cityscapes are very rare before the mid-seventeenth century. Except for one or two isolated cases, the earliest datable paintings in the exhibition were made in the years 1650-'60, directly preceding the heyday of the genre.
Although it is difficult to pinpoint the reasons for the sudden blossoming of this genre, the contours of the development may become clear if we view it against the background of the topographical tradition in Dutch art. More or less realistic cityscapes became a regular feature of Dutch art as the decor of a biblical scene or of a portrait ever since Jan van Eyck (c. 1390-1441) painted the Madonna and Chancellor Rolin against a background of a city which in certain respects resembles Maastricht.
But in most of these early works we find, on closer inspection, that the portrayal of the topographical situation is not very accurate. This is hardly surprising, since the artist was generally not concerned with producing a faithful rendering. It was not until the third quarter of the sixteenth century that artists aimed at a topographically correct portrayal of historical events which took place in their country and in their lifetime. For instance, Frans Hogenberg from Mechelen etched several hundred prints to illustrate the first period of the Eighty-Years War, but only a few of the prints towards the end of the series are topographically reliable (cat. no. 9). This is all the more remarkable because in the same years Hogenberg produced a series of 'city portraits' which he tried to make as accurate as possible (cat. no. 27). In the 'city portraits' the city itself was the subject of the print, but in the historical scenes the subject is the action: a battle, a procession etc.;

tachtigjarige oorlog, maar alleen een enkele latere prent in de serie is topografisch enigszins betrouwbaar (cat. no. 9). Dat valt des te meer op omdat Hogenberg in dezelfde jaren een reeks zo natuurgetrouw mogelijke 'stadsportretten' vervaardigde (cat. no. 27). Hij had de voorbeelden dus vaak direct bij de hand. In het laatste geval was de stad zelf onderwerp van de prent, in het eerste echter de handeling (een gevecht, een intocht); zelfs in deze actuele reportages was de stad niet meer dan een decor.

In de tijd dat Hogenberg werkte, het vierde kwart van de 16de eeuw, zien we voor het eerst kunstenaars optreden die bij de uitbeelding van een actuele gebeurtenis proberen de plaats van handeling, de omgeving, naar de werkelijkheid weer te geven. De eerste twee voorbeelden van die nieuwe benadering in de Noordelijke Nederlanden zijn een schilderijtje en een ets met hetzelfde onderwerp, namelijk het watertournooi op de Hofvijver in 's-Gravenhage, dat op 6 januari 1586 door de Hollandse Staten werd aangeboden aan de nieuwe landvoogd graaf Leicester (afb. 1 cat. no. 8). Beide kunstenaars tonen zoveel belangstelling voor de omgeving, dat de gebeurtenis haast een excuus lijkt om een 'gewoon' stadsgezicht te maken.

De schilder Hans Bol en zijn leerling Jacob Savery, die misschien de maker is van de prent, waren afkomstig uit de Zuidelijke Nederlanden. Ze behoorden tot de groep Vlaamse kunstenaars die, nadat de Spanjaarden in 1585 de stad Antwerpen hadden heroverd op de opstandelingen, evenals duizenden anderen naar Zeeland en Holland trokken, waar ze meer geestelijke en economische vrijheid hoopten te vinden dan onder Spaans bewind.

even in these documentary pieces the city served merely as a decor.

It is in Hogenberg's time, the last quarter of the sixteenth century, that we find the first artists who aimed to render the location of a historical event, the setting, as realistically as possible. The earliest two examples of this new approach in the Northern Netherlands, a small painting and an etching, deal with the same subject, namely the water spectacle on the Hofvijver, an ornamental lake in The Hague. The performance was organized by the State of Holland on January 6, 1586, in honour of the Earl of Leicester (fig. 1, cat. no. 8). Both artists take such a keen interest in the surroundings that the event almost seems an excuse for making a 'proper' cityscape.

The painter Hans Bol and his apprentice Jacob Savery, who probably made the print, came from the Southern Netherlands. They were among the many Flemish artists who fled from Antwerp to escape the Spaniards, who recaptured that city in 1585; they moved to Zeeland and Holland, where they and thousands of other people hoped to find more spiritual and economic freedom.

The tradition of painting in the Southern Netherlands was in many respects richer than in the northern provinces. This was certainly true of landscape painting. Since the mid-sixteenth century artists in Flanders, inspired by Pieter Brueghel (*c.* 1525-1569), had devoted themselves to the systematic portrayal of the Flemish countryside. The landscape in Flanders and Brabant was dotted with buildings, alone and in clusters. In the course of several centuries the inhabitants of this area had covered the land with a

1
Hans Bol, De Hofvijver te
's-Gravenhage/The Hofvijver
in The Hague, 1586

Dresden, Staatliche Kunstsammlungen

De Zuidelijke Nederlanden bezaten in veel opzichten een veel rijkere schilderstraditie dan de noordelijke provincies. Dat geldt ook voor de landschapkunst. Sinds het midden van de 16de eeuw hadden de Vlaamse kunstenaars, geïnspireerd door Pieter Brueghel (omstreeks 1525-1569), zich systematisch toegelegd op de weergave van het eigen land. Een landschap in Vlaanderen of Brabant was bijna altijd een landschap met gebouwen. Eeuwenlange menselijke aanwezigheid had deze streken overdekt met een tapijt van akkers en weiden, kastelen, dorpen en steden. Zo kreeg de architectuur, hoewel echte stadsgezichten nauwelijks voorkwamen, toch een ruime plaats in de Vlaamse kunst, en het perspectieftekenen in de opleiding van de kunstenaar. Deze werd daarbij geholpen door de plaatwerken van Vredeman de Vries (1527-na 1604) met voorbeelden van gefantaseerde ruimten (zalen, pleinen, bouwwerken), verantwoord getekend in geometrisch perspectief. Volgens deze methode leerden de kunstenaars ook de architectuur in hun omgeving tekenen. Het resultaat kon verwerkt worden in een vrije compositie (vgl. cat. no. 18), maar ook gebeurde het vaak dat een naar het leven getekend topografisch gegeven werd verrijkt met een betekenisvolle menselijke handeling en dan gebruikt als kalenderblad of als illustratie van een moraliserende tekst. Zo gebruikte Hans Bol, in de tijd dat hij nog in Antwerpen werkte, de Grote Markt van Bergen op Zoom als achtergrond voor een uitbeelding van de maand januari (cat. no. 3). Pieter Bast, een andere Vlaamse emigrant, maakte op zijn tocht naar het Noorden een paar tekeningen van Zeeuwse steden, die hij later gegraveerd heeft met op de voorgrond een bijbelse voorstelling eraan toegevoegd (cat. nos. 5, 6). De komst van deze Vlamingen, met hun belangstelling voor de eigen omgeving en hun ervaring in de uitbeelding ervan, is van grote betekenis geweest voor een jonge generatie Hollandse kunstenaars die in de jaren na 1600 vol enthousiasme en met nieuwe ogen hun eigen land leerden zien.

Het is echter niet zo dat men in het Noorden geen enkele ervaring had op het gebied van de weergave van landschap en architectuur. Integendeel, er was hier een traditie van vakmanschap die zeker tot het begin van de 16de eeuw terugging. Het waren ook niet de minste kunstenaars die er zich mee bezighielden, maar hun kennis en ervaring is tot omstreeks 1600 voornamelijk toegepast voor zuiver documentaire doeleinden, met name in de cartografie. Wij zijn gewend aan 'platte', tweedimensionale kaarten, met symbolen voor water,

pattern of meadows and fields, castles, villages and towns. Therefore architecture came to occupy a prominent position in Flemish art – despite the fact that proper cityscapes were seldom produced. Consequently great importance was attached to the study of perspective as an essential part of the artist's training: teaching aids included the plates of Vredeman de Vries (1527-after 1604) with examples of imaginary environments (halls, squares, buildings), drawn according to the rules of geometric perspective. Artists learned to employ the same method for the portrayal of their architectural surroundings. The resultant architectural portrait could be incorporated into a free composition (cf. cat. no. 18), but often, too, a topographical view drawn from life was enhanced with a significant scene of human activity, to be used to illustrate a calendar or a moral. Thus Hans Bol, when still in Antwerp, used the Grote Markt in Bergen op Zoom for the background of a drawing illustrating the month of January (cat. no. 3). Pieter Bast, another Flemish emigré, drew several towns in Zeeland on his way north; he made engravings of these views later on, adding biblical scenes in the foreground (cat. nos. 5, 6). The arrival of these Flemish artists, interested as they were in their surroundings and experienced in portraying what they could see around them, stimulated the young generation of Dutch artists in the years following 1600, to look at their own environment with fresh enthusiasm.

But it would be unfair to say that artists in the north were inexperienced in the portrayal of landscapes and architecture. There existed a tradition of craftsmanship which went back as far as the early sixteenth century. It was by no means only the less talented artists who concerned themselves with landscapes and architecture, but up to around 1600 their skill and experience was primarily aimed at purely documentary pieces, notably in the field of cartography.

Today we are accustomed to 'flat', two-dimensional maps, with symbols for water, forestland, built-up areas, etc., but in the sixteenth century maps and plans tended to be much less abstract. This is because an area that was not too large was rendered as a bird's-eye view, hence in a slanting projection, as if the artist sat drawing from a high viewpoint overlooking the panorama. Such a viewpoint enabled him to render prominent elements in the area, such as towns, mills, or trees, three-dimensionally, as landmarks for the convenience of the person consulting the map. If

bos, bebouwing enzovoort, maar de meeste 16de-eeuwse kaarten en plattegronden hebben een veel minder abstract karakter. Dat komt doordat in kaart gebrachte gebieden van niet al te grote omvang vaak werden weergegeven in vogelvlucht, dus in een scheve projectie, alsof de tekenaar op een hooggelegen punt schuin boven het gebied heeft zitten tekenen. Deze gezichtshoek maakte het hem mogelijk opvallende elementen in het in kaart gebrachte gebied, zoals steden, molens of bomen, in drie dimensies weer te geven, als herkenningspunten voor de gebruiker van de kaart. Bij kaarten op kleine schaal kon dat alleen hoogst summier gebeuren, maar hoe kleiner het afgebeelde gebied, des te meer gelegenheid de cartograaf had om alle onderdelen 'naar het leven' te tekenen.

De maker van de *Kaart van de drie Schieën* (cat. no. 19) heeft dit probleem opgelost door met twee schalen te werken: hij heeft het door hem bestreken gebied sterk gecomprimeerd en schematisch weergegeven, om ruimte te krijgen voor een nauwkeurig portret van de woonplaatsen. De kaart is getekend in vogelvluchtperspectief: aan de hand van ter plaatse gemaakte schetsen van de gebouwen heeft de kunstenaar gezichten vanuit de lucht op de afzonderlijke woonplaatsen geconstrueerd, en die weer samengevoegd tot een beeldend pleidooi voor de stelling dat Delfshaven een veel belangrijkere en beter gelegen havenplaats was dan Rotterdam, dat als een uithoek aan de horizon ligt. De onderlinge verhoudingen zijn daardoor in onze ogen sterk vertekend, maar bestudering van de kaart heeft aangetoond, dat de weergave van de woonplaatsen topografisch betrouwbaar is. De kaart toont aan dat in de Noordelijke Nederlanden het topografische tekenen ook in esthetisch opzicht al heel vroeg op een hoog peil stond. Het situatiekaartje van Monnickendam uit 1543 (cat. no. 24) laat zien dat als de schaal het toeliet de tekenaar nog verder ging in het detailleren van de opstallen. Weer valt het op met hoeveel gemak men een gezicht op een gebouw vanuit de lucht construeerde. Er zijn verschillende voorbeelden bekend van 16de-eeuwse geschilderde kaarten van Noordnederlandse steden, maar aanvankelijk werden ze maar zelden in prent uitgebracht. De beroemde vogelvluchtkaart van Amsterdam die de schildercartograaf Cornelis Anthonisz. (omstreeks 1500-1553) eerst schilderde (vgl. cat. no. 22) en in 1544 tot een houtsnede verwerkte (afb. 2), is zelfs tot na 1570 de enige in zijn soort gebleven.

Omstreeks het midden van de 16de eeuw maakten de uitvinding en de snelle verbreiding van de drie-

the map covered a larger area such landmarks could obviously be indicated in a summary manner only: the smaller the area the more opportunity the cartographer had to draw all the details 'from life'.

The maker of the *Map of the Schie Area* (cat. no. 19) reached a compromise by working on two different scales: he has compressed the area as a whole and portrayed it summarily, leaving plenty of room for an accurate rendering of the built-up areas. The map is drawn in bird's-eye view perspective: the artist first sketched the buildings on the spot and used the sketches to construct aerial views of the towns, which he then combined in a graphic illustration of the notion that Delfshaven was a much more important and better situated port than Rotterdam, which is portrayed as a minor settlement on the horizon. The proportions are therefore severely distorted in our eyes, but close examination of the map shows that the rendering of the towns themselves is topographically accurate. The map shows that the standard of early topographical drawing – also aesthetically – was high in the Northern Netherlands.

The sketch of Monnickendam from 1543 (cat. no. 24) shows that whenever the scale permitted the draughtsman would go to great lengths to portray the elevations in detail. Here, too, we are struck by the apparent ease with which an aerial view of a building was constructed.

Various examples of sixteenth-century painted maps of Northern Netherlandish towns exist, but initially they were seldom published as prints. The famous bird's-eye view map of Amsterdam, of which the painter-cartographer Cornelis Anthonisz. (c. 1500-1553) first produced a painted version (cf. cat. no. 22) and then a woodcut in 1544 (fig. 2), was the only map of its kind until after 1570.

Although the invention and rapid spread of trigonometric measurement in the mid-sixteenth century made it possible to draw geometrically accurate plans, the custom of rendering elevations in slanting projection continued, even in the 'modern', orthogonally projected, maps. An excellent example of this is the map by Jasper Adriaensz. (cat. no. 20). In fact the practice has continued up to the present: many tourist map and architectural designs show buildings in slanting projection. A fine seventeenth-century specimen is the view of the Amsterdam Civic Orphanage by Balthasar Florisz. van Berckenrode (cat. no. 25).

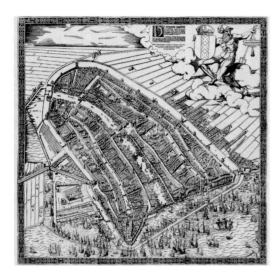

2
Cornelis Anthonisz., Vogelvluchtkaart van Amsterdam/Bird's eye view of Amsterdam, 1644

hoeksmeting het mogelijk meetkundig juiste plattegronden te tekenen, maar ook daarna is het nog lang gebruik gebleven om op zo'n moderne kaart in loodrechte projectie de opstallen scheef geprojecteerd weer te geven. Heel duidelijk is dat te zien op de kaart van Jasper Adriaensz. (cat. no. 20).
Voor de weergave van steden of gedeelten van steden is die methode zelfs tot nu toe in zwang gebleven, bijvoorbeeld voor toeristenkaarten en architectuur-ontwerpen. Een mooi 17de-eeuws voorbeeld is het gezicht op het Amsterdamse Burgerweeshuis door Balthasar Florisz. van Berckenrode (cat. no. 25).
Als we bedenken dat in de 16de eeuw de bezigheden van de schilder en de cartograaf-landmeter in elkaar overliepen (zie afb. 2), en voorts dat een gezicht in een stad de kunstenaar voor heel andere en nieuwe compositorische en perspectivische problemen stelde, dan wordt het begrijpelijk dat in de 16de en de vroege 17de eeuw ook historische gebeurtenissen op een hoge uitzondering na in vogelvlucht werden uitgebeeld (afb. 1, cat. nos. 9, 11).
Pas in het tweede kwart van de 17de eeuw kwam daar verandering in (cat. no. 13).
Tot het gebied van de cartografie hoort ook het profiel, dat wil zeggen de weergave van een stad gezien op enige afstand, ongeveer op ooghoogte. Deze manier stelt minder technische eisen aan de kunstenaar dan de vogelvluchtkaart of het panorama en is waarschijnlijk in Nederland ook ouder. Het profiel in meer uitgewerkte vorm is een samenvoeging van afzonderlijke getekende, van nabij geobserveerde gedeelten van een stad. Het spreekt vanzelf dat het type van grote betekenis is

Since the activities of the painter and cartographer-surveyor in the sixteenth century overlapped (fig. 2) and a view in the city confronted the artist with quite different and new compositional and perspective problems, it is easy to see why, in the sixteenth and early seventeenth centuries, also historical events were nearly always portrayed in bird's-eye view perspective
(see fig. 1, cat. nos. 9, 11).
This situation remained unchanged up to the second quarter of the seventeenth century
(cat. no. 13).
The art of cartography also encompassed the profile, a portrait of a city as seen from some distance, at roughly eye-level. This method of portrayal is less technically demanding on the artist than the bird's-eye view map or the panorama, and is probably older. The more elaborate profile consisted of a combination of several separately drawn views of parts of a town, observed from close quarters. This type of view is particularly important for the history of the origins of the seventeenth-century cityscape, the more so because the production of printed profiles flourished so spectacularly in that century.
A lengthy tradition already existed; for instance, even the early navigators were in the habit of drawing profiles of the coastlines they saw as a guide for future voyages. In 1543 the versatile Cornelis Anthonisz. published his *Onderwysinge van de see,* a navigation handbook, with dozens of coastal profiles – at the same time as the oldest surviving city profiles on Northern Netherlandish maps originated (fig. 3).
Nevertheless, as far as we know (much has been

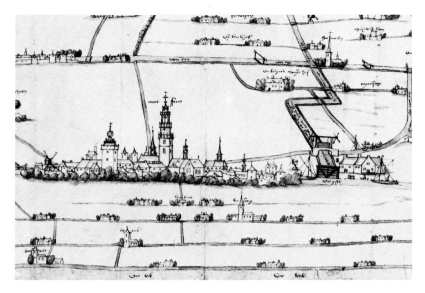

3
Montfoort; detail van een kaart/Montfoort; detail of a map, 1554

Amsterdam, Gemeentearchief

voor de voorgeschiedenis van het 17de-eeuwse stadsgezicht, temeer omdat de produktie van gedrukte profielen in die eeuw een periode van ongehoorde bloei heeft gekend. Daar moet een lange traditie aan vooraf zijn gegaan, immers het is bekend dat zeevaarders vanouds gewend waren om de profielen van kusten op te tekenen als leidraad voor latere reizen. In 1543 gaf de veelzijdige Cornelis Anthonisz. de *Onderwysinge van de see* uit, met tientallen kustprofielen. Uit dezelfde tijd dateren ook de eerste stadsprofielen op Noordnederlandse kaarten die ons zijn overgeleverd (afb. 3). Toch is voor zover wij weten – veel is verloren gegaan – het gebruik om steden in profiel te schilderen of in prent uit te geven hier veel later algemeen geworden dan in Antwerpen of het Rijnland, waar al in de 15de eeuw prachtige monumentale profielen verschenen zijn van Duitse steden en van plaatsen op de weg naar Jeruzalem.

Het oudste voorbeeld in de Noordelijke Nederlanden, kennelijk onder Duitse invloed, is de houtsnede met het profiel van Deventer, ca. 1550 (cat. no. 26). De prent is niet in een boek opgenomen, maar los uitgegeven, voorzien van een geleerde tekst met historisch-topografische informatie. Het is een van de vroegste voorbeelden van een geïllustreerde stadsbeschrijving als losse prent (vgl. cat. no. 32). Als inheems produkt is deze prent echter een even geïsoleerd verschijnsel als de vogelvluchtkaart van Amsterdam door Cornelis Anthonisz. uit 1544. Wel is een aantal Noordnederlandse steden opgenomen in de *Civitates orbis terrarum,* een uitgave van Georg Braun in Keulen met prenten van de Mechelse graveur Frans Hogenberg, die in zes delen verschenen is tussen

lost), the practice of rendering profiles of cities or publishing them as prints became widespread here much later than in Antwerp and the Rhineland, where already in the fifteenth century beautiful monumental profiles were being produced of German cities and of towns on the way to Jerusalem.

The earliest Northern Netherlandish example – which clearly displays the German influence – is the woodcut showing the profile of Deventer, from *c*. 1550 (cat. no. 26). The print was not included in a book: it was published separately with an accompanying scholarly inscription conveying historical-topographical information. It is one of the earliest examples of an illustrated description of a city to be published separately (cf. cat. no. 32).

But as a native product this print is as unique as the bird's-eye view of Amsterdam by Cornelis Anthonisz. from 1544. A number of Northern Netherlandish towns are included in the *Civitates orbis terrarum* with prints by the engraver Frans Hogenberg from Mechelen, published by Georg Braun in Cologne in six volumes, between 1572 and 1617 (cat. no. 27). Also the second edition of Guicciardini's *Descrittione di tutti i Paesi Bassi*, issued by the Antwerp printer Plantijn in 1581, contains various profiles and maps of Northern Netherlandish cities, often inferior copies of older editions. But in Holland itself it was not until the arrival of the Flemish immigrants in the years following 1585 that there was anything like an indigenous production. Between 1594 and 1602 Pieter Bast visited and made prints of a large number of towns, probably working on

1572 en 1617 (cat. no. 27). Ook de tweede uitgave van Guicciardini's *Descrittione di tutti i Paesi Bassi*, die de Antwerpse drukker Plantijn in 1581 verzorgde, bevat verscheidene profielen en kaarten van Noordnederlandse steden, veelal minder fraaie kopieën naar oudere uitgaven.

Maar in Holland zelf heeft het geduurd tot de komst van de Vlaamse immigranten in de jaren na 1585 voor er zoiets als een eigen produktie tot stand kwam. Pieter Bast heeft tussen 1594 en 1602 een hele reeks steden bezocht en – waarschijnlijk meestal in opdracht van het stadsbestuur – in prent gebracht (cat. no. 28). Ook Jacob de Gheyn (cat. no. 29) kwam uit het Zuiden. Maar naast hen en wellicht door hen geïnspireerd werkten nu ook mensen als de waterbouwkundig ingenieur Cornelis Drebbel (1572-1634) uit Alkmaar, spoedig gevolgd door de Amsterdammer Claes Jansz. Visscher, die in de jaren na 1610 als etser en uitgever een indrukwekkend fonds heeft opgebouwd van profielen, stadsplattegronden en stadsgezichten. Met Visscher zet dat ook meteen de bloeitijd in van dit typisch Hollandse specialisme in de prentenuitgeverij.

Intussen was een nieuw type stadsportret ontstaan, de combinatie van verschillende gezichten op één blad. De grondgedachte van Braun en Hogenberg was geweest om in één uitgave alle beschikbare informatie over alle steden van de wereld te publiceren. Dat betekent dat van sommige steden twee plattegronden werden opgenomen, of dat twee profielen of een plattegrond mét een profiel gecombineerd werden tot één prent (cat. no. 27). Deze combinatie nu van plattegrond en profiel op één blad is in korte tijd populair geworden (cat. no. 29). Claes Jansz. Visscher ging nog verder: omstreeks 1610 bouwde hij de combinatie van een kaart met twee profielen van Amsterdam, die Pieter Bast had vervaardigd, uit tot een enorm tableau met verklarende tekst, waar hij bovendien een paar gezichten van de stad aan toevoegde. De verschillende onderdelen werden van afzonderlijke platen gedrukt, zodat ook bescheidener combinaties mogelijk waren (cat. no. 32). Een volledig ensemble is niet bewaard gebleven. Andere uitgevers namen het idee van Visscher over, maar nu zonder tekst en in plaats daarvan een hele rand van stadsgezichten (cat. no. 33). Volgens dit schema zijn tot aan het einde van de 17de eeuw toe zulke 'figuratieve kaarten' vervaardigd.

Een heel ander type topografische voorstelling, waarvan de oorsprong los staat van de cartografie maar dat eveneens van belang is als een van de commission for the municipal governments most of the time (cat. no. 28). Jacob de Gheyn too (cat. no. 29) came from the south. But now these immigrants worked side by side with and perhaps influenced men like the hydraulic engineer Cornelis Drebbel (1572-1634) from Alkmaar, soon followed by Claes Jansz. Visscher, an Amsterdam etcher and publisher who produced an impressive series of profiles, city plans and cityscapes. And it was his work that marked the onset of this typically Dutch specialty in print publishing. Meanwhile a new type of city portrait had emerged: the combination of several viewpoints in one sheet. The aim of Braun and Hogenberg had been to publish all available information on all cities of the world in one volume. Consequently some cities were represented by two plans, or two profiles or a plan plus a profile were combined to form one print (cat. no. 27).

The latter combination of plan and profile on one sheet rapidly gained popularity (cat. no. 29). Claes Jansz. Visscher went a step further: around 1610 he expanded the combination of a map with two profiles of Amsterdam, which Pieter Bast had made, to form a very large tableau with explanatory text, to which he moreover added several views of the city. The various component parts were printed from separate plates, so that simpler combinations were also possible (cat. no. 32). A full assembly has not survived intact. Other publishers adopted Visscher's idea, substituting an entire border of cityscapes for the explanatory texts (cat. no. 33). Such combined 'figurative maps' were produced up to the end of the seventeenth century.

An entirely different type of topographical representation, whose origins differ from those of cartography but which is no less important as a forerunner of the seventeenth-century cityscape, is the 'model', i.e. the portrait of a single building. Besides painted models (cat. no. 15) also woodcuts were made of single buildings, announcing a lottery to raise funds for the construction of a church or some other building. An interesting example is the print of an Amsterdam lottery from 1558, which shows the reconstruction of the Oude Kerk in full swing (cat. no. 16). Most of the early cityscapes of Claes Jansz. Visscher and his contemporary Simon Frisius are in fact portraits of buildings, although they are shown in their proper surroundings, and enhanced by the addition of human figures (cat. nos. 37, 38). They reflect the growing demand for

wortels van het 17de-eeuwse stadsgezicht, is de zogenaamde maquette, dat is de afbeelding van één afzonderlijk gebouw. Naast geschilderde maquettes (cat. no. 15) zijn er ook maquettes in houtsnede, die gebruikt werden voor de aankondiging van een loterij ten bate van de bouw van een kerk of een ander openbaar gebouw. Bekend is de Amsterdamse loterijprent uit 1558, waarop de verbouwing van de Oude Kerk in volle gang is (cat. no. 16).

De meeste vroege stadsgezichten van Claes Jansz. Visscher en zijn generatiegenoot Simon Frisius zijn ook eigenlijk portretten van gebouwen, maar nu geplaatst in hun omgeving en met publiek verlevendigd (cat. nos. 37, 38). Ze illustreren de groeiende behoefte omstreeks 1600 aan gezichten 'naar het leven'. Geen wonder dat in deze tijd ook de eerste 'echte' stadsgezichten als zelfstandige prent werden uitgegeven. De reeks van twaalf gezichten in en om Antwerpen en Bergen op Zoom die Hans Bol in 1580 uitgaf had nog het karakter van een kalender, met toespelingen op de maanden van het jaar als onderwerp. De gezichtjes op Zeeuwse steden en kastelen van Pieter Bast uit de jaren na 1590 gingen nog door voor bijbelillustraties.

Maar de anonieme prent 'Amstelredam', die eveneens dateert uit de jaren 1590-'95, heeft geen andere bedoeling dan de levendige uitbeelding van de Amsterdamse Dam met de Waag (cat. no. 34). De onbekende kunstenaar bleek overigens in staat de perspectivische problemen van een gecompliceerd stadsgezicht op ooghoogte overtuigend op te lossen. De functie van deze prent is niet helemaal duidelijk. Was het niet meer dan de oefening van een schrijfmeester-graveur? Vermoedelijk past hij eerder in de traditie van de geïllustreerde stadsbeschrijving en heeft ook hier oorspronkelijk een lovende tekst bij gehoord, net als bij de prent 'Curia Hollandiae' van de Vlaming Hendrick Hondius uit 1598 (cat. no. 35).

Hiermee stuiten we weer op het merkwaardige verschijnsel dat er in Holland omstreeks 1600 een snelle opbloei is waar te nemen in de produktie van allerlei soorten topografisch materiaal. Men heeft deze behoefte wel in verband gebracht met het groeiende zelfvertrouwen van de Hollandse stedelingen in hun strijd tegen de Spaanse overheid, die er niet in bleek te slagen haar greep op het gebied boven de grote rivieren weer te herstellen. Deze nieuwe zelfbewustheid blijkt ook in de boekenuitgeverij. In de jaren 1610-'15 verschijnen in Amsterdam nieuwe, verfraaide en uitgebreide

views 'from life', around 1600. Not surprisingly, that is also when the first 'proper' cityscapes were published as separate prints. The series of twelve views in and around Antwerp and Bergen op Zoom published by Hans Bol in 1580, are still primarily calendar illustrations, with allusions to the months of the year. The small views of towns and castles in Zeeland made by Pieter Bast in the years following 1590 were still regarded as bible illustrations. But the anonymous artist who made the print 'Amstelredam', which also dates from 1590-'95, had no other intention than to produce a realistic portrait of the Dam square in Amsterdam with the weigh-house (cat. no. 34). The anonymous artist moreover found a convincing solution to the problem of rendering the perspective of a complicated cityscape viewed from eye-level.

The purpose of this print is not clear. Was it merely the exercise of a penman-engraver? More likely it is a product of the tradition of the illustrated city description, and probably originally had an accompanying text, like the print 'Curia Hollandiae' by the Fleming Hendrick Hondius, of 1598 (cat. no. 35).

This brings us back to the rapid increase in the production of every kind of topographical material in the years around 1600. It has been suggested that the demand for topographical prints expressed the growing self-confidence of the citizens in Holland, who were proving successful in their resistance against Spanish domination. The new self-confidence is also reflected in the development of book printing.

Between 1610 and 1615 new, more extensive and elaborate Dutch-language editions of Guicciardini's *Descrittione di tutti i Paesi Bassi*, were published, alongside Jean François le Petit's *Nederlandtsche Republyck* and descriptions of Amsterdam and Leiden (cat. no. 39). These works launched a tradition, parallel to that of the monumental figurative maps, which was to last until the very end of the seventeenth century (cat. nos. 40, 43).

The first city descriptions were modestly illustrated with small prints of diverse provenance, but during the second wave of local patriotism in the 1660s Amsterdam alone saw the publication of four separate historical-topographical descriptions of the city, all four richly illustrated by topographical prints evidently made specially for this purpose, although they were almost certainly sold as individual sheets, too. To justify such an

4
Abraham Blooteling naar Jacob van Ruisdael, De Blauwbrug in Amsterdam/The Blauwbrug in Amsterdam, 1664

Nederlandstalige edities van Guicciardini's *Descrittione di tutti i Paesi Bassi*, tegelijk met Jean François le Petit's *Nederlandtsche Republyck* en met stadsbeschrijvingen van Amsterdam en Leiden (cat. no. 39). Ze zetten een traditie in die – parallel aan die van de monumentale figuratieve kaarten – zou voortduren tot in de laatste jaren van de 17de eeuw (cat. nos. 40, 43).

De eerste stadsbeschrijvingen waren nog bescheiden geïllustreerd met prentjes van diverse origine, maar tijdens de tweede golf van plaatselijk chauvinisme in de jaren '60 verschijnen alleen al in Amsterdam vier afzonderlijke historisch-topografische beschrijvingen van deze stad, alle vier even rijk geïllustreerd met een serie kennelijk speciaal in opdracht gemaakte topografische prenten, die op zichzelf ook weer een eenheid vormden en bijna zeker ook los verkocht werden. Blijkbaar was er een nauwelijks te stillen vraag die zo'n investering voor de uitgever verantwoord maakte, en ook een breed publiek met een zekere koopkracht. Het is verleidelijk hier een verband te zien met de plotselinge opbloei van het geschilderde stadsgezicht in die jaren (zie p. 195). Uit alles blijkt een grote aandacht voor het wezenlijke en het bijzondere van de eigen stad, die misschien ook wel gevoed werd door de handelsoorlogen met Engeland.

In het geval van Amsterdam valt de verhoogde topografische activiteit samen met de enorme economische en ruimtelijke expansie van de stad. Eveneens omstreeks 1660 heeft de kunstenaar Reinier Nooms genaamd Zeeman een paar series gezichten op de Amsterdamse grachten, havens en poorten geëtst, die geen verband houden met een stadsbeschrijving in boekvorm (cat. no. 42). Van

investment on the part of the publisher, the demand for such topographical work must have been enormous. It is tempting to relate this development to the sudden blossoming of the painted cityscape in the same years (see p. 195). All the evidence shows that people took a keen interest and great pride in their own city – which was perhaps stimulated further by the trade wars with England. In Amsterdam, moreover the growing topographical activity coincided with the enormous economic and spatial expansion of the city.

Around 1660 the artist Reinier Nooms, also known as Zeeman, etched several series of views of Amsterdam's canals, the harbour, and the city-gates, but these prints were not made as illustrations for a city description in book form (cat. no. 42). Abraham Blooteling produced a similar series – after drawings by Ruisdael – portraying the old city rampart just before the large-scale extension of the city in 1664 (fig. 4). Thereafter the interest in such series of views apparently declined until about 1695, when Petrus Schenk published a large number of topographical drawings by Jan van Call collected in one volume. Schenk's undertaking was highly successful: van Call's prints were republished and copied innumerable times until well into the eighteenth century. Some of the prints in Schenk's collection were repetitions of much larger scenes, which van Call had etched in colour print and touched up by hand some years earlier (cat. no. 48). The activities of Jan van Call have so far received little attention from art historians. Yet his work certainly seems to have had historical significance, at any rate for

Abraham Blooteling is er een soortgelijke reeks – naar tekeningen van Ruisdael – die het aanzien van de oude stadswal vastlegt vlak voor de grote stadsuitbreiding van 1664 (afb. 4). Daarna daalde de belangstelling voor zulke series blijkbaar weer, tot de uitgever Petrus Schenk omstreeks 1695 een groot aantal topografische prentjes van Jan van Call samenbracht in één bundel. Schenk heeft met zijn initiatief een geweldig succes gehad: de prenten van Van Call zijn talloze malen opnieuw uitgegeven en gecopieerd tot ver in de 18de eeuw toe. De prentjes in de bundel van Schenk waren voor een deel eigenhandige herhalingen naar veel grotere prenten, die Van Call enige jaren tevoren in kleurendruk had geëtst en daarna met de hand had bijgekleurd (cat. no. 48). De activiteiten van Jan van Call hebben in de kunstgeschiedenis tot nu toe nauwelijks een plaats gekregen. Toch lijkt het dat zijn werk van historische betekenis is geweest, in elk geval voor de typologie van de 18de-eeuwse topografische prentkunst (opticaprenten!) en wellicht ook – maar daarvoor ontbreekt ons nog het verbindende materiaal – voor de kunst van de Venetiaanse schilders van 'vedute' (stadsgezichten). De grote kleuretsen zijn bovendien nog op een heel andere manier interessant, omdat ze een eerste poging lijken te zijn om imitatie-schilderijen te vervaardigen voor een relatief bescheiden prijs. Het uitgeven van op zichzelf staande stadsgezichten in prent was tevoren blijkbaar nooit commercieel aantrekkelijk geweest. Die uit de tijd vóór het optreden van Jan van Call zijn op twee handen te tellen. Tot deze weinige uitzonderingen behoren de anonieme prent *Abdijplein te Middelburg* uit 1644 (cat. no. 41) en Romeyn de Hooghes *Waagplein met de Waag te Alkmaar* uit 1674 (cat. no. 44).
Nog één uitgave uit het einde van de 17de eeuw moet hier apart vermeld worden, hoewel het eigenlijk een technisch handboek is: Jan van der Heydens Brandspuitenboek uit 1690, geïllustreerd met 19 gravures die voor een deel gebaseerd zijn op tekeningen van brandende en uitgebrande panden en stadsgedeelten. Door de bijzondere aard van zijn criterium geeft Van der Heyden ons niet alleen een blik in buurten waar de handwerksman en de middenstander woonde en die anders nooit afgebeeld zouden zijn, maar het boek laat ook zien hoe meesterlijk de schilderende ingenieur zijn beide liefdes in één werkstuk kon verenigen.

Boudewijn Bakker

the typology of eighteenth-century topographical prints (optical prints!) and possibly also – but for that we lack the connective documentation – for the Venetian painters of *vedute* (cityscapes). The large colour etchings are moreover interesting for a very different reason – they probably represent the first attempts to produce an imitation painting at a comparatively low cost. The publication of separate cityscapes in print had, it seems, never been commercially worthwhile before. Less than a dozen were made before Jan van Call's emergence on the scene. Among these few exceptional works are the anonymous prints *Abdijplein in Middelburg* from 1644 (cat. no. 41), and *The Waagplein with the Weigh-House in Alkmaar* from 1674 by Romeyn de Hooghe (cat. no. 44). One more publication from the end of the seventeenth century deserves special mention, although it is actually a technical handbook: Jan van der Heyden's Fire-hose book from 1690, illustrated with nineteen engravings, most of which are based on drawings of burning and burned-out buildings and neigbourhoods. Because his subject is so unusual van der Heyden not only shows us a glimpse of neighbourhoods where craftsmen and tradesmen lived, and which would otherwise never have been considered important enough to portray, he also succeeds in uniting, in one masterpiece, his two loves: art and engineering.

Boudewijn Bakker

Bronnen van het stadsgezicht

Meester van Bellaert (werkzaam in Haarlem, eind 15de eeuw)

**Cat. no. 1
Christus voor Pilatus, 3de kwart 15de eeuw**

Jezus wordt door twee gerechtsdienaars voor Pilatus geleid. Pilatus leest het briefje dat hij van zijn vrouw heeft ontvangen: 'Bemoei U toch niet met dien rechtvaardige, want ik heb heden in een droom veel om Hem geleden'. (Mattheus 27:19). Buiten het hek staat een groep joden.
Het stadsgezicht op de achtergrond is met zorg afgebeeld. Er is reden te veronderstellen, dat hier het stadhuis van Haarlem, met links daarvan de Pandpoort, is weergegeven. Er zijn echter geen gegevens of tekeningen bekend van het Haarlemse stadhuis of van de omgeving ervan uit het einde van de 15de eeuw, die een bewijs voor deze veronderstelling leveren. Op zichzelf geeft het stadsgezicht, mede gezien de belangrijke plaats die het in de compositie inneemt, wel de indruk een natuurgetrouwe weergave te zijn. Het moet beschouwd worden als een van de vroegste voorbeelden van een bestaanbaar stadsgezicht in de Noordelijke Nederlanden.
Er bestaat mogelijk verband tussen de scène op de voorgrond en het gebouw op de achtergrond. Het verhaal van Christus voor Pilatus is namelijk traditioneel een voorbeeld van onrechtvaardige rechtspraak. Het was gebruikelijk dat een dergelijke voorstelling te zamen met een tegenhanger, die een rechtvaardiger rechtspraak voorstelde, als waarschuwing voor de rechters in de rechtszaal van een stadhuis hingen.
Over de herkomst van dit schilderij is echter helaas niets bekend.

Lit.: M. J. Schretlen, 'Een Haarlemsch stadsgezicht uit de 15de eeuw. 'De Meester van Bellaert' in: *Oud-Holland*, 47 (1930), 122-129

Rotterdam, Verzameling Dr. E. Frederiks; in bruikleen bij Museum Boymans-Van Beuningen, Rotterdam

The Cityscape and its Sources

Master of Bellaert (active in Haarlem, end 15th century)

**Cat. no. 1
Christ before Pilate, 3rd quarter 15th century**

Jesus is led before Pilate by two soldiers. Pilate is reading a letter from his wife, in which she admonishes him: 'Have you nothing to do with that just man; for I have suffered many things this day in a dream because of him'. (Matt. 27:19). A group of Jews is shown by the gate.
The cityscape in the background is portrayed with care. The building is probably the town hall of Haarlem, flanked on the left by the Pandpoort. Although there are no drawings or documents describing the Haarlem town hall and its surroundings in the fifteenth century, the view of the city itself as well as its prominence within the composition make a very realistic impression. It is probably one of the earliest true-to-life cityscapes in the Northern Netherlands.
There may be some connection between the scene in the foreground and the buildings portrayed in the background. The story of Christ before Pilate is by tradition an example of unfair jurisdiction. It was customary to decorate the courtroom of town halls with such a scene, combined with a corresponding picture representing a truer justice, as a reminder to the judges.
Unfortunately we have no indication of the provenance of this painting.

Lit.: M. J. Schretlen, 'Een Haarlemsch stadsgezicht uit de 15de eeuw. 'De meester van Bellaert' in: *Oud-Holland*, 47 (1930), 122-129

Rotterdam, Dr. E. Frederiks; on loan to the Museum Boymans-Van Beuningen, Rotterdam

Cat. no. 1
Paneel, 38,5 x 26,5 cm.

Panel, 38.5 x 26.5 cm.

Anoniem

Cat. no. 2
De lakenmarkt te 's-Hertogenbosch, 1ste helft 16de eeuw

Gezien van de Korte Kerkstraat in de richting van de Hoge Steenweg tijdens de lakenmarkt. Links de waterput, bekroond met de dubbele adelaar die sinds 1508 bij het stadswapen gevoerd werd.
Op de voorgrond deelt een heilige in ridderkleding stoffen aan behoeftigen uit. Voorgesteld zou kunnen zijn Sint Maarten, schutspatroon van de lakenkopers. Deze wordt echter traditioneel te paard uitgebeeld, terwijl hij zijn mantel in tweeën snijdt en één deel aan de armen geeft.
Pater Gerlach heeft geopperd dat hier sint Franciscus is afgebeeld. Het is bekend, dat Franciscus, zoon van een lakenhandelaar, in Assisi onder andere rollen laken aan de armen schonk.
Dit type 16de-eeuwse marktgezichten, waarvan de perspectief nog onbeholpen is, komt, met name in enkele Vlaamse steden, meer voor.
Mede blijkens het wapen met de geopende schaar, dat zich op de achterzijde van het paneel bevindt, moet dit schilderij in opdracht van het gilde der 'gewandsnijders' of 'drapiers' van 's-Hertogenbosch zijn vervaardigd.
Het is vermoedelijk nog in de eerste helft van de 16de eeuw ontstaan.

Lit.: P. Gerlach O. F. M. Cap., 'Studies over Jeronimus van Aken (alias Bosch) I', in: *Spiegel der Historie*, 9 (1967), 587-598. Het hoofdstuk getiteld 'St. Franciscus op de lakenmarkt te 's-Hertogenbosch' verscheen eerder in het *Brabantsch Dagblad*, 14-5-1966.

's-Hertogenbosch, Noordbrabants Museum

Anonymous

Cat. no. 2
The Cloth Market in 's-Hertogenbosch, 1st half 16th century

A view of the cloth market, as seen from the Korte Kerkstraat facing the Hoge Steenweg. On the left is a well crowned by the double eagle which figured in the town's escutcheon since 1508. In the foreground a saint clothed as a knight is handing out lenghts of material to the needy. He might be Saint Martin, the patron saint of the cloth merchants, although he is traditionally portrayed on horseback, cutting his cloak in two and handing one half to a beggar. Father Gerlach has suggested that the figure represented must be Saint Francis, whose father was a cloth merchant in Assisi and who is reputed to have given away bales of cloth to the poor.
Several such market scenes, with their still somewhat rigid perspective, were painted in the sixteenth century – notably in some of the Flemish towns.
The open scissors on the reverse of the painting indicate that it was commissioned by the drapers' guild in 's-Hertogenbosch. The work probably dates from the first half of the sixteenth century.

Lit.: P. Gerlach O. F. M. Cap., 'Studies over Jeronimus van Aken (alias Bosch) I' in: *Spiegel der Historie*, 9 (1967), 587-598. The chapter 'St. Franciscus op de lakenmarkt te 's-Hertogenbosch' appeared earlier in the *Brabantsch Dagblad*, 14-5-1966

's-Hertogenbosch, Noordbrabants Museum

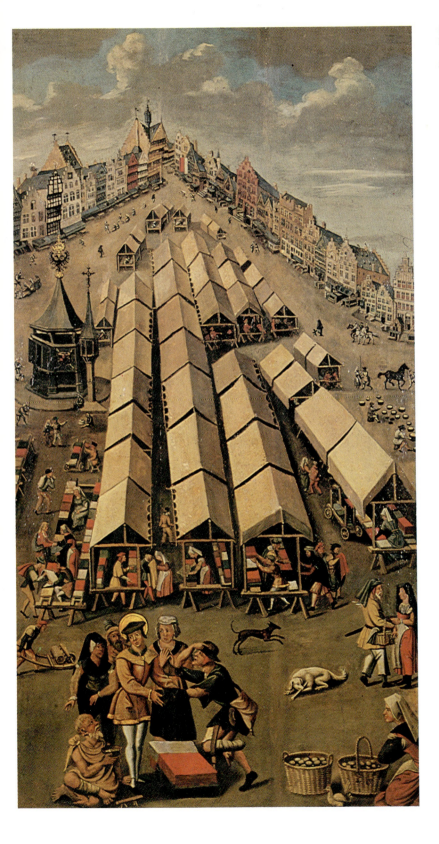

Cat. no. 2
Paneel, 126 x 67 cm.

Panel, 126 x 67 cm.

Hans Bol (Mechelen 1534?-1593 Amsterdam)

Cat. no. 3
De Grote Markt te Bergen op Zoom, 1580

Achter de oostelijke wand van het plein verrijst de Grote Kerk. De heuvel met de burcht buiten de stad is gefantaseerd, maar overigens lijkt de tekening de werkelijke toestand, op enige onderdelen na, goed weer te geven. Het sterrebeeld Waterman en de feestende burgers, die Driekoningen vieren, zijn een verwijzing naar de maand januari. Dit blad is het eerste uit een serie van twaalf maanden, die door Adriaen Collaert in prent is gebracht.
Het ging er de tekenaar niet om een juiste afbeelding van de situatie te geven, hij gebruikte veeleer voor de achtergrond die hij nodig had een bestaand stadsbeeld. Dat blijkt ook uit het feit dat de prent het geheel spiegelbeeldig weergeeft.

Lit.: J. H. van Mosselveld en W. A. van Ham, *Tekeningen van Bergen op Zoom*, Bergen op Zoom 1973, 13-14, 28

Heemstede, Mevr. C. van der Waals-Koenigs

Hans Bol (Mechelen 1534?-1593 Amsterdam)

Cat. no. 3
The Grote Markt in Bergen op Zoom, 1580

The Grote Kerk towers above the buildings on the east side of the square. The hill with the castle outside the city is imaginary, but except for that and some minor details, the drawing makes a realistic impression.
The sign of Aquarius and the feasting burghers celebrating Twelfth Night refer to the month of January. This sheet is the first of a series of twelve, made into prints by Adriaen Collaert. The artist was not concerned primarily with giving an accurate rendering of the situation – he simply took an existing cityscape for the background he needed.
This is confirmed by the fact that the print shows the situation in reverse.

Lit.: J. H. van Mosselveld and W. A. van Ham, *Tekeningen van Bergen op Zoom*, Bergen op Zoom 1973, 13-14, 28

Heemstede, Mevr. C. van der Waals-Koenigs

Adriaen Collaert (Antwerpen omstreeks 1560-1619 Antwerpen)

Cat. no. 4
De maanden januari en februari

De maand januari geeft in spiegelbeeld hetzelfde stadsgezicht in Bergen op Zoom weer als de tekening van Hans Bol (cat. no. 3). De maand februari laat – eveneens in spiegelbeeld – een gedeelte van Antwerpen zien.

Rotterdam, Museum Boymans-Van Beuningen

Adriaen Collaert (Antwerp *c.* 1560-1619 Antwerp)

Cat. no. 4
The Months of January and February

The month of January portrays, in reverse, the same view of Bergen op Zoom as the drawing by Hans Bol (cat. no. 3). The month of February shows – again in reverse – part of Antwerp.

Rotterdam, Museum Boymans-Van Beuningen

Cat. no. 3
Pen in bruin, penseel in grijs,
⌀ 142 mm.
Gesign. en gedat. verso:
januari Hans Bol 1580

Pen and brown ink, grey
wash, ⌀ 142 mm.
Signed and dated verso:
januari Hans Bol 1580

Cat. no. 4
Twee gravures op één blad,
elk ⌀ 143 mm.
(Hollstein 523, 524)

Gesign.: H. Bol INVETOR
A. COLLAERT.FECIT
H.V.LVYCK.EX.

Two engravings on one
sheet, each ⌀ 143 mm.
(Hollstein 523, 524)

Signed: H. Bol INVETOR
A. COLLAERT. FECIT
H.V.LVYCK. EX.

Pieter Bast (Antwerpen omstreeks 1570-1605 Leiden)

Cat. no. 5
De ene blinde leidt de andere; op de achtergrond Veere, 1598

Dit is het eerste blad van een serie van zes gravures met bijbelse voorstellingen tegen een topografische achtergrond.
Drie van de zes prenten stellen zeker gezichten in Zeeland voor, de andere drie waarschijnlijk ook. Bast heeft hier waarschijnlijk tekeningen gebruikt die hij een paar jaar tevoren tijdens zijn Zeeuwse verblijf gemaakt had.
Het type voorstelling past nog helemaal in de Vlaamse traditie. Ook Hans Bol (cat. no. 3) heeft veel van zulke prenten en tekeningen gemaakt. Het onderwerp van deze prent is Jezus' gelijkenis: 'Indien nu de blinde den blinde leidt, zoo zullen zij beiden in de gracht vallen' (Mattheus 15:14b), een populair thema in de 16de-eeuwse Nederlandse kunst.

Amsterdam, Rijksprentenkabinet, Rijksmuseum

Cat. no. 6
Tobias en de engel; op de achtergrond Middelburg, 1598

Het onderwerp van deze prent is de episode in het bijbelboek Tobias, waarin de jonge Tobias van de engel Raphaël aan de oever van de Tigris een grote vis krijgt, waarvan de ingewanden later een wonderdadige werking zouden blijken te hebben (Tobias 6:1-10).

Amsterdam, Rijksprentenkabinet, Rijksmuseum

Pieter Bast (Antwerp c. 1570-1605 Leiden)

Cat. no. 5
The Blind Leading the Blind; in the background Veere, 1598

This is the first sheet in a series of six engravings of biblical scenes, viewed against a topographical background.
Three of the six prints certainly represent views in Zeeland, as the other three probably do too. Bast presumably based them on drawings he made some years before in Zeeland.
The type of representation is still entirely in keeping with the Flemish tradition. Hans Bol (cat. no. 3) also produced many such prints and drawings. The subject of this print is Jesus' parable 'And if the blind lead the blind, both shall fall into the ditch' (Matt. 15:14), a popular theme in the art of the sixteenth-century Netherlands.

Amsterdam, Rijksprentenkabinet, Rijksmuseum

Cat. no. 6
Tobit and the Angel; in the background Middelburg, 1598

This print illustrates the passage in the Bible where the Angel Raphael, standing on the bank of the Tigris, presents the young Tobit with a large fish, whose entrails later proved to possess miraculous powers (Tobit 6:1-10).

Amsterdam, Rijksprentenkabinet, Rijksmuseum

Cat. no. 5
Gravure, 139 x 196 mm.
(blad); (Hollstein 1)
Gesign. en gedat.:
P bast F CJVisscher ex.

Engraving, 139 x 196 mm.
(sheet); (Hollstein 1)
Signed and dated:
P bast F CJVisscher ex.

Cat. no. 6
Gravure, 127 x 171 mm.
(Hollstein 4)
Gesign. en gedat.:
P bast F CJVisscher ex.

Engraving, 127 x 171 mm.
(Hollstein 4)
Signed and dated:
P bast F CJVisscher ex.

Adriaen van de Venne (Delft 1589-1662 's-Gravenhage)

Cat. no. 7
Het Abdijplein te Middelburg, 1618

De prent draagt als opschrift: 'Kinder spel ghe-duijdet tot Sinne-beelden ende Leere der Seden. Ex Nugis Seria' (uit onzin ernst). De prent is een illustratie bij het gelijknamige gedicht op pp. 106-111 van Jacob Cats' bundel *Sinne-beelden, eertijts Minne-beelden, nu gebruijckt tot Leere der Seden* (opgenomen in de bundel *Silenus Alcibiadis*), Middelburg 1618.
Het motto Ex Nugis Seria, de prent en het gedicht vormen samen een embleem. Dit was een geliefde kunstvorm in de 17de eeuw. De drie onderdelen verduidelijken elkaar een vertolken samen een – vaak moraliserende – boodschap. Zowel Van de Venne als Cats hebben zich veel met de emblematiek beziggehouden.

Middelburg, Koninklijk Zeeusch Genootschap der Wetenschappen; on loan to the Zeeuws Museum, Middelburg

Adriaen van de Venne (Delft 1589-1662 The Hague)

Cat. no. 7
The Abdijplein in Middelburg, 1618

The inscription reads, in translation: 'Child's play portrayed for instruction and moral edification. Ex Nugis Seria' [sense from nonsense].
The print illustrates the poem of the same title on pp. 106-111 of Jacob Cats' book *Sinne-beelden, eertijts Minne-beelden, nu gebruijckt tot Leere der Seden* (in the volume *Silenus Alcibiadis*), Middelburg 1618.
The motto Ex Nugis Seria, the print and the poem together form an emblem. This was a popular art form in the seventeenth century. The three parts are complementary and together tell a usually moralizing story. Both van de Venne and Cats concerned themselves with emblematic art.

Middelburg, Koninklijk Zeeuwsch Genootschap der Wetenschappen; on loan to the Zeeuws Museum, Middelburg

Cat. no. 7
Gravure, 216 x 322 mm.
(plaat)

Engraving, 216 x 322 mm.
(plate)

Jacob Savery (?) (Kortrijk omstreeks 1570-1602/03 Amsterdam)

Cat. no. 8
De Hofvijver te 's-Gravenhage, 6 januari 1586

Dit is het twaalfde en laatste, maar op zichzelf staande blad van een serie die de intocht uitbeeldt van graaf Leicester. Deze was op verzoek van de Staten Generaal naar de Nederlanden gekomen met een Engels hulpleger tegen Spanje.
Links het huis van de graven van Egmond, in het midden het Groene Zoodje (het schavot), rechts de gebouwen van het Binnenhof met de Ridderzaal en rechts vooraan de Gevangenpoort.
Op de Hofvijver, die voor de gelegenheid is opengehakt, wordt een steekspel te water uitgevoerd, ter ere van Leicester's komst. Typerend is de golvende horizon, die wat primitief aandoet (vgl. cat. no. 2).
De ongekunstelde stijl past eigenlijk weinig bij het officiële karakter van de serie maar lijkt vooruit te wijzen naar het spontane realisme van de vroeg 17de-eeuwse landschaptekenaars en -etsers. Het stadsgezicht is hier nauwelijks meer te beschouwen als decor van een verhalende voorstelling (vgl. afb. 1, p. 67). Het is daar letterlijk van losgemaakt, zoals nog eens wordt onderstreept door het opschrift dat in vertaling luidt: 'Het paleis van de graven van Holland, 's-Gravenhage'.

Rotterdam, Historisch Museum, Stichting Atlas van Stolk

Jacob Savery (?) (Kortrijk *c.* 1570-1602/03 Amsterdam)

Cat. no. 8
The Hofvijver in The Hague, January 6, 1586

This is the twelfth and last sheet in a series portraying the arrival of the Earl of Leicester, who came to the aid of the Dutch in their struggle against Spain at the request of the States General. On the left the house of the Counts of Egmond, in the centre the scaffold, on the right the buildings of the Binnenhof with the Ridderzaal, and in the lower right the Gevangenpoort.
On the ornamental lake, which has been cleared for the occasion, a water spectacle is being held in Leicester's honour. Note the wavy horizon, which strikes a rather primitive note (cf. cat. no. 2). The simplicity of the style does not really fit very well with the official formality of the rest of the series, but seems to anticipate the spontaneous realism of early seventeenth-century landscape drawings and engravings.
The cityscape as portrayed here no longer serves as a mere decor for a narrative scene (cf. fig. 1, p. 67) as is emphasized by the inscription, which reads in translation: 'the palace of the Counts of Holland, The Hague'.

Rotterdam, Historisch Museum, Stichting Atlas van Stolk

Cat. no. 8
Ets, 162 x 324 mm.

Etching, 162 x 324 mm.

Frans Hogenberg (Mechelen vóór 1540-na 1590 Keulen)

Cat. no. 9
De inneming van Breda door de Geuzen, 1590

Op 14 maart 1590 werd, in navolging van de list van het paard van Troje, het kasteel van Breda ingenomen door 90 soldaten die zich, verborgen in een turfschip, hadden laten binnenhalen.
Op de in vogelvlucht uitgevoerde prent zijn zowel de aankomst van het schip te zien als het gevecht op de binnenplaats en de latere inneming van de stad door prins Maurits.
De prent maakt deel uit van een gedeeltelijk genummerde reeks historieprenten over de Nederlandse geschiedenis, die een onderdeel vormt van het 'prentwerk van Hogenberg'.

Amsterdam, Amsterdams Historisch Museum

Frans Hogenberg (Mechelen before 1540-after 1590 Cologne)

Cat. no. 9
The Capture of Breda by the Rebels, 1590

On March 14, 1590 the castle of Breda was captured by ninety soldiers who, adopting the trick of the Trojan horse, had been smuggled into the castle hidden in a boat loaded with peat.
The bird's-eye view print shows the arrival of the boat, the fighting in the courtyard, and the ultimate conquest of the town by Prince Maurits. The sheet belongs to a partially numbered series of prints illustrating Dutch history.

Amsterdam, Amsterdams Historisch Museum

Anoniem

Cat. no. 10
Schuttersoptocht op de Dam te Amsterdam, omstreeks 1620

Tussen een dubbele haag van toeschouwers vindt een optocht plaats van schutters. Links het oude stadhuis. De toren had oorspronkelijk een spits, die in 1615 wegens bouwvalligheid werd afgebroken en vervangen werd door een zadeldak, zoals op dit schilderij te zien is (vgl. cat. no. 34).
Op het plein staat het waaggebouw met het wapen van Amsterdam. Er achter is de Nieuwe Kerk te zien, geheel rechts het Damrak met schepen.
Het schilderij moet, gezien de kleding der burgers omstreeks 1620 zijn ontstaan. Het is de vroegste geschilderde afbeelding van de Dam; de aanleiding tot het vervaardigen ervan zal vermoedelijk verband houden met de schuttersoptocht. De architectuur is vrij primitief weergegeven.

Pommersfelden, Verzameling Graf von Schönborn

Anonymous

Cat. no. 10
Procession of the Civic Guard on the Dam in Amsterdam, c. 1620

The civic quard is marching between a double row of spectators. On the left is the old town hall. The tower originally had a spire, which was taken down in 1615 because it was in danger of collapse, and was replaced by a span roof, as this painting shows. (cf. cat. no. 34)
On the square the weigh-house with the coat of arms of the city of Amsterdam. Behind the Nieuwe Kerk, on the extreme right, the Damrak with some ships. In view of the costumes worn by the citizenry, this painting must have originated in about 1620. It is the earliest known painted representation of the Dam, and was probably made to commemorate the civic guard procession. The rendering of the architecture is somewhat primitive.

Pommersfelden, Collection Graf von Schönborn

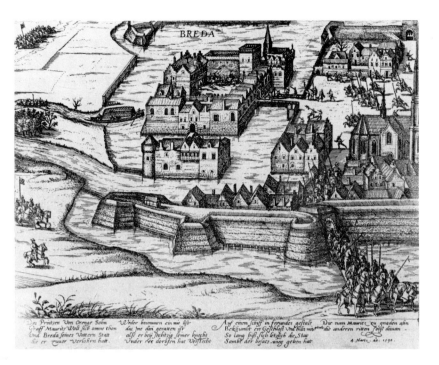

Cat. no. 9
Ets, 212 x 268 mm.
(plaat)

Etching, 212 x 268 mm.
(plate)

Cat. no. 10
Paneel, 80 x 122 cm.

Panel, 80 x 122 cm.

Pauwels van Hillegaert (Amsterdam 1595/96-1640 Amsterdam

Cat. no. 11
Het afdanken van de waardgelders op de Neude te Utrecht in 1618, 1622

In de machtsstrijd tussen de Staten Generaal en de Staten van Holland, met de stadhouder, prins Maurits, enerzijds en de raadpensionaris van Holland, Johan van Oldenbarnevelt, anderzijds, speelde de zeggenschap over de troepen een grote rol. De steden waren gerechtigd waardgelders, huursoldaten, in dienst te nemen. De prins, opperbevelhebber van het leger, verzette zich echter tegen deze eenheden, die buiten zijn contrôle vielen. Hij wist in Utrecht de waardgelders te ontwapenen en won daarmee de strijd, want ook in andere steden werden daarna de waardgelders afgedankt. Deze gebeurtenis, die op de Neude plaatsvond, is blijkbaar door de tijdgenoten als zeer belangrijk ervaren, want er bestaat een groot aantal afbeeldingen van dit onderwerp, geschilderd door de Utrechtse schilder Joost Cornelisz. Droochsloot en door Pauwels van Hillegaert. Van de exemplaren die van Van Hillegaert bekend zijn, is dit het vroegst gedateerde: 1622.

Het is een uitstekend voorbeeld van een schilderij, waar een historische gebeurtenis aanleiding is geweest een topografisch exact stadsgezicht weer te geven. Enigszins op de voorgrond staat prins Maurits met zijn gevolg. Soldaten houden burgers op een afstand. Voor het wachthuis der soldaten, links, leggen de waardgelders hun wapenen neer. Achter het wachthuis het Ceciliaklooster, op de achtergrond de ingang van de Loeff Berchmakerstraat en de Voorstraat.

Delft, Stedelijk Museum 'Het Prinsenhof'

Pauwels van Hillegaert (Amsterdam 1595/96-1640 Amsterdam)

Cat. no. 11
The Disbanding of the Mercenary Troops on the Neude in Utrecht, 1622

In the struggle for power between the States of Holland led by stadholder Prince Maurits on one side, and the grand pensionary of Holland Johan van Oldenbarnevelt on the other, control of the military was vitally important. Towns were entitled to hire their own mercenary troops, but the prince – as commander-in-chief of the army – strongly opposed the formation of these units, over which he had no power. He succeeded in disarming the mercenary troops in Utrecht. This occasion was a turning-point, for after that the mercenary troops were disbanded all over the country. The event on the Neude must have been considered highly important at the time, because there are several paintings of this subject, by the Utrecht painter Joost Cornelisz. Droochsloot and by Pauwels van Hillegaert.
Of all the surviving works by Hillegaert this has the earliest date: 1622. It is an excellent example of the type of painting in which the portrayal of a historical event led the artist to include a topographically extant cityscape. Prince Maurits occupies the foreground with his suite. Soldiers are holding back the crowd; in front of the small building on the left the mercenaries are laying down their arms; behind the building, in the background, the convent of Saint Cecilia, the van de Loeff Berchmakerstraat and the Voorstraat.

Delft, Stedelijk Museum 'Het Prinsenhof'

Cat. no. 11
Doek, 96 x 147 cm.
Gesign. en gedat.:
Pauwels van Hilligaert
1622

Canvas, 96 x 147 cm.
Signed and dated:
Pauwels van Hilligaert
1622

Claes Jansz. Visscher (Amsterdam 1587–1652 Amsterdam)

Cat. no. 12
De 'Arminiaanse Schans' te Leiden, 1618

In 1617 en 1618 viel het hoogtepunt van de felle politieke en religieuze strijd tussen remonstranten en contra-remonstranten, aanhangers van de godgeleerden Arminius en Gomarus. 'Arminiaanse Schans' was de spotnaam voor een staketsel dat de remonstrants gezinde vroedschap van Leiden in 1617 had laten aanbrengen ter verdediging van het stadhuis. De schans werd bewaakt door zogenaamde waardgelders (vgl. cat. no. 11).
Het blad is een van de vele pamfletten in de papieren oorlog die de partijstrijd begeleidden.

Rotterdam, Historisch Museum, Stichting Atlas van Stolk

Claes Jansz. Visscher (Amsterdam 1587–1652 Amsterdam)

Cat. no. 12
The 'Arminiaanse Schans' in Leiden, 1618

The bitter political and religious struggle between the Remonstrants and Counter-Remonstrants, followers of the theologians Arminius and Gomarus, came to a head in 1617/18. 'Arminiaanse Schans' was the nickname given to the fortification erected in 1617 for the defense of the town hall at the behest of the city council, which sympathized with the Remonstrants. The fortification was guarded by 'waardgelders', or mercenaries (cf. cat. no. 11). The sheet is one of the many pamphlets issued in the paper war that accompanied the conflict.

Rotterdam, Historisch Museum, Stichting Atlas van Stolk

Cat. no. 12
Gravure en boekdruk, met de
hand gekleurd,
355 x 275 mm. (blad)

Engraving and book print,
hand-coloured,
355 x 275 mm. (sheet)

Simon de Vlieger (Rotterdam omstreeks 1600-1653 Weesp)

Cat. no. 13
Kaspar van Baerle, Blyde incomst der allerdoorluchtighste koninginne, Maria de Medicis, t'Amsterdam, Amsterdam 1639

Dit boek was eerder in het Latijn verschenen. In 1638 bezocht de Franse koningin-moeder de Verenigde Nederlanden.
Het verslag van haar ontvangst in Amsterdam door Kaspar van Baerle bevat 18 prenten, waaronder twee etsen van Salomon Savry (ca. 1594-na 1679) naar tekeningen van Simon de Vlieger. Deze hebben als onderwerp de waterspelen, die op 3 september 1638 op het Rokin werden gehouden, op en rondom een drijvend eiland van veen, waarop een dubbele triomfboog van hout was opgericht.
Het boek ligt opengeslagen bij de eerste prent, die weergeeft hoe Maria de Medici en Amalia van Solms, de vrouw van stadhouder Frederik Hendrik, in hun plezierjacht arriveren en begroet worden door Neptunus en zijn gevolg.
De tweede prent (cat. no. 14) laat het watersteekspel zien waarmee de lange reeks allegorische taferelen te water besloten werd.
Beide prenten geven samen een beeld van het Rokin tussen de bruggen bij de Munttoren, links en het Spui, rechts.

Amsterdam, Amsterdams Historisch Museum

Cat. no. 14
Het Rokin te Amsterdam tijdens de waterspelen op 3 september 1638

Zie cat. no. 13.

Amsterdam, Gemeentearchief

Simon de Vlieger (Rotterdam *c.* 1600-1653 Weesp)

Cat. no. 13
Kaspar van Baerle, Blyde incomst der allerdoorluchtighste koninginne, Maria de Medicis, t'Amsterdam, Amsterdam 1639

This book had been published previously in Latin. The French queen mother visited the United Netherlands in 1638. The account of her reception in Amsterdam by Kaspar van Baerle contains eighteen prints, including two etchings by Salomon Savry (*c.* 1594 - after 1670) after drawings by Simon de Vlieger.
The illustrations show the water spectacle held on September 3, 1638 along the Rokin, on and around a floating island of peat upon which a double triumphal arch had been erected.
The book is opened at the first print, which shows Maria de Medici and Amalia van Solms, wife of stadholder Frederik Hendrik, arriving in their pleasure yacht, and being greeted by Neptune and his suite. The second print (cat. no. 14) shows the water games with which the long series of allegorical tableaux on the water was concluded. Together the two prints present a view of the Rokin between the bridges by the Munttoren on the left and the Spui on the right.

Amsterdam, Amsterdams Historisch Museum

Cat. no. 14
The Rokin in Amsterdam during the Water Spectacles on September 3, 1638

See cat. no. 13.

Amsterdam, Gemeentearchief

Cat. no. 13
Ets, 293 x 391 mm. (plaat)

Etching, 293 x 391 mm. (plate)

Cat. no. 14
Ets, 293 x 393 mm. (plaat)

Etching, 293 x 393 mm. (plate)

Architectuur

Anoniem

Cat. no. 15
De Sint Maartenskerk te Zaltbommel vóór de brand in 1538

Geschilderde afbeeldingen van kerkgebouwen en torens werden sinds de 15de eeuw gemaakt om de opdrachtgevers een indruk te geven van het plan van voorgenomen veranderingen of toevoegingen. Ook werden zij gemaakt om de herinnering aan een vroegere toestand van het gebouw levend te houden.
In dit schilderij is het laatste het geval: het toont de kerk vóór de torenspits afbrandde.
Onder het schilderij een jaar-rijm van Jan de Bye († 1625), dijkgraaf en burgemeester van Zaltbommel: 'heC habVIt tVrrIs fastIgIa, fVLMIne fLagrans CorrVIt, aCtoto VertICe nVda stetIt' [De spits van deze toren is door de bliksem getroffen en verbrand en de toren staat nu geheel zonder top].
De in goud geschilderde letters geven het jaar 1538 aan. In de nis van het knekelhuis onder de toren, waarnaast ook enkele botten liggen, is het jaartal 1562 te ontcijferen (en niet 1620, zoals in de literatuur wordt vermeld). Mogelijk is 1562 het jaar waarin het paneel is geschilderd.

Lit.: G. Roosegaarde Bisschop, 'De geschilderde maquette in Nederland' in: *Nederlands Kunsthistorisch Jaarboek*, 7 (1956), 167-217

Zaltbommel, Kerkvoogdij Hervormde Gemeente van Zaltbommel

Architecture

Anonymous

Cat. no. 15
The Sint Maartenskerk in Zaltbommel before the Fire of 1538

Paintings of churches and towers were made from the fifteenth century onward, for the purpose of demonstrating the effect of planned alterations or additions to the construction. Sometimes, as in this case, such paintings were made to record a previous situation: the church is portrayed before the spire burnt down.
Below the painting a year-rhyme by Jan de Beye († 1625), reeve and burgomaster of Zaltbommel: 'heC habVIt tVrrIs fastIgIa, fVLMIne fLagrans CorrVIt, aCtoto VertICe nVda stetIt' [The spire of this tower was struck by lightning and burnt and the tower is now quite bare].
The gilt letters indicate the year 1538.
In the niche of the charnel-house at the foot of the tower, beside which some bones are laying about, the date 1562 may be distinguished (not 1620, as the literature states). Possibly 1562 is the year in which the panel was painted.

Lit.: G. Roosegaarde Bisschop, 'De geschilderde maquette in Nederland' in: *Nederlands Kunsthistorisch Jaarboek*, 7 (1956), 167-217

Zaltbommel, Kerkvoogdij Hervormde Gemeente van Zaltbommel

Cat. no. 15
Paneel, winkelhaakvormig,
174,5 x 117,8 cm.
Gedat.?: 1562

Panel, L-shaped,
174.5 x 117.8 cm.
Dated?: 1562

Anoniem

Cat. no. 16
Loterijprent voor de Oude Kerk te Amsterdam, 1558

De Oude Kerk is hier afgebeeld tijdens de bouw van een lichtbeuk (bovengedeelte met vensters) op het koor, die bekostigd moest worden uit de opbrengst van de loterij, waarvoor deze prent de aandacht vraagt. Ongetwijfeld is de prent oorspronkelijk voorzien geweest van een tekst met de loterijvoorwaarden en de prijzen. Dergelijke prenten zijn nog tot in de 17de eeuw vervaardigd.

Amsterdam, Koninklijk Oudheidkundig Genootschap

Bartholomeus van Bassen (? omstreeks 1590-1652 's-Gravenhage)

Cat. no. 17
Ontwerp voor de Nieuwe Kerk te 's-Gravenhage, 1650

Voor een nieuw kerkgebouw aan het Spui werden door verschillende architecten ontwerpen gemaakt. Dit schilderij is een vorm van de 'geschilderde maquette' (zie cat. no. 15), maar heeft, doordat het gebouw in zijn omgeving is weergegeven, geheel het aspect van een stadsgezicht gekregen.
Van Bassens ontwerp werd niet uitgevoerd

's-Gravenhage, Haags Gemeentemuseum

Hendrick Aerts (werkzaam omstreeks 1600)

Cat. no. 18
Fantasiearchitectuur in renaissancestijl, 1602

Het schilderen van fantasiearchitectuur werd in de tweede helft van de 16de en in de 17de eeuw veelvuldig toegepast. Dit moet vooral gezien worden als een uiting van belangstelling voor de perspectief of 'doorsichtkunde'. Zowel het interieur als het exterieur van gebouwen werd door de schilders gekozen om hun bekwaamheid te tonen en zij verzonnen daartoe de meest ingewikkelde constructies.

Amsterdam, Rijksmuseum

Anonymous

Cat. no. 16
Lottery Print for the Oude Kerk in Amsterdam, 1558

The Oude Kerk is portrayed during the construction of an elevation with windows above the choir stalls, which had to be paid for from the proceeds of a lottery. Undoubtedly the print originally bore a text specifying the lottery conditions and prizes. Such prints were produced until the mid-seventeenth century.

Amsterdam, Koninklijk Oudheidkundig Genootschap

Bartholomeus van Bassen (? c. 1590-1652 The Hague)

Cat. no. 17
Design for the Nieuwe Kerk in The Hague, 1650

Several architects submitted designs for a new church to be built on the Spui. Van Bassen painted this panel to give his patrons a clear impression of his plans. They were not carried out. Although this painting is in effect a 'painted model' (see cat. no. 15), the placement of the proposed building in the existing surroundings makes the scene look like a realistic cityscape.

The Hague, Haags Gemeentemuseum

Hendrick Aerts (active c. 1600)

Cat. no. 18
Fantasy Renaissance Architecture, 1602

Imaginary architecture was often portrayed in the second half of the sixteenth and in the seventeenth century. Since the buildings – both interiors and exteriors – were invented by the artists for the sole purpose of displaying their skill in the use of perspective, their fantastic creations are often amazingly intricate.

Amsterdam, Rijksmuseum

Cat. no. 16
Houtsnede, met de hand gekleurd, 299 x 369 mm.

Woodcut, hand-coloured, 299 x 369 mm.

Cat. no. 17
Paneel, 82,5 x 112 cm.
Gesign. en gedat.:
VBassen 1650

Panel, 82.5 x 112 cm.
Signed and dated:
VBassen 1650

Cat. no. 18
Doek, 93 x 127,5 cm.
Gesign. en gedat.:
H Aerts Inv. 1602

Canvas, 93 x 127.5 cm.
Signed and dated:
H Aerts Inv. 1602

Kaarten en profielen

Anoniem

Cat. no. 19
Kaart van de drie Schieën, 1512

We kijken van het Noorden naar het Zuiden. Links op de voorgrond ligt Overschie aan de Schie. Van Overschie leidt een smal en bochtig kanaal naar Rotterdam (links op de achtergrond) en een recht en ruim kanaal naar Delfshaven. Beide laatste plaatsen liggen aan de Maas, die op de achtergrond van links naar rechts stroomt.
Het oostelijke kanaal was gegraven door Rotterdam, het westelijke door Delft ('Delfts haven' was afhankelijk van Delft).
In 1512 voerden de beide steden een proces voor de Grote Raad van Mechelen over de vraag of Rotterdam het recht had zijn kanaal sterk te verbreden en te verdiepen.
Delft liet toen deze kaart maken, waaruit het verschil in belang tussen beide kanalen moest blijken. De geografische situatie is daarom met opzet sterk vertekend, de kaart is echter zeer nauwkeurig wat de topografie van de woonplaatsen betreft.
De dorre boom is waarschijnlijk een toespeling op de naam van de kunstenaar.

Lit.: C. Hoek, 'De kaart van de drie Schieën' in: *Rotterdams Jaarboekje*, 6de reeks, 9 (1961), 194-208

's-Gravenhage, Algemeen Rijksarchief

Maps and Profiles

Anonymous

Cat. no. 19
Map of the Schie Area, 1512

We look from north to south. In the left foreground the town of Overschie along the river Schie. A narrow, twisting canal runs from this town to Rotterdam (left background), and a wider, straight canal leads to Delfshaven. Both towns are situated on the river Maas, which flows from left to right in the background.
The eastern canal was dug by Rotterdam, the western one by Delft ('Delfts haven', or Delft's Harbour, was entirely dependent on Delft).
In 1512 both cities appealed to the High Council of Mechelen to settle the dispute whether Rotterdam was entitled to broaden and deepen its canal.
The city of Delft commissioned this map to demonstrate the difference in importance between the two canals. The geographical situation is deliberately distorted, but the topography of the cities is very accurate. The bare tree is probably an allusion to the name of the artist.

Lit.: C. Hoek, 'De kaart van de drie Schieën' in: *Rotterdams Jaarboekje*, 6th series, 9 (1961), 194-208

The Hague, Algemeen Rijksarchief

Cat. no. 19
Dekverf op linnen, gelijmd op paneel, ca. 540 x 980 mm. (dagmaat)

Body-colour on linen, pasted on panel, *c.* 540 x 980 mm. (measurement in the clear)

Jasper Adriaensz. (werkzaam midden 16de eeuw)

Cat. no. 20
Kaart van het grensgebied tussen de grafelijkheid van Holland en de heer van half Asperen, 1549

De kaart geeft de grens aan tussen het oude gebied van de graven van Holland, dat direct door de Staten van Holland werd bestuurd, en het gebied van jonker Wessel VI van Boetzelaer.
De windstreken zijn aangegeven. Bovenaan ligt Asperen, links daarvan Leerdam en beneden Heukelom. De kaart is wellicht ingediend bij een grensgeschil voor de Grote Raad van Mechelen tussen de Staten en jonker Wessel (vgl. cat. no. 19).
Hij is getekend in plattegrond (loodrechte projectie), met de gebouwen in scheve parallelprojectie. De cartograaf en het jaar van ontstaan worden in de tekst op de tekening genoemd: ....'ghemeten by Mijn Jasp. Adriaens zooen...1549'.

Lit.: C. L. Deelder en A. H. Huussen jr., 'Opmerkingen betreffende de kuilvisserij op de voormalige Zuiderzee, voornamelijk in de zestiende eeuw' in: *Holland*, 5 (1973), 242

's-Gravenhage, Algemeen Rijksarchief

Jasper Adriaensz. (active mid-16th century)

Cat. no. 20
Map of the Borderland between the County of Holland and the Lord of Half Asperen, 1549

The map indicates the border between the old territory of the Counts of Holland, which was under the direct rule of the States of Holland, and the area belonging to Jonker Wessel VI van Boetzelaer. The points of the compass are indicated. At the top lies Asperen, to the left Leerdam and further down Heukelom.
The map was possibly used as evidence in a border dispute brought before the High Council of Mechelen by the States and Jonker Wessel (cf. cat. no. 19). The view is drawn as a ground plan (orthogonal projection) with the buildings portrayed as a bird's-eye view.
The name of the cartographer and the date are mentioned in the inscription.

Lit.: C. L. Deelder and A. H. Huussen jr., 'Opmerkingen betreffende de kuilvisserij op de voormalige Zuiderzee, voornamelijk in de zestiende eeuw' in: *Holland*, 5 (1973), 242

The Hague, Algemeen Rijksarchief

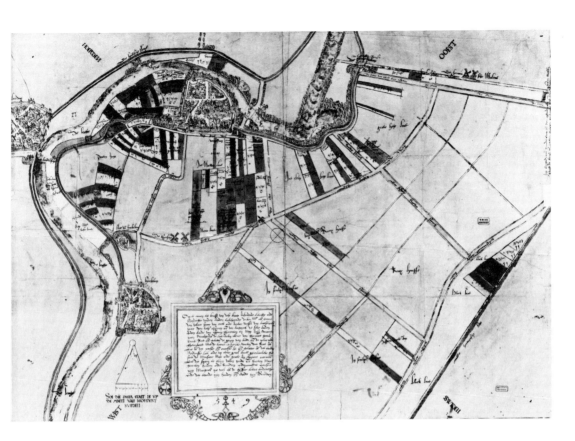

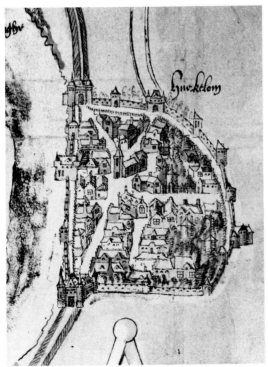

Cat. no. 20
Pen in bruin en grijs, penseel in kleur,
785 x 1095 mm.

Pen, brown and grey ink, coloured washes,
785 x 1095 mm.

Anoniem

Cat. no. 21
Kaart van Delft na de brand van 1536

Vermoedelijk een kopie naar een verloren origineel. Op de lijst is geschreven: 'Viertien Kercken veel menschen ende huusen al sonder ghetal syn in Delft ghebrant dat Raethuys ende die vleis hal 1536'. Een grote brand legde in 1536 een groot deel van Delft in de as. De hitte was zo groot dat de klokken in de torens smolten. Volgens de kroniekschrijver gingen, behalve kerken, kloosters en kapellen, 2309 huizen verloren.
Op de kaart zijn de delen van de stad die verbrand zijn in lichtere kleuren geschilderd dan het deel dat behouden bleef.
Het is de oudste geschilderde plattegrond van een Noordnederlandse stad. De schilder heeft een combinatie toegepast van de plattegrond, recht van boven gezien voor de vorm en het stratenpatroon van de stad en de vogelvlucht voor de gebouwen, waar men als van schuin boven tegenaan kijkt.

Lit.: B. van 't Hoff, *Oud Delft IV, de oude plattegronden van de stad Delft*, Rotterdam- 's-Gravenhage z.j., 11, no. 1

Delft, Stedelijk Museum 'Het Prinsenhof'

Jan Christiaensz. Micker (Amsterdam 1598-1664 Amsterdam)

Cat. no. 22
Amsterdam in vogelvlucht

Vrije kopie naar het schilderij van Cornelis Anthonisz. uit 153(8?) of naar diens houtsnede uit 1544. De kaart van Cornelis Anthonisz. is de vroegst bekende vogelvluchtkaart van een stad in de Noordelijke Nederlanden, misschien geïnspireerd op een houtsnede van Jacopo da Barbari, voorstellende een vogelvlucht van Venetië. Micker heeft het voorbeeld sterk verlevendigd op even effectieve als ongebruikelijke wijze door de stad in zonlicht af te beelden terwijl enkele wolken hun schaduw op het tafereel werpen.

Lit.: A. E. d'Ailly, *Catalogus van Amsterdamsche plattegronden*, Amsterdam 1934, no. 50

Amsterdam, Amsterdams Historisch Museum

Anonymous

Cat. no. 21
Plan of Delft after the Fire of 1536

Probably this is a copy of a painting that no longer survives.
The inscription on the frame reads, in translation: 'Fourteen churches many people and countless houses perished in the fire at Delft; also the town hall and the meat hall 1536.'
The great fire left Delft in ruins. The heat was so great that the bells melted in the belfries. A contemporary chronicler reports that, besides churches, convents and chapels, 2,309 houses burned down.
The plan shows the areas that were destroyed in lighter colours than the rest of the town.
It is the earliest painting showing a plan of a Northern Netherlandish town. The artist has used a vertical point of view for the shape of the town and the layout of the streets, and a high vantage point for the bird's eye view of the buildings.

Lit.: B. van 't Hoff, *Oud Delft IV, de oude plattegronden van de stad Delft*, Rotterdam – 's-Gravenhage n.d., 11, no. 1

Delft, Stedelijk Museum 'Het Prinsenhof'

Jan Christiaensz. Micker (Amsterdam 1598-1664 Amsterdam)

Cat. no. 22
Bird's-eye View of Amsterdam

Free-hand copy of the painting by Cornelis Anthonisz. from 153(8?), or of a woodcut by the same artist from 1544. The original painting is the earliest known bird's-eye view of a town in the Northern Netherlands and may have been inspired by a woodcut by Jacopo da Barbari, representing a bird's-eye view of Venice.
This version by Micker, which shows the city bathed in sunlight while several clouds cast their shadow on the rest of the scene, is greatly enlivened by the artist's use of lighting, which is as effective as it is unusual.

Lit.: A. E. d'Ailly, *Catalogus van Amsterdamsche plattegronden*, Amsterdam 1934, no. 50

Amsterdam, Amsterdams Historisch Museum

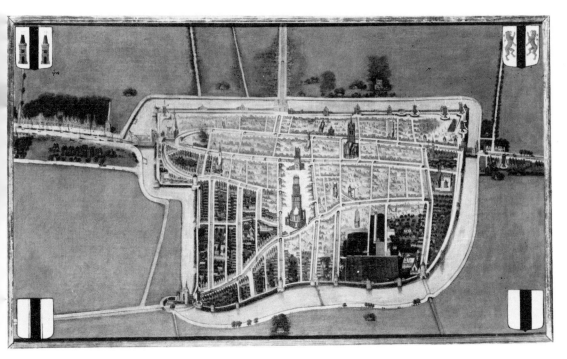

Cat. no. 21
Doek, 92 x 160 cm.

Canvas, 92 x 160 cm.

Cat. no. 22
Doek, 100 x 137 cm.
Gesign.: I. Micker fecit

Canvas, 100 x 137 cm.
Signed: I. Micker fecit

Antoon van den Wyngaerde (werkzaam omstreeks 1550-'70)

Cat. no. 23
Amsterdam in vogelvlucht, 1547-'50

De stad is getekend vanuit het Noorden. Door het lage standpunt blijft de plattegrond erg onduidelijk – de Amstel lijkt haast evenwijdig aan het IJ te lopen – maar de weergave van de stad is zeer betrouwbaar.
Amsterdam ligt nog binnen haar middeleeuwse omwalling, die loopt langs de tegenwoordige Gelderse Kade, Kloveniersburgwal, Amstel en Singel. In het midden van het beeld kijken we langs het Damrak naar de Dam met het oude stadhuis, aan de oostzijde de Oude Kerk en aan de westzijde de Nieuwe Kerk.
Dit is het vroegste bekende panorama van Van den Wyngaerde. Hij heeft het getekend voor de beroemde Antwerpse drukker Christoffel Plantijn, die het blad blijkbaar besteld had om het in prent uit te geven. Waarschijnlijk is dat nooit gebeurd, evenmin als met de andere panorama's die Van den Wyngaerde voor Plantijn getekend heeft.
Deze tekening is in bezit van de drukkerij gebleven tot omstreeks 1930.

Lit.: A. E. d'Ailly, 'De Amsterdamse plattegronden van Cornelis Anthonisz. en Anthonie van den Wyngaerde' in: *Jaarboek Amstelodamum*, 30 (1933), 79-87.

Amsterdam, Gemeentearchief

Antoon van den Wyngaerde (active c. 1550-'70)

Cat. no. 23
Bird's-eye View of Amsterdam, 1547-'50

The city is seen from the north. The low viewpoint makes the plan unclear – the river Amstel even seems to run parallel with the IJ-harbour – but the rendering of the city itself is very reliable.
Amsterdam is still enclosed by the medieval ramparts which run along what is now called the Geldersekade, Kloveniersburgwal, Amstel and Singel. In the centre of the drawing we look past the Damrak to the Dam with the old town hall, on the east the Oude Kerk and on the west the Nieuwe Kerk.
This is the earliest known panorama by van den Wyngaerde. He drew if for the famous Antwerp printer Christoffel Plantijn, who had apparently commissioned the drawing for publication. However, this design, like the other panoramas van den Wyngaerde drew for Plantijn, was probably never published. The sheet remained in the possession of the printers until about 1930.

Lit.: A. E. d'Ailly, 'De Amsterdamse plattegronden van Cornelis Anthonisz. en Anthonie van den Wyngaerde' in: *Jaarboek Amstelodamum*, 30 (1933), 79-87

Amsterdam, Gemeentearchief

Cat. no. 23
Pen in grijs, penseel in kleur, 445 x 1175 mm.

Pen and grey ink, coloured washes, 445 x 1175 mm.

Anoniem

Cat. no. 24
De Grote of Sint Nicolaaskerk en het klooster Mariëngaarde te Monnickendam, 1543

Links de kerk, rechts het klooster in de bocht van de stadsgracht. De tekenaar heeft onder andere het Noorden en het Zuiden aangegeven, en allerlei toelichtingen in de afbeelding opgenomen.
Evenals cat. no. 19 behoort ook deze tekening tot de stukken bij een proces, ditmaal tussen het Monnickendamse stadsbestuur en de zusters van het klooster Mariëngaarde. De stad verlangde vrije doorgang over de wal langs het klooster, de zusters beriepen zich op oude rechten. De stad verloor het proces.
De tekening is gemaakt in opdracht van Mr. Cornelis Suys, raad in het Hof van Holland.

Lit.: A. H. Huussen jr., 'Kartografie en rechtspraak, een verkenning' in: *Spiegel Historiael*, 11 (1976), 148-155

Monnickendam, Gemeente

Anonymous

Cat. no. 24
The Grote Kerk, or Sint Nicolaaskerk and the Mariëngaarde Convent in Monnickendam, 1543

To the right of the church, in the bend of the canal, we see the convent. The artist has indicated the north and south, and has added explanatory comments to the representation.
Like cat. no. 19 this drawing was made to provide evidence in a court case, this time between the town of Monnickendam and the nuns of the Mariëngaarde Convent. The town demanded free passage over the rampart bordering the convent, while the nuns claimed older rights. The convent won the case.
The drawing was commissioned by Cornelis Suys, Councillor in the Court of Holland.

Lit.: A. H. Huusen jr., 'Kartografie en rechtspraak, een verkenning' in: *Spiegel Historiael*, 11 (1976), 148-155

Monnickendam, Municipality

Balthasar Florisz. van Berckenrode (Delft 1591/92- ?)

Cat. no. 25
Gezicht in vogelvlucht op het Burgerweeshuis te Amsterdam, 1631

Rechts, tussen de Nieuwezijds Voorburgwal, de Sint Luciënsteeg en het Begijnhof, het voormalige Sint Luciënklooster, waarin het Burgerweeshuis werd gevestigd, nadat in 1578 Amsterdam de zijde van de opstand tegen Spanje had moeten kiezen. Het kinderhuis met de diepe galerij was gebouwd door Hendrick de Keyser. In 1632 werd het complex vergroot met het links gelegen, voormalige Oudemannenhuis, dat grondig werd verbouwd tot jongensweeshuis. Bij die gelegenheid is deze tekening gemaakt. Hij geeft nog de toestand weer vóór de verbouwing. Samen met een plattegrond is hij nu opgenomen in een kaartboek met de bezittingen van het Burgerweeshuis.

Amsterdam, Gemeentearchief

Balthasar Florisz. van Berckenrode (Delft 1591/92- ?)

Cat. no. 25
Bird's-eye View of the Civic Orphanage in Amsterdam, 1631

On the right between the Nieuwezijds Voorburgwal, the Sint Luciënsteeg and the Begijnhof, the former convent of Saint Lucy, which was converted into an orphanage after Amsterdam sided with the rebellion against Spain in 1578. The children's home with the deep gallery was built by Hendrick de Keyser.
In 1632 the orphanage was enlarged by the addition of the former old men's home on the left, which was transformed into the boys' quarters. The drawing was made before the alterations were undertaken. Together with the ground plan it has been incorporated into a book containing maps of the possessions of the Civic Orphanage.

Amsterdam, Gemeentearchief

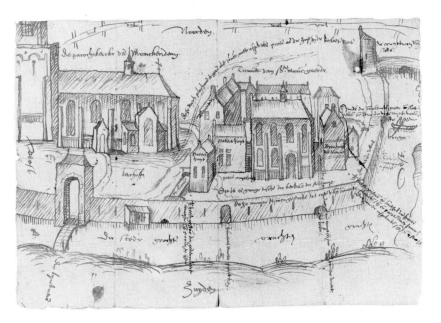

Cat. no. 24
Pen in bruin,
192 x 287 mm.

Pen and brown ink,
192 x 287 mm.

Cat. no. 25
Pen in bruin, penseel in kleur, 500 x 736 mm.

Pen and brown ink, coloured washes, 500 x 736 mm.

Anoniem

Cat. no. 26
Gezicht op de stad Deventer, omstreeks 1550

Links de brug over de IJssel en de Noordenbergtoren, in het midden de Lebuïnuskerk, rechts de Bergkerk.
De prent is voorzien van Latijnse verzen waarin de stad zelf, Mars en Fortuna aan het woord zijn en van een beschrijving van de stad in de landstaal. Deventer is hier op een eigenaardige manier weergegeven: we kijken op en in de stad, de gebogen omtrek aan de voorkant is dus goed zichtbaar, maar verder is de tekenaar er niet uitgekomen: de horizon en de eveneens gebogen achterkant zijn gewoon verdwenen.

Lit.: B. van 't Hoff, 'Een onbekende afbeelding van de stad Deventer uit het midden van de zestiende eeuw' in: *Het Boek*, 31 (1952-'54), 1-9

Deventer, Gemeentemusea

Frans Hogenberg (Mechelen voor 1540-na 1590 Keulen)

Cat. no. 27
Georg Braun, Civitates orbis terrarum, dl. 4-6 Keulen 1588-1617

Deze reeks geïllustreerde stadsbeschrijvingen is bedoeld als aanvulling op de kaartenseries van Gerard Mercator in Antwerpen. De meeste prenten zijn gegraveerd door Frans Hogenberg, naar oude en nieuwe voorbeelden.
Het boek ligt open bij de prent met gezichten op Harderwijk. Deze bevindt zich in deel 5 uit 1598. De stad is tweemaal op één blad afgebeeld, aan de zeezijde als profiel, de stad steekt af tegen de horizon, en aan de landzijde in zgn. ruiterperspectief, een soort vogelvlucht uit een zeer kleine hoek.
Te oordelen naar de verschillen in de manier van uitbeelden zijn de beide gezichten gemaakt naar twee voorbeelden van verschillende herkomst. Allebei maken ze een ouderwetse indruk voor de tijd van uitgave.

Amsterdam, Universiteitsbibliotheek

Anonymous

Cat. no. 26
View of the Town of Deventer, *c*. 1550

On the left the bridge over the IJssel and the Noordenbergtoren, in the centre the Lebuïnuskerk, on the right the Bergkerk.
The print is inscribed with Latin verses in which the town itself, Mars and Fortune speak in turn, and with a description of the town in the vernacular. Deventer is portrayed in an unusual manner: we have a view both of the town and into it. The curved outline is therefore clearly visible in the foreground, but the artist seems to have been at a loss from then on – the horizon and the similarly curved far side have simply been omitted.

Lit.: B. van 't Hoff, 'Een onbekende afbeelding van de stad Deventer uit het midden van de zestiende eeuw' in: *Het Boek*, 31 (1952-'54), 1-9

Deventer, Gemeentemusea

Frans Hogenberg (Mechelen before 1540-after 1590 Cologne)

Cat. no. 27
Georg Braun, Civitates orbis terrarum, vols. 4-6, Cologne 1588-1617

This series of illustrated city descriptions was intended to supplement the maps produced by Gerard Mercator in Antwerp. Most of the prints were engraved by Frans Hogenberg, after old and new examples.
The book is opened at the print illustrating views of Harderwijk. This is the fifth volume in the series, which dates from 1598.
The city is portrayed twice: in profile as seen from the sea, and from the land in so-called 'equestrian perspective', a kind of low bird's-eye view.
Judging from the difference in manner of representation, the views were made after different examples. Both seem old-fashioned for the time of publication.

Amsterdam, Universiteitsbibliotheek

Cat. no. 26
Houtsnede, 275 x 375 mm. (blad)

Woodcut, 275 x 375 mm. (sheet)

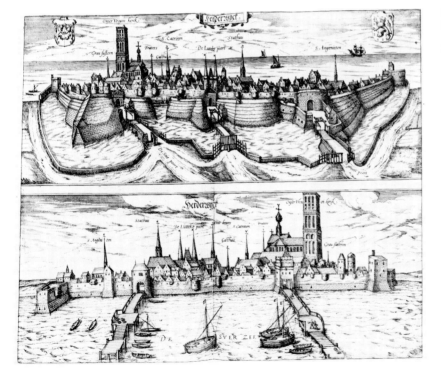

Cat. no. 27
Gravure, 365 x 450 mm.

Engraving, 365 x 450 mm.

Pieter Bast (Antwerpen omstreeks 1570-1605 Leiden)

Cat. no. 28
Profiel van Franeker, 1598

De stad is gezien uit het Noorden, met in het midden de Martinikerk. Links op de voorgrond een jeugdig modieus paar, rechts een groepje burgers, in het midden drie studenten aan Franekers universiteit.
De kunstenaar geeft zo niet alleen een topografisch beeld van de stad, maar ook een karakteristiek van de bewoners.
Bast heeft in hetzelfde jaar ook een vogelvluchtplattegrond van Franeker vervaardigd, en drie jaar later nog een tweede profiel.

Rotterdam, Museum Boymans-Van Beuningen

Pieter Bast (Antwerp c. 1570-1605 Leiden)

Cat. no. 28
Profile of Franeker, 1598

The city is viewed from the north, with the Martinikerk in the centre. In the left foreground a fashionable young couple, on the right a group of burghers, in the centre three students of the Franeker university. Not only has the artist portrayed a topographical view of the town, he has also characterized the inhabitants.
In the same year Bast produced a bird's-eye view plan of Franeker, and a second profile three years later.

Rotterdam, Museum Boymans-Van Beuningen

Jacob de Gheyn II (Antwerpen 1565-1629 's-Gravenhage)

Cat. no. 29
Profiel en plattegrond van Schiedam, 1598

In 1597 ontving het stadsbestuur van Schiedam het verzoek van Jean François le Petit om hem een afbeelding van de stad te sturen voor zijn boek *De Nederlandtsche Republyck*.
Naar aanleiding daarvan kreeg De Gheyn de opdracht voor dit tweevoudige stadsportret. De prent is overigens niet opgenomen in het boek van Le Petit, dat in 1615 uitkwam en dat de eerste beschrijving is van de Zeven Provinciën in de landstaal.
De koperen plaat voor de prent wordt bewaard in het Stedelijk Museum te Schiedam.

Lit.: A. Gordijn, *Schiedam op schaal*, Schiedam 1976

Rotterdam, Gemeentelijke Archiefdienst

Jacob de Gheyn II (Antwerp 1565-1629 The Hague)

Cat. no. 29
Profile and Plan of Schiedam, 1598

In 1597 the authorities of Schiedam received a request from Jean François le Petit for a picture of the town for his book *De Nederlandtsche Republyck*. Consequently de Gheyn was commissioned to produce this dual city portrait. However, the print was not included in le Petit's book (published in 1615) which was the first description of the Seven Provinces in the vernacular.
The copper plate for the print is kept in the Stedelijk Museum of Schiedam.

Lit.: A. Gordijn, *Schiedam op schaal*, Schiedam 1976

Rotterdam, Gemeentelijke Archiefdienst

Cat. no. 28
Gravure, 195 x 368 mm.
(Hollstein 12)
Gesign. en gedat.:
p.bast in. et sculp. 1598

Engraving, 195 x 368 mm.
(Hollstein 12)
Signed and dated:
p. bast in. et sculp. 1598

Cat. no. 29
Gravure, 495 x 414 mm.
(Hollstein 296)
Gesign.: IDGheyn. fe

Engraving, 495 x 414 mm.
(Hollstein 296)
Signed: IDGheyn. fe

Anoniem

Cat. no. 30
Gezicht op de stad Zwolle, omstreeks 1600

Boven de huizen van de zwaar ommuurde stad rijzen de Michaëlkerk, de Onze Lieve Vrouwekerk en de toren van het raadhuis uit.
Rechts boven het wapen van Zwolle, links boven een fantasiewapen met Sint Michaël, de schutspatroon van Zwolle. De uitvoering van het schilderij is vrij onbeholpen. Gezien de kleding van de man op de voorgrond moet het schilderij omstreeks 1600 zijn ontstaan. In het stadhuis te Zwolle bevinden zich twee vrijwel gelijke voorstellingen, die echter minder van kwaliteit zijn. Het is niet uitgesloten dat alle versies teruggaan op een verloren gegaan, wellicht iets ouder origineel.

Lit.: K. Boonenburg, *Terugblik op Swol*, Zwolle 1969, 8-9

Zwolle, Provinciaal Overijssels Museum

Hendrick Cornelisz. Vroom (Haarlem 1566-1640 Haarlem)

Cat. no. 31
Gezicht op Delft, 1615

De stad is gezien vanuit het Westen. De stadsmuur wordt in het midden onderbroken door de zwaar versterkte Waterpoort, die via een ophaalbrug toegang tot de stad geeft.
Evenals de tegenhanger, die de stad van een andere zijde weergeeft, kan dit schilderij beschouwd worden als de geschilderde vertaling van de gegraveerde en geëtste stadsportretten, die sinds omstreeks 1600 veelvuldig in de Noordelijke Nederlanden werden gemaakt.
Hendrick Cornelisz. Vroom had, als zeeschilder, reeds dikwijls met grote zorgvuldigheid stadsprofielen op zijn havengezichten geschilderd. Daarom heeft hij waarschijnlijk ook voor het schilderij van Delft een opdracht gekregen. Meestal werden dergelijke opdrachten door het stadsbestuur verleend; in dit geval tast men hierover door gebrek aan gegevens in het duister.

Delft, Stedelijk Museum 'Het Prinsenhof'

Anonymous

Cat. no. 30
View of Zwolle, c. 1600

Two churches – the Michaëlkerk and the Onze Lieve Vrouwekerk – and the tower on the town hall may be seen behind the houses. In the upper right the escutcheon of Zwolle, in the upper left an imaginary escutcheon portraying Saint Michaël, patron saint of Zwolle. The execution of the painting is slightly awkward. Judging from the clothing of the man in the foreground, the painting originated around 1600. There are two virtually identical compositions, although inferior in quality, in the town hall of Zwolle. It is possible that all three versions derive from the same original which has since disappeared.

Lit.: K. Boonenburg, *Terugblik op Swol*, Zwolle 1969, 8-9

Zwolle, Provinciaal Overijssels Museum

Hendrick Cornelisz. Vroom (Haarlem 1566-1640 Haarlem)

Cat. no. 31
View of Delft, 1615

The city is seen from the west. In the middle of the city wall the fortified Waterpoort, which gave access to the town via a drawbridge.
Like its companion piece, which shows the city from another viewpoint, this is a painted version of the engraved and etched city portraits, which were produced in large quantities around 1600 in the Northern Netherlands.
As a marine painter Hendrick Cornelisz. Vroom had often included carefully rendered city profiles in his harbour views. This was probably why he was engaged to produce a painting of Delft. Generally such commissions were given by the municipal government, but in this case it is not documented.

Delft, Stedelijk Museum 'Het Prinsenhof'

Cat. no. 30
Doek, 59 x 100 cm.

Canvas, 59 x 100 cm.

Cat. no. 31
Doek, 71 x 163 cm.
Gesign. en gedat.:
Vroom 1615

Canvas, 71 x 163 cm.
Signed and dated:
Vroom 1615

Claes Jansz. Visscher (Amsterdam 1587-1652 Amsterdam)

Cat. no. 32
Profiel van Amsterdam met beschrijving, 1611

Op de voorgrond bewoners van alle werelddelen, die Amsterdam hun produkten aanbieden. Ook de vier kleinere prentjes verwijzen naar de handel: de Dam, de Beurs, de twee Vleeshallen en de Vismarkt. De tekst bevat een beknopte geschiedenis van de stadsuitbreidingen en een uitvoerige beschrijving van de afgebeelde produkten en nationaliteiten. De tekst heeft een sterk chauvinistisch karakter: 'tot een eeuwighe Memorie, lof van deze voortreffelijcke stadt'.
Het blad is een gemeenschappelijke uitgave van Herman Allertsz. Coster en Claes Jansz. Visscher. Deze laatste heeft hiervoor een bestaande plaat met een door Pieter Bast gegraveerd stadsprofiel volledig met de etsnaald omgewerkt en er de vier stadsgezichtjes aan toegevoegd.

Lit.: Simon, 101-103, 170-174, no. 160

Rotterdam, Historisch Museum, Stichting Atlas van Stolk

Claes Jansz. Visscher (Amsterdam 1587-1652 Amsterdam)

Cat. no. 32
Profile of Amsterdam with Description, 1611

In the foreground we see people from all over the world, offering their goods for sale in Amsterdam. The four smaller prints also refer to trade: the Dam, the Exchange, the two meat halls and the fish market. The text gives a brief account of the extentions to the city and a detailed description of the goods and nationalities depicted. The tone is characteristically chauvinistic: 'In the eternal Memory, in praise of this excellent city'.
The sheet is a joint publication by Herman Allertsz. Coster and Claes Jansz. Visscher. The latter artist used an existing plate with an engraved city profile by Pieter Bast, which he reworked fully with the etching needle, and to which he added the four small cityscapes.

Lit.: Simon, 101-103, 170-174, no. 160

Rotterdam, Historisch Museum, Stichting Atlas van Stolk

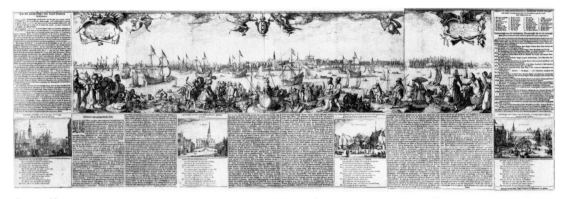

Cat. no. 32
Gravure, ets en boekdruk,
vier bladen,
samen ca. 260 x 1120 mm.
Gesign. en gedat.:
HA CJV 1611

Engraving, etching and book
print, four sheets,
together c. 260 x 1120 mm.
Signed and dated:
HA CJV 1611

Afbeeldinghe naer 't leven, van die heerlijcke, en welgheleghene Vismarckt,
met haer cierlijcke ghebouw.

De Visch-marckt is recht op de Sluys ghestellet,
  Daer comen an de booten wel ghelae'n:
  Den Visch siet men hier wonder ras af slaen:
Den Palingh glat men daer voor u ontvellet.
Siet, hoe dat Schip van witte Mossels hellet!
  Loopt met u Net, de schelpen hebt ghy toe.
  De Visch-wijfs zijn van langh te staene moe;
Dus om haer nu heel uyt te coopen snellet,
  Zijt ghy meugh-veel, coopt Cabeliau, Schelvis;
  Maer coopet Pos, soo uwe Maegh teer is:
Ghy sult den tijdt met cluyven wel besteden.
  Het Bruylofs volck roept om dien cleynen Vis,
  'Twelck, my ghelooft, niet sonder reden is:
Het cleyn is soet, en min beswaert de leden.

TOT AMSTERDAM.
Gedruckt by Claes Jansz. visscher/ woonende in de Kalverstraet/ in de Visscher.

Romeyn de Hooghe (Amsterdam 1645-1708 Haarlem) en anderen

Cat. no. 33*
'Kaert figuratief' van Delft, 1675-'78

De plattegrond van Delft wordt hier omgeven door profielen van Delft en Delfshaven, een reeks kleinere topografische prenten en een korte beschrijving van de stad. Het geheel is onder leiding van de oud-burgemeester Dirk Evertsz. van Bleyswijck vervaardigd door een 'werkgroep' waartoe onder andere behoorden de landmeter Jacob Spoors, de schilder Johannes Verkolje (die de profielen en de grote kerken tekende), nog twee tekenaars, de 'plaatsnijders' Johannes de Ram (die de plattegrond graveerde), Coenraad Decker en Romeyn de Hooghe, een lettersnijder, de drukker Andries Smith, een kaartplakker en een 'afzetter' (kleurder).
Een aantal prenten is ook ingebonden in Van Bleyswijcks *Beschrijvinge der stadt Delft* van 1667. De stukken betreffende deze onderneming zijn in Delft bewaard gebleven, waaronder vijf schema's voor kleinere en grote combinaties van de onderdelen. Dit is het enige bewaard gebleven exemplaar van de volledige combinatie.
Dergelijke figuratieve kaarten zijn ook vervaardigd van andere steden, met name door Romeyn de Hooghe. De kaart werd uitgegeven bij Pieter Smith te Amsterdam.

Delft, Gemeente

Romeyn de Hooghe (Amsterdam 1645-1708 Haarlem) and others

Cat. no. 33*
Figurative map of Delft, 1675-'78

The plan of Delft is combined here with profiles of Delft and Delfshaven, a series of smaller topographical prints and a short description of the town. The publication was prepared under direction of the ex-burgomaster Dirk Evertsz. van Bleyswijck by a team which included the surveyor Jacob Spoors, the painter Johannes Verkolje (who drew the profiles and the large churches), two draughtsmen, the plate cutters Johannes de Ram (who engraved the ground plan), Coenraad Decker and Romeyn de Hooghe, a letter cutter, the printer Andries Smith, a map paster, and a colourist.
A number of prints is also included in van Bleyswijck's description of Delft from 1667.
The documents concerning this publication are extant in Delft; they include five proposals for different combinations of the parts.
This is the only surviving copy of the complete combination. Such figurative maps were produced of other towns, too, notably by Romeyn de Hooghe. The map was published by Pieter Smith in Amsterdam.

Delft, Municipality

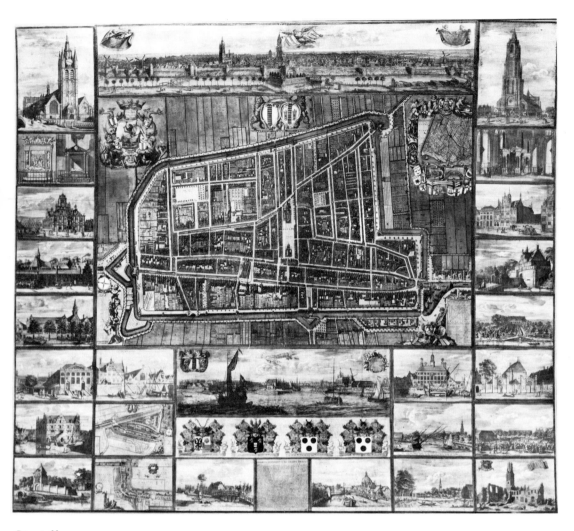

Cat. no. 33
Ets en gravure,
1600 x 1805 mm. (dagmaat)

Etching and engraving,
1600 x 1805 mm.
(measurement in the clear)

Stadsgezichten

Anoniem

Cat. no. 34
De Dam in Amsterdam, omstreeks 1590-'95

We staan op de hoek van de Dam en het – aan de Damzijde volgebouwde – Rokin.
In het midden staat de Waag; de kaasmarkt is in volle gang. Aangezien de gekanteelde topgevel van het stadhuis op de plattegrond van Pieter Bast uit 1597 al is afgeschuind, kan deze prent vóór 1597 worden gedateerd. De maker is onbekend. Hij moet misschien gezocht worden onder de Vlaamse immigranten.
Deze gravure lijkt tot hetzelfde type te behoren als de 'Curia Hollandiae' van Hondius (cat. no. 35). Waarschijnlijk heeft hij oorspronkelijk eveneens een bijbehorende tekst gehad.

Amsterdam, Gemeentearchief

Hendrick Hondius (Duffel 1573-1650 's-Gravenhage)

Cat. no. 35
De Vijverberg en omgeving te 's-Gravenhage, 1598

Links het gebouwencomplex van het Binnenhof, het regeringscentrum van Holland en van de Zeven Provinciën. Hier zetelden ook het gerechtshof, het Hof van Holland (Curia Hollandiae) en de Hoge Raad.
Op de achtergrond de Gevangenpoort en daarachter de Grote of Sint Jacobskerk.
Het gedicht is een lofzang op Den Haag en het Hof van Holland: 'Daer Const en Deucht, met 't Recht floreert, est soeten locht'.
De voorstelling is ontleend aan een stadsgezicht van Hans Bol uit 1586, dat zelf nog een historische gebeurtenis als aanleiding had (p. 67, afb. 1). Hier is het stadsgezicht als zelfstandig thema behandeld.

Rotterdam, Museum Boymans-Van Beuningen

Cityscapes

Anonymous

Cat. no. 34
The Dam in Amsterdam, c. 1590-'95

We are standing on the corner between the Dam square and the Rokin, which is lined with buildings on the Dam side.
The weigh-house occupies the centre; the cheese market is in full swing.
Since the crenellations on the façade of the town hall had already been removed by the time Pieter Bast designed his plan in 1597, this print must have been made before 1597. The unknown artist might well have been a Flemish immigrant.
This engraving appears to belong to the same type as the 'Curia Hollandiae' by Hondius (cat. no. 35), and probably it had a similar accompanying text originally.

Amsterdam, Gemeentearchief

Hendrick Hondius (Duffel 1573-1650 The Hague)

Cat. no. 35
The Vijverberg and Surroundings in The Hague, 1598

On the left the buildings of the Binnenhof, the seat of government of the County of Holland and of the Seven United Provinces.
This was also where the Court of Holland (Curia Hollandiae) and the High Council held office. In the background the Gevangenpoort with behind it the Grote Kerk, or Sint Jacobskerk.
The poem praising The Hague and the Court of Holland, reads in translation: 'Where Art and Virtue flourish with Justice, the air is sweet.'
The scene is derived from a cityscape by Hans Bol from 1586, which he made to commemorate a historical event (p. 67, fig. 1). Here the cityscape itself is treated as an independent theme.

Rotterdam, Museum Boymans-Van Beuningen

Cat. no. 34
Gravure, 205 x 329 mm.

Engraving, 205 x 329 mm.

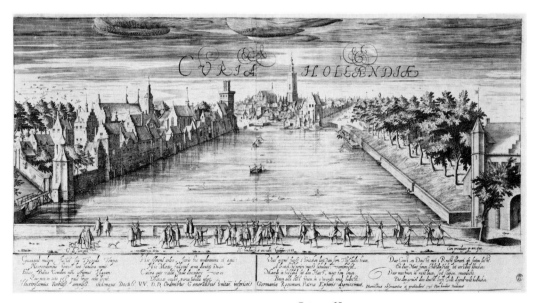

Cat. no. 35
Gravure, 244 x 470 mm.
(Hollstein 38)
Gesign.: G. de Saen pix.
H:hondius fc. et excudit
hagensis 1598

Engraving, 244 x 470 mm.
(Hollstein 38)
Signed: G. de Saen pix.
H:hondius fc. et excudit
hagensis 1598

Hendrick Cornelisz. Vroom (?) (Haarlem 1566-1640 Haarlem)

Cat. no. 36
De Binnen-Amstel met het Rondeel te Amsterdam, 1615-'30

Het Rondeel, links, gebouwd in 1535, behoorde tot de verdedigingswerken van de stad. Het kwam door de uitbreiding van Amsterdam in 1593 binnen de nieuwe wallen te liggen en verloor daarmee zijn betekenis als vestingwerk. In 1630/31 werd het afgebroken. Rechts van het Rondeel de vestingtoren Swych Utrecht. Op de achtergrond ziet men de toren van de Zuiderkerk, die in 1614 werd voltooid.
Het is niet zeker of dit schilderij aan Vroom moet worden toegeschreven. Het is in uitvoering zwakker dan men van deze technisch zeer bekwame schilder zou mogen verwachten. Het behoort ongetwijfeld tot de vroegste stadsgezichten 'binnen de muren' en het is vermoedelijk uitsluitend uit topografische interesse geschilderd. Het moet gezien de Zuiderkerkstoren, na 1614, en gezien de kleding van de personen in de boten, vóór 1630 gedateerd worden.

Amsterdam, Amsterdams Historisch Museum

Simon Frisius (Harlingen omstreeks 1580-1628 's-Gravenhage)

Cat. no. 37
De oude Sint Anthoniespoort te Amsterdam, omstreeks 1610

Rechts de ingang van de Zeedijk, daarachter de torens van de Oude Kerk en – verder weg – de Nieuwe Kerk.
De Sint Anthoniespoort is vrijwel intact bewaard gebleven. Het is het belangrijkste middeleeuwse wereldlijke gebouw in Amsterdam. De poort dateert – evenals de Reguliersport – uit de jaren 1480-'90. Door de uitbreiding van 1593 binnen de stad gekomen, werd hij in 1617/18 verbouwd tot Waag. Deze naam heeft het gebouw behouden. De prent behoort evenals cat. no. 38 tot een reeks van vijf gezichten in en om Amsterdam, waarvan dit no. 1 is. De serie wordt gerekend tot het vroegste werk van Frisius.

Amsterdam, Gemeentearchief

Hendrick Cornelisz. Vroom (?) (Haarlem 1566-1640 Haarlem)

Cat. no. 36
The Binnen-Amstel with the Rondeel in Amsterdam, 1615-'30

The Rondeel, on the left, was built in 1535 as one of the fortifications of the city. When Amsterdam expanded its borders in 1593 the building lost its strategic importance and in 1630/31 it was demolished. To the right of the Rondeel is the fortress tower Swych Utrecht. In the background rises the spire of the Zuiderkerk, which was completed in 1614.
The painting cannot be attributed to Vroom with certainty. The execution is weaker than one might expect of this highly skilled painter. It is probably one of the earliest views of a city 'within the ramparts', to be painted for reasons of purely topographical interest. The costumes of the people in the boats indicate that this work must be dated before 1630.

Amsterdam, Amsterdams Historisch Museum

Simon Frisius (Harlingen c. 1580-1628 The Hague)

Cat. no. 37
The Old Sint Anthoniespoort in Amsterdam, c. 1610

On the right the corner of the Zeedijk, behind it the towers of the Oude Kerk and – further away – the Nieuwe Kerk.
The Sint Anthoniespoort, still virtually intact today, is the most important medieval secular building in Amsterdam. The gate dates from between 1480 and 1490, as does the Reguliersport. After the extension of 1593 the building came to lie within the city limits; in 1617/18 it was converted into a weigh-house, by which name it is still known today. Like cat. no. 38 this print belongs to a series of five views of Amsterdam, of which this is the first. The series is considered one of the earliest works by Frisius.

Amsterdam, Gemeentearchief

Cat. no. 36
Doek, 75 x 118 cm.

Canvas, 75 x 118 cm.

Cat. no. 37
Ets en gravure,
169 x 213 mm. (plaat)
Gesign.: N: Visscher
excud. S:Frisius fec

Etching and engraving,
169 x 213 mm. (plate)
Signed: N:Visscher excud.
S : Frisius fec

Simon Frisius (Harlingen omstreeks 1580-1628 's-Gravenhage)

Cat. no. 38
De oude Reguizerspoort te Amsterdam, omstreeks 1610

Links het Singel, rechts het Rokin, uiterst rechts de hoek van het Rondeel (vgl. cat. no. 36). De Reguizerspoort was gebouwd in de 15de eeuw. Sinds de stadsuitbreiding van 1593 heette hij 'oude' Reguizerspoort.
Kort nadat Frisius deze prent maakte is de poort afgebrand. Eén van de torens, die was blijven staan, werd voorzien van een sierspits en als klokketoren in gebruik genomen. Dit is de tegenwoordige Munttoren.
De prent is no. 3 uit dezelfde serie waartoe ook het vorige nummer behoort.

Amsterdam, Gemeentearchief

Simon Frisius (Harlingen *c.* 1580-1628 The Hague)

Cat. no. 38
The Old Reguizerspoort in Amsterdam, *c.* 1610

On the left the Singel, on the right the Rokin, and on the extreme right the corner of the Rondeel (cf. cat. no. 36).
The Reguizerspoort was built in the fifteenth century. After the city was extended in 1593 it was known as the 'old' Reguizerspoort.
Shortly after Frisius made this print the gate burned down. One of the towers, which remained standing, was fitted with a decorative spire and a belfry. It is now known as the Munttoren.
This print is the third in the series to which the previous number also belongs.

Amsterdam, Gemeentearchief

Anoniem

Cat. no. 39
Jan Jansz. Orlers, Beschrijvinge der stad Leyden, Leiden 1614

Een van de eerste stadsbeschrijvingen in Holland, met onder andere een profiel, een plattegrond, zes illustraties van Leidens beleg in 1574 en in de tekst tien afbeeldingen van gebouwen en portretten. Het boek ligt open bij de afbeelding van de Saai- of Looihal aan de Steenschuur. Deze was in 1538 gebouwd als Gasthuiskapel. Sinds 1808 is het gebouw weer in gebruik als rooms-katholieke kerk.

's-Gravenhage, Koninklijke Bibliotheek

Anonymous

Cat. no. 39
Jan Jansz. Orlers, Beschrijvinge der stad Leyden, Leiden 1614

One of the first city descriptions in Holland, which included a profile, a plan, six illustrations of the siege of Leiden in 1574 and, in the text, ten representations of buildings and portraits. The book is opened at the illustration of the Saaihal, or Looihal (tannery), on the Steenschuur. The building was constructed in 1538 as a hospital chapel. Since 1808 it has been in use again as a Roman Catholic church.

's-Gravenhage, Koninklijke Bibliotheek

Cat. no. 38
Ets en gravure,
167 x 210 mm. (blad)

Etching and engraving,
167 x 210 mm. (sheet)

Cat. no. 39
Gravure, 79 x 125 mm.

Engraving, 79 x 125 mm.

Pieter Jansz. Saenredam (Assendelft 1597-1665 Haarlem)

Cat. no. 40
Samuel Ampzing, Beschryvinge ende lof der stad Haerlem in Holland, Haarlem 1628

Het boek bevat een plattegrond en 14 illustraties, die door Pieter Saenredam (cat. nos. 80, 81, 82) getekend zijn en voor het grootste deel geëtst door Jan van de Velde.
Dit soort stadsbeschrijvingen beantwoordde aan de trots van de bewoners der Hollandse steden, die zich op eigen kracht van Spanje hadden losgemaakt.
Het boek ligt open bij de afbeelding van de Grote of Sint Bavokerk.
Ook het bij deze prent behorende loflied op de toren is chauvinistisch van toon. Het eindigt met de woorden: 'Gij gaet ook waer gij gaet, Geen Toren als bij ons die op een Kerke staet!'

Amsterdam, Universiteitsbibliotheek

Balthasar Florisz. van Berckenrode (?) (Delft 1591/92- ?)

Cat. no. 41
Het Abdijplein te Middelburg, 1644

Na de verovering van Middelburg door de Geuzen in 1574 werden de gebouwen van de abdij ingericht voor het provinciale bestuur.
In de dwarsvleugel rechts vergaderden de prinsen van Oranje, links daarachter ligt de Statenzaal. De prent is een herhaling van de gravure van Van de Venne uit 1618, maar nu ontdaan van de emblematische inhoud (cat. no. 7).
De uitgave doet denken aan de prent 'Curia Hollandiae' van Hondius uit 1598 (cat. no. 35). Wellicht droeg ook 'thof van Zeelandt' oorspronkelijk een lofdicht als onderschrift.
De traditionele toeschrijving aan Balthasar Florisz. lijkt niet meer dan een gissing.

Middelburg, Koninklijk Zeeuwsch Genootschap der Wetenschappen; in bruikleen bij Zeeuws Museum, Middelburg

Pieter Jansz. Saenredam (Assendelft 1597-1665 Haarlem)

Cat. no. 40
Samuel Ampzing, Beschryvinge ende lof der stad Haerlem in Holland, Haarlem 1628

This description and praise of the city of Haarlem contains a plan and fourteen illustrations, most of them etched by van de Velde after designs by Pieter Saenredam (cat. nos. 80, 81, 82).
Such detailed descriptions of cities are an expression of the pride of the citizens of Holland who had succeeded in throwing off the Spanish yoke.
The book is opened on the page with the etching of the Grote or Sint Bavokerk. The words of praise devoted to the tower strike a chauvenistic note, ending with, in translation: 'wherever you go, you shall not see any Tower like that of our church!'

Amsterdam, Universiteitsbibliotheek

Balthasar Florisz. van Berckenrode (?) (Delft 1591/92- ?)

Cat. no. 41
The Abdijplein in Middelburg, 1644

After the capture of Middelburg in 1574 by the rebels against Spanish domination, the abbey buildings were converted into the headquarters of the provincial government.
In the transverse wing on the right the Princes of Orange held their meetings; further back on the left we see another hall, the Statenzaal.
The print is a repetition of an engraving from 1618 by van de Venne, although the emblematic content has been omitted (cat. no. 7).
The publication recalls the 'Curia Hollandiae' by Hondius from 1598 (cat. no. 35). Perhaps also this etching with the inscription: 'thof van Zeelandt' was originally inscribed along the lower edge with a verse of praise.
The traditional attribution to Balthasar Florisz. appears to be based on guesswork alone.

Middelburg, Koninklijk Zeeuwsch Genootschap der Wetenschappen; on loan to the Zeeuws Museum, Middelburg

Cat. no. 40
Ets, 161 x 209 mm. (plaat)
Gesign.: P. Zaenredam.
Invent. J.V. Velde. sculp.

Etching, 161 x 209 mm.
(plate)
Signed: P. Zaenredam.
Invent. J.V. Velde. sculp.

Cat. no. 41
Ets, 213 x 306 mm
(Hollstein 21)

Etching, 213 x 306 mm.
(Hollstein 21)

Reinier Nooms, bijgenaamd Zeeman
(Amsterdam omstreeks 1623-vóór 1667
Amsterdam)

Cat. no. 42
Verscheidene gesichten binnen Amsterdam..., omstreeks 1655-'60

Vier etsen uit een serie van acht, uitgegeven bij Clement de Jonghe te Amsterdam.

1. S. Anthonis Marckt met de Waegh
Op de voorgrond de Kloveniersburgwal. Zie cat. no. 37

2. De Eenhoorn Sluys
Deze lag in de Korte Prinsengracht (tussen de Brouwersgracht en de Haarlemmerstraat). De vele schepen op de achtergrond liggen op het IJ.

6. De Appelmarckt
Deze was gelegen aan het Singel, tussen de Heisteeg en de Raamsteeg. In werkelijkheid lagen tussen de markt en de Jan Roodenpoortstoren, die we hier op de achtergrond zien, drie houten bruggen.

8. Het Naerder Veer
Dit veer lag op de hoek van de Amstel en de Leprozengracht, het tegenwoordige Waterlooplein.

Amsterdam, Gemeentearchief

Reinier Nooms, also known as Zeeman
(Amsterdam *c.* 1623-before 1667 Amsterdam)

Cat. no. 42
Verscheidene gesichten binnen Amsterdam..., *c.* 1655-'60

Four etchings from a series of eight views in Amsterdam, published by Clement de Jonghe in Amsterdam.

1. The St. Anthonis Marckt with the Weigh-house
In the foreground the Kloveniersburgwal. See cat. no. 37

2. The Eenhoorn Sluys
This lock, known as the 'unicorn', was situated in the Korte Prinsengracht (between the Brouwersgracht and the Haarlemmerstraat). The many ships in the background are lying at anchor in the harbour.

6. The Apple Market
The apple market was held along the Singel canal, between the Heisteeg and Raamsteeg. In reality there were three wooden bridges between the market and the Jan Roodenpoortstoren, which is visible in the background.

8. The Naerder Veer
This ferry started from the corner of the Amstel and Leprozengracht, now known as Waterlooplein.

Amsterdam, Gemeentearchief

Cat. no. 42
Etsen, alle ca.
136 x 246 mm.
Gesign.: Zeeman

Etchings,
all *c.* 136 x 246 mm.
Signed: Zeeman

S. Anthonis Marckt met de Waegh.

De Eénhoorns Sluys.

De Appelmarckt.

Het Naerder veer.

Anoniem

Cat. no. 43
Olfert Dapper, Historische beschryving der stadt Amsterdam, Amsterdam 1663

Het boek bevat 72 dubbele platen, die alle opnieuw gebruikt zijn voor Von Zesen's *Beschreibung der Stadt Amsterdam* van 1664. De meeste zijn daarna tot diep in de 18de eeuw steeds opnieuw nagegraveerd voor latere stadsbeschrijvingen.
Het is eigenaardig dat van deze belangrijke reeks prenten niet bekend is wie de voorbeelden heeft getekend. De prenten zijn vervaardigd op het atelier van de uitgever-drukker Jacob van Meurs. Het boek ligt open bij de afbeelding van Het Nieuwezijds Herenlogement aan de Haarlemmerstraat te Amsterdam.
Dit complex was sinds 1657 in gebruik als semi-officieel hotel voor aanzienlijke gasten. Tevoren was het lang in gebruik geweest bij de West-Indische Compagnie.

Lit.: I. H. van Eeghen, 'Illustraties van de 17de-eeuwse beschryvingen en plaatwerken van Amsterdam' in: *Jaarboek Amstelodamum*, 66 (1974), 96-136

Amsterdam, Amsterdams Historisch Museum

Romeyn de Hooghe (Amsterdam 1645-1708 Haarlem)

Cat. no. 44
Het Waagplein met de Waag te Alkmaar, 1674

Alkmaar was de eerste stad in Holland die een beleg van de Spanjaarden weerstond, in 1573. Als dank daarvoor kreeg de stad in 1581 van de Staten het recht om kaasmarkt te houden. De voormalige Heilige Geestkapel werd toen omgebouwd tot kaaswaag; deze is nog steeds in gebruik.
De prent van De Hooghe draagt de wapens en namen van de vier burgemeesters en de schout. Blijkbaar hebben zij de uitgave bekostigd. Het is een van de weinige voorbeelden van een op zichzelf staande uitgave van een stadsgezicht als prent, vóór de activiteiten van Jan van Call (cat. no. 48).

Haarlem, Teylers Museum

Anonymous

Cat. no. 43
Olfert Dapper, Historische beschryving der stadt Amsterdam, Amsterdam 1663

The book contains seventy-two double plates, all of which were re-used for von Zesen's *Beschreibung der Stadt Amsterdam* of 1664. Most of them were re-engraved time and again until the third quarter of the eighteenth century for later city descriptions. Curiously enough we do not know who produced the original drawings for this important series of engravings. The prints were made in the workshop of the publisher-printer Jacob van Meurs. The book is opened at the illustration of the Nieuwezijds Herenlogement on the Haarlemmerstraat in Amsterdam. The buildings had been in use since 1657 as a semi-official hotel for important personages visiting the city. Before then they had long been used by the West India Company.

Lit.: I. H. van Eeghen, 'Illustraties van de 17de-eeuwse beschryvingen en plaatwerken van Amsterdam' in: *Jaarboek Amstelodamum*, 66 (1974), 96-136

Amsterdam, Amsterdams Historisch Museum

Romeyn de Hooghe (Amsterdam 1645-1708 Haarlem)

Cat. no. 44
The Waagplein with the Weigh-house in Alkmaar, 1674

In 1573 Alkmaar was the first Dutch city to resist a siege by the Spaniards. As a token of gratitude, in 1581 the States granted Alkmaar the right to hold a cheese market.
Consequently the former Heilige Geestkapel was converted into a cheese weigh-house; it is still used today.
The print by de Hooghe bears the escutscheons and names of the four burgomasters and the bailiff.
Apparently they paid for the publication. It is one of the few examples of a cityscape published separately as a print, before the activities of Jan van Call (cat. no. 48).

Haarlem, Teylers Museum

Cat. no. 43
Ets en gravure,
190 x 298 mm. (plaat)

Etching and engraving,
190 x 298 mm. (plate)

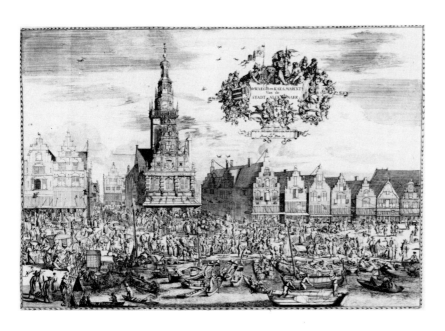

Cat. no. 44
Ets, 470 x 635 mm.

Etching, 470 x 635 mm.

Romeyn de Hooghe (Amsterdam 1645-1708 Haarlem)

Cat. no. 45
De Portugese Synagoge te Amsterdam, omstreeks 1675

We kijken van het tegenwoordige Waterlooplein in de richting van de Muiderpoort. Rechts op de hoek staat de Hoogduitse Synagoge, links is de ingang van de Portugese Synagoge, die in 1671-'75 is gebouwd onder leiding van Elias Bouman.
De prent hoort samen met de cat. nos. 46 en 47 tot een serie illustraties van het leven van de Portugese joden in Amsterdam en is uitgegeven door Pieter Persoy.
Blijkbaar was het de bedoeling deze samen met twee profielen en een plattegrond van de stad te combineren tot één groot ensemble (vgl. cat. no. 33). De serie is misschien gemaakt bij het gereedkomen van het nieuwe gebouw in 1675.

Amsterdam, Gemeentearchief

Cat. no. 46
De Sint Anthoniesbreestraat te Amsterdam, omstreeks 1675

Links het huis van de familie De Pinto (no. 69), rechts het poortje van de Zuiderkerk. Het huis De Pinto is een van de weinige bewaard gebleven monumenten in de oude joodse wijk van Amsterdam.

Amsterdam, Gemeentearchief

Cat. no. 47
De Herengracht te Amsterdam, omstreeks 1675

Links het huis van de diplomaat Isaac Nunes, baron van Belmonte (no. 586), rechts de brug bij de Utrechtsestraat. Belmonte was een der eerste joodse bewoners van de Herengracht.
Zie verder cat. no. 45.

Amsterdam Gemeentearchief

Romeyn de Hooghe (Amsterdam 1645-1708 Haarlem)

Cat. no. 45
The Portuguese Synagogue in Amsterdam, c. 1675

We are looking from what is now the Waterlooplein, in the direction of the Muiderpoort. On the right corner the German Synagogue, on the left the entrance to the Portuguese Synagogue, which was built in 1671-'75 by Elias Bouman.
Together with cat. nos. 46 and 47, this print belongs to a series illustrating the life of the Portuguese Jews in Amsterdam, published by Pieter Persoy.
Apparently the intention was to combine these prints with a profile and a plan of the city, to form a whole (cf. cat. no. 33).
The series may have been made to mark the completion of the new building in 1675.

Amsterdam, Gemeentearchief

Cat. no. 46
The Sint Anthoniesbreestraat in Amsterdam, c. 1675

On the left the house of the de Pinto family (no. 69), on the right the gate of the Zuiderkerk. The de Pinto house is one of the few surviving monuments in the old Jewish quarter of Amsterdam.

Amsterdam, Gemeentearchief

Cat. no. 47
The Herengracht in Amsterdam, c. 1675

On the left the house of the diplomat Isaac Nunes Baron of Belmonte (no. 586), on the right the bridge near the Utrechtsestraat. Belmonte was one of the first Jewish residents on the Herengracht.
See cat. no. 45.

Amsterdam, Gemeentearchief

Cat. no. 45
Ets, 241 x 569 mm. (plaat)

Etching, 241 x 569 mm.
(plate)

Cat. no. 46
Ets, 230 x 277 mm. (blad)

Etching, 230 x 277 mm.
(sheet)

Cat. no. 47
Ets, 229 x 278 mm. (blad)

Etching, 229 x 278 mm.
(sheet)

Jan van Call (Nijmegen 1656-1703 's-Gravenhage)

Cat. no. 48
De Binnen-Amstel te Amsterdam, omstreeks 1690

We staan op de Blauwbrug en kijken naar het Noorden. Links de brouwerij De Drie Roskammen, rechts een rij classicistische, in de jaren '60 van de 17de eeuw gebouwde woonhuizen tussen Amstel en Zwanenburgerstraat, daarachter het Diaconieweeshuis (vgl. cat. no. 60).
Van Call heeft verscheidene van deze grote, op zichzelf staande stadsgezichten in prent uitgegeven. Hij was merkwaardigerwijze de eerste die dat op deze schaal deed; eerder uitgegeven grote prenten hadden steeds een incidenteel karakter. Bijzonder is ook de techniek, waarbij de etsplaat met verschillende kleuren wordt ingeïnkt en de afgedrukte prent nog eens met de hand wordt opgekleurd. Het zijn imitatieschilderijen, voorlopers van de 18de-eeuwse kleurenreproductie. Van deze prent is, evenals van verscheidene andere kleuretsen, de voorafgaande tekening bewaard gebleven. (Gemeentearchief, Amsterdam).

Amsterdam, Gemeentearchief

Jan van Call (Nijmegen 1656-1703 The Hague)

Cat. no. 48
The Binnen-Amstel in Amsterdam, *c.* 1690

We are standing on the Blauwbrug, facing north. On the left the brewery De Drie Roskammen. On the right a row of Classicist dwellings built in the 1660s between the Amstel and the Zwanenburgerstraat, behind the Diaconie Orphanage (cf. cat. no. 60).
Van Call published prints of several of these large cityscapes. He was the first to do so on this scale; until then large prints were only published incidentally.
The technique is remarkable: the etching plate is inked with different colours, and the resulting print is in turn touched up with colours. They are imitation paintings, precursors of the eighteenth-century colour reproductions.
The preliminary drawing for this print, as well as those preceding several other colour etchings, are extant (Gemeentearchief, Amsterdam).

Amsterdam, Gemeentearchief

Jan van der Heyden (Gorinchem 1637-1712 Amsterdam)

Cat. no. 49
Jan van der Heyden, Beschrijving der nieuwlijks uitgevonden en geoctrojeerde Slang-Brand-Spuiten . . ., Amsterdam 1690

In 1672 werd de brandspuit van Van der Heyden het eerst toegepast. Kort daarop werden zijn broer en hij benoemd tot opperbrandmeesters van de stad. Het Brandspuitenboek is geïllustreerd met eigenhandige gravures.Het boek ligt open bij de illustratie van een 'Swaaren Brandt, tot Amsterdam, tussen d'Elandsgraft en Straat, op den 27 July 1679, . . .'. Van de vijftig in brand geraakte panden werd meer dan de helft behouden dankzij Van der Heydens brandspuiten.
De voortekening voor deze prent bevindt zich in het Rijksprentenkabinet in Amsterdam.

Amsterdam, Gemeentearchief

Jan van der Heyden (Gorinchem 1637-1712 Amsterdam)

Cat. no. 49
Jan van der Heyden, Beschrijving der nieuwlijks uitgevonden en geoctrojeerde Slang-Brand-Spuiten . . ., Amsterdam 1690

The fire-hose shown here was invented by van der Heyden, and was first used in 1672. Shortly afterwards he and his brother were appointed chiefs of the city fire-brigade. This book about the fire-hose is illustrated with van der Heyden's own engravings.
The book is opened at the illustration of a 'Great Fire at Amsterdam between the Elandsgracht and Street, on 27 July 1679 . . .' Of the fifty buildings that caught fire more than half could be saved thanks to van der Heyden's fire-hoses.
A preliminary drawing for this print is kept in the Rijksprentenkabinet in Amsterdam.

Amsterdam, Gemeentearchief

Cat. no. 48
Ets in bruin, blauw en rood,
met de hand gekleurd,
336 x 493 mm.

Etching in brown, blue and
red, hand-coloured,
336 x 493 mm.

Cat. no. 49
Ets en gravure,
318 x 423 mm. (plaat)

Etching and engraving,
318 x 423 mm. (plate)

The City as Seen by Dutch Draughtsmen

It is no coincidence that the above title does not read 'The Cityscape...' etc. For that would suggest that a large number of seventeenth-century drawings display a certain correspondence in the choice of subject and treatment: in short, a 'genre'. But this is not the case. Of course cityscapes were drawn, but it is difficult to classify them as one group, in the first place because they are so few in number, and in the second place because there is too much disparity among the works as regards function, conception, and date of origin. In itself this need not surprise us, for, generally speaking, drawing is a much more private occupation than making prints or paintings, which are intended for a general public and therefore more subject to convention and artistic rules. Actually, the cityscape did eventually develop into a genre of Dutch drawing – but this did not happen until the late eighteenth century, which places it beyond the scope of this exhibition.

As we have said, the differences between seventeenth-century draughtsmen are greater than the similarities. Yet they do have some characteristics in common: in the first place, the organic spatial development of streets, canals and squares apparently held little appeal for them as an artistic subject. The few artists who devoted themselves to architecture and perspective had a marked preference for important, freestanding monuments, or combinations of them. Most of the others, if they had not turned away from the city altogether, preferred to stay in the neighbourhood of the ramparts with the city gates and windmills, or along the waterside, where the city melts into spaciousness, or they looked for the bustle of a crowded market scene. Indeed, outside the purely documentary domain of cartography, we do not know of a single Dutch drawing of buildings or of a city view in the Netherlands from the sixteenth century. People did make travel sketches, witness the drawings of Jan van Scorel (1495-1562) with scenes from the Holy Land, and the famous Roman sketchbook of Maerten van Heemskerck (1498-1574) (fig. 1), which inspired Pieter Saenredam many years later to paint his Roman views. Since that time Rome must have been visited and drawn by hundreds of artists from

1
Maerten van Heemskerck, De Vaticaanse Obelisk en omgeving in Rome/The Vatican Obelisk and Surroundings in Rome, 1532-'36

Berlijn/Berlin, Kupferstichkabinett

geïnspireerd. Sindsdien is Rome door misschien wel duizenden Nederlandse kunstenaars bezocht en getekend, maar van de belangstelling die bijvoorbeeld Dürer (1471-1528) had voor de steden van het Noorden is bij deze vroege Hollanders niets te merken.

Het zou duren tot na 1600 voor een groep jonge tekenaars en etsers, aangemoedigd door het werk van de uit Vlaanderen afkomstige landschapkunstenaars rondom Hans Bol en Jacob Savery (cat. nos. 3, 4, 8; p. 67, afb. 1), vol aandacht hun eigen omgeving gingen bestuderen en weergeven in een ongecompliceerde, springlevende stijl (cat. no. 95). Claes Jansz. Visscher trok het hele land door met kleine schetsboekjes waarin hij in snelle pennestreken vastlegde wat hem onderweg trof in het landschap. Hij heeft veel in het half-stedelijke gebied

the Netherlands, but there is no sign among these early Dutch artists of a corresponding interest in Northern European cities, as for instance that of Dürer (1471-1528). It was not until after 1600 that a group of young draughtsmen and etchers, stimulated by the work of the Flemish emigré landscapists in the circle of Hans Bol and Jacob Savery (cat. nos. 3, 4, 8; p. 67, fig. 1), began to study their own surroundings, and to render them in a straightforward yet animated style (cat. no. 95). Claes Jansz. Visscher travelled all over the country carrying a small sketchbook in which he recorded in bold pen strokes the things he saw on his way. He travelled widely in the semi-urban area around Amsterdam (cat. no. 89), and also drew several medieval buildings in the city (fig. 2). His sketches soon acquired a certain fame,

2
Claes Jansz. Visscher, De Sint Anthoniespoort in Amsterdam/The Sint Anthoniespoort in Amsterdam, 1605-1610

Londen/London, British Museum

3
Anoniem/Anonymous, De Nieuwezijds Voorburgwal in Amsterdam/The Nieuwezijds Voorburgwal in Amsterdam, 17de eeuw/17th century

's-Gravenhage/The Hague, part./private coll.

om Amsterdam gezworven (cat. no. 89), en ook een paar middeleeuwse gebouwen in de stad getekend (afb. 2).
Zijn schetsblaadjes hebben al spoedig een zekere befaamdheid gekregen, daarvan getuigt het feit dat allerlei tekeningen van onbekende meesters uit de eerste dertig jaar van de 17de eeuw vanouds zijn naam dragen (cat. nos. 90, 91). Het blijkt ook uit vele min of meer gelukte pogingen van latere tekenaars, tot in de 18de eeuw toe, om in een archaïserende stijl dezelfde effecten te bereiken. Ook deze historiserende tekeningen, meestal met gezichten in Amsterdam, werden al spoedig op de naam van Visscher geplaatst (afb. 3).
De stijl van de pioniers uit het begin van de eeuw heeft geen direct duidelijk vervolg gekregen in het werk van de volgende generatie. Het lijkt soms wel of ze nauwelijks leerlingen hebben gehad. Toch zijn er verbindingen aanwijsbaar, bijvoorbeeld als we de – 1640-'45 te dateren – tekening van Govert Flinck (cat. no. 64) vergelijken met het blad van Pieter de la Tombe uit 1625-'30 (cat. no. 86) en met het nog oudere gezicht op Haarlem in de trant van Visscher (cat. no. 90). De compositie, het kleurgebruik en de penvoering vertonen duidelijke overeenkomsten. Flinck had zijn leertijd bij Rembrandt toen al achter de rug. Op een indirecte manier maakt zijn tekening duidelijk dat ook Rembrandts vroege landschaptekeningen minder op zichzelf staan dan wel eens wordt gesuggereerd.
Rembrandt zelf heeft weinig in de stad getekend, hoewel een heel boek gewijd is aan *Wandelingen met Rembrandt in en om Amsterdam*.[1] Wel heeft hij veel langs de wallen en bolwerken gezworven, langs het IJ en in het omliggende polderland, maar

evidenced by the fact that a wide assortment of drawings by known artists from the first thirty years of the sixteenth century were traditionally attributed to him (cat. nos. 90, 91). The popularity these sketches enjoyed is also reflected in the numerous attempts by later artists up to the mid-eighteenth century, to achieve a similar effect by adopting an archaic style – albeit with varying degrees of success. These historicizing drawings, mostly views in Amsterdam, were soon also ascribed to Visscher (fig. 3).
The style of the pioneers from the beginning of the seventeenth century did not find a direct sequel in the work of the next generation: these artists apparently had very few pupils. However, there is some link, as we can see by comparing the drawing by Govert Flinck from 1640-'45 (cat. no. 64) with the sheet by Pieter de la Tombe from 1625-'30 (cat. no. 86) and with the even older view of Haarlem in the manner of Visscher (cat. no. 90). There is a distinct correlation in composition, use of colour, and handling of the pen. Flinck had already completed his years of apprenticeship to Rembrandt by this time. The drawing shows, in an indirect way, that Rembrandt's early landscape drawings, too, were less out of the ordinary than has been suggested.
Rembrandt himself did not draw very much in the city, although an entire book has been devoted to 'walks with Rembrandt in and around Amsterdam'.[1] He did often wander along the old city ramparts and bulwarks, along the water of the IJ-harbour and in the surrounding polderland. But most of the drawn cityscapes which were traditionally regarded as being by his hand, are

4
Rembrandt, Gracht in Amersfoort/Canal in Amersfoort, 1647-'48

Parijs/Paris, Louvre

de getekende stadsgezichten die vanouds op zijn naam staan worden tegenwoordig grotendeels aan leerlingen of navolgers toegeschreven. Het prachtige blad met een beschaduwde gracht in Amersfoort (afb. 4) is misschien het enige voorbeeld van een meer uitgewerkt stadsgezicht dat van hem bewaard is gebleven, naast de onderling nauw verwante groep vlugge, vaak vluchtige krijtschetsen met impressies van de brede Amsterdamse wateren (cat. no. 75).

Voor Rembrandts leerlingen en de andere kunstenaars in zijn omgeving geldt dat in mindere mate. Gerbrand van den Eeckhout en Lambert Doomer waren beiden geïnteresseerd in topografie (cat. nos. 63, 62), evenals Johannes Leupenius, die eigenlijk landmeter was (cat. no. 71). Vooral de amateur Doomer heeft een onmiskenbaar eigen stijl ontwikkeld in zijn breed opgezette reisherinneringen, die vaak iets ondefinieerbaar naïefs hebben.

In de jaren 1630-'45, de tijd waarin Rembrandt les gaf aan Flinck, Van den Eeckhout en Doomer, legde Pieter Saenredam als tekenaar de basis voor zijn levenswerk (cat. nos. 82, 83). Een groter verschil dan tussen hem en Rembrandt is nauwelijks denkbaar. Saenredam had zich al vroeg geoefend in de kunst van het cartografisch en topografisch tekenen (cat. nos. 80, 81), maar sinds 1630 legde hij zich geheel toe op de weergave van het interieur en het exterieur van bouwkundig belangrijke gebouwen, die hij als het ware met een groothoeklens benadert, waarna de perspectivische vertekeningen weer worden rechtgetrokken. Een helder, bijna schaduwloos licht maakt de ruimten en vormen tot in onderdelen zichtbaar. Saenredam heeft

today attributed to pupils or followers of Rembrandt. The beautiful drawing of a shady canal in Amersfoort (fig. 4) is perhaps the only extant example of a more elaborate cityscape by Rembrandt; most of the other sheets constitute a closely interrelated group of quick sketches, often in chalk, giving an impression of the broad waters of Amsterdam (cat. no. 75).

Rembrandt's pupils and the other artists in his circle were more involved in topography, as for example Gerbrand van den Eeckhout, Lambert Doomer (cat. nos. 63, 62), and Johannes Leupenius, who was a surveyor by profession (cat. no. 71). The amateur Doomer in particular developed an unmistakably personal style in his broadly spaced travel sketches, which often have something indefinably naive. Between 1630 and 1645, the period in which Rembrandt taught Flinck, van den Eeckhout and Doomer, Pieter Saenredam was laying the foundations of his life-work as a draughtsman (cat. nos. 82, 83). A greater difference than that between him and Rembrandt is hard to imagine. As a young man Saenredam had already practised the art of cartographical and topographical drawing (cat. nos. 80, 81), but after 1630 he devoted himself entirely to the portrayal of the interiors and exteriors of important buildings, which he viewed as though through a wide-angle lens, the perspective distortions being readjusted later on. A clear, almost shadowless light makes the spaces and shapes visible in considerable detail. A few times Saenredam took, instead of a separate building, a street or square as the subject for his sober, monumental compositions. These were

een enkele maal niet een afzonderlijk gebouw maar een straat of een plein tot onderwerp gekozen voor zijn uiterst sobere, monumentale composities. Deze waren kennelijk niet bedoeld als voorstudie of model voor een schilderij maar als definitief kunstwerk.

Na het midden van de 17de eeuw, toen allengs de belangstelling voor topografie groeide en men ook meer geld ervoor over had, kreeg hij opdrachten om zijn oude werkstukken ook op paneel uit te voeren. Saenredam was blijkbaar een zeer gewaardeerd kunstenaar; toch had hij geen leerlingen en geen opvolgers, zijn werk blijft een eenzaam monument in de Nederlandse kunst.

Van de weinige andere kunstenaars die zich hebben toegelegd op de weergave van gebouwen en stadsgezichten als broodwinning, moet hier in de eerste plaats Jan Abrahamsz. Beerstraaten genoemd worden. Hij is de enige geweest die het getekende stadsgezicht als specialisme beoefende. Omstreeks het midden van de eeuw reisde hij stad en land af, van 's-Hertogenbosch tot IJlst in Friesland. Ook als hij één gebouw tot onderwerp had tekende hij het zelden geïsoleerd van zijn omgeving, maar opgenomen in een breder architectonisch verband: een toren op de hoek van een haveningang, een stadhuis als afsluiting van een wijde gracht, een kerk als een burcht tussen de nietige woonhuizen rondom (cat. nos. 53, 54). Het is niet bekend bij wie Beerstraaten zijn vak heeft geleerd, maar we mogen aannemen dat hij in elk geval het werk kende van zijn stadgenoot de landschaptekenaar Roelant Roghman, die een generatie ouder was dan hij en die behalve de beroemde kastelenreeks uit de jaren '40 ook wel stadsgezichten heeft getekend (cat. no. 76).

Beider topografische werk wordt gekenmerkt door een overtuigend perspectief van de bouwmassa's en door een warme tonaliteit die samengaat met een grote precisie in de detaillering. Voor het overige lijkt het dat Beerstraaten zich zelf ontwikkeld heeft; al moet hij haast wel bekend geweest zijn met het werk van Saenredam, in zijn eigen kunst is daar weinig van te merken.

Van de meesters van het stadsgezicht in de tweede helft van de eeuw hebben de echte architectuurschilders Gerrit Berckheyde en Jan van der Heyden weinig getekend, althans er is weinig van over. Van Gerrit Berckheyde kennen we een paar uitgewerkte voorstudies voor schilderijen (cat. no. 55), van Van der Heyden alleen de reeks schetsen en voortekeningen voor het Brandspuitenboek (cat. no. 49, vgl. cat. no. 67). Pas tegen het einde van

apparently not intended as preliminary drawings or sketches for paintings, but as works of art in their own right. After the middle of the century, when there was an upsurge of interest in topography, he received commissions to execute his old drawings as paintings. Saenredam appears to have been a much admired artist, yet he had no pupils and no followers: his work remains an isolated monument in the art of the Netherlands.

Of the few other artists who made a living by portraying buildings and cityscapes, mention must first be made of Jan Abrahamsz. Beerstraaten. He was the only draughtsman to actually specialize in the drawn cityscape. Around the middle of the century he travelled far and wide, from 's-Hertogenbosch to IJlst in Friesland. Even when his subject was a single building, he seldom isolated it from its surroundings – instead he incorporated it into a broader architectural whole: a tower marking the entrance to a harbour, a town hall at the end of a wide canal, a church like a fortress flanked by humble dwellings (cat. nos. 53, 54). We do not know from whom Beerstraaten received his training, but he almost certainly knew the work of his fellow citizen, the landscape draughtsman Roelant Roghman. Roghman belonged to an older generation, and drew a number of cityscapes as well as the famous series of castles from the 1640s (cat. no. 76). The topographical work of both artists in characterized by a convincing rendering of the perspective of the architecture, and by a warm atmosphere accompanied by great precision of detail. But all in all Beerstraaten appears to have been self-taught; although he must surely have been familiar with the work of Saenredam, this is not noticeable in his art.

Of the great masters of the cityscape in the second half of the century the truly architectural painters Gerrit Berckheyde and Jan van der Heyden drew little, or at any rate few of their drawings survive. We only know a few elaborated preliminary drawings for paintings by Berckheyde (cat. no. 55) and a series of sketches and preliminary drawings for the Fire-hose book by van der Heyden (cat. no. 49, cf. cat. no. 67). It was not until the end of the century that Jan van Call, a native of the province of Gelderland, made a fresh contribution with his unorthodox, somewhat naïve vision of the Classicist architecture of Amsterdam and The Hague (cat. no. 60). But his work already introduces us to a new chapter.

The finest cityscapes from the second half of the

de eeuw komt de Gelderlander Jan van Call weer een eigen bijdrage bieden met zijn ontraditionele, wat naïeve visie op de classicistische architectuur van Amsterdam en Den Haag (cat. no. 60). Maar zijn werk behoort eigenlijk al tot een nieuw hoofdstuk.

De mooiste stadsgezichten uit de tweede helft van de eeuw zijn niet getekend door een specialist in architectuur of topografie, maar door Jacob van Ruisdael. Ruisdael was eigenlijk een landschapkunstenaar, met meer gevoel en aandacht voor de lucht, het geboomte en de atmosfeer dan voor het karakteristieke van een architectonisch complex. Met zijn werk heeft hij talloze andere bekende en onbekende tekenaars geïnspireerd (cat. no. 51). Liever dan kerken en stadhuizen koos hij de intimiteit van een oude binnenplaats of de verweerde kloosters aan de rand van een middeleeuwse stad, waar hij de speling van het zonlicht en het patina van de steen bestudeerde, met zacht krijt en een fijn aangepunt penseel (cat. nos. 78, 79). Of hij klom hoog genoeg om een grote stad weer opgenomen te zien worden in een wereld van lucht, land en water (cat. no. 77).

Met deze laatste tekening verwerkte Ruisdael in zijn eigen opvatting het oude gebruik om hele steden in vogelvlucht uit te beelden. Het verschil met de traditionele vogelvluchtkaart is echter dat Ruisdael niet, zoals Antoon van den Wyngaerde dat een eeuw eerder had gedaan (cat. no. 23), een compleet panorama construeerde, maar een in werkelijkheid bereikbaar standpunt uitzocht. Ruisdael was niet de enige die dat deed. In dezelfde tijd tekende Constantijn Huygens Den Haag vanaf de Sint Jacobskerk (cat. no. 68), en Anthonie Waterloo beklom de Utrechtse Domtoren (cat. nos. 93, 94).

Niet alleen het panorama maar ook het profiel is een oud, uit de cartografie afkomstig type stadsportret, dat steeds weer de 17de-eeuwse tekenaars is blijven boeien, zowel in zijn pure vorm als op velerlei wijzen gevarieerd. Het profiel bijvoorbeeld dat Saenredam in 1626 van Den Bosch tekende was zuiver klassiek van opbouw (cat. no. 81), maar een profiel kon ook de basis worden van een hoog wolkenlandschap of, in plaats van de centrale plaats in te nemen, naar links of rechts uit het beeld verdwijnen, zoals Aelbert Cuyp dat deed met zijn *Gezicht op Dordrecht en de rivier De Merwede* (cat. no. 61).

Anthonie Waterloo voorzag het brede panorama van Utrecht met een gefantaseerde voorgrond, alsof hij de stad had zien liggen vanaf een onver-

century were not drawn by a specialist in architecture or topography, but by Jacob van Ruisdael. Ruisdael was basically a landscape painter, with more feeling and concern for the sky, the trees and the atmosphere than for the essence of an architectural composition. His work inspired countless other known and unknown draughtsmen (cat. no. 51). Rather than churches and town halls, he chose the intimacy of an ancient courtyard, or a weatherbeaten convent on the edge of a medieval town, where he caught the play of the sunlight and the patina of the stones with soft chalk and a finely pointed brush (cat. nos. 78, 79). Or else he climbed up high enough to see the sprawling city merging into a larger whole, comprising sky, land and water (cat. no. 77).

The latter drawing shows how Ruisdael interpreted the old custom of portraying entire cities in bird's-eye view perspective. The difference with tradional bird's-eye views is that Ruisdael did not construct a full-scale panorama, but chose instead a point of view that was actually accessible – unlike Antoon van den Wyngaerde a century earlier (cat. no. 23). Ruisdael was not the only artist to do this. Constantijn Huygens drew The Hague from the top of the St. Jacobskerk (cat. no. 68), and Anthonie Waterloo climbed the Domtower in Utrecht for the same purpose (cat. nos. 93, 94).

Not only the panorama, but also the city profile – another offshoot from cartography – was an earlier type of city portrait which held a lasting attraction for seventeenth-century draughtsmen, in its pure form as well as in variations. The profile Saenredam drew of 's-Hertogenbosch in 1626 was purely classical in composition (cat. no. 81), but a profile could also be used as the base of a high expanse of cloudy sky or, instead of occupying a central position, move to the extreme left or right of the composition, as in Aelbert Cuyp's *View of Dordrecht and the River Merwede* (cat. no. 61).

Anthonie Waterloo added an imaginary foreground to the broad panorama of Utrecht, as if he had looked down on the city from a sudden rise in the flat landscape. By means of this simple addition he actually created a new reality. Among landscape artists – painters and draughtsmen alike – this way by no means unusual. The background of a narrative composition was often built up in this manner. However, when applied to a topographical subject, which purports to be an independent work of art, the distortion has a highly disorienting effect.

wacht uit het vlakke land oprijzende heuvelrug. Door deze eenvoudige ingreep schiep hij in feite een nieuwe werkelijkheid. Onder landschapschilders en -tekenaars was dat heel gewoon, en vanouds waren op deze manier ook achtergronden voor verhalende voorstellingen gecomponeerd, maar toegepast op een topografisch gegeven als zelfstandig kunstwerk heeft de ingreep een krachtig vervreemdend effect. Dit effect past moeilijk in onze traditionele opvatting van een 'realistische' 17de-eeuwse kunst, maar kennelijk werd het door een bepaalde groep sophisticated liefhebbers geapprecieerd. We vinden het herhaaldelijk en consequent toegepast terug bij de bewust in onderdelen herkenbaar gehouden composities van Jan van der Heyden.

Een andere kunstenaar die topografische tekeningen parafraseerde tot een nieuw type stadsgezicht was Gerrit Battem, maar in zijn kleurige en druk bevolkte gouaches is de zojuist beschreven spanning niet aanwezig, doordat de oorspronkelijke topografische elementen niet of nauwelijks meer herkenbaar zijn (cat. no. 52). Bij Jacob van der Ulft is het effect soms weer anders: in tegenstelling tot de 15de- en 16de-eeuwse kunstenaars die bij een historische gebeurtenis een passende achtergrond hadden gezocht, bedacht hij een gebeurtenis om het topografische gegeven op te luisteren (cat. no. 87).

Hierboven is een paar maal sprake geweest van schetsen en schetsboeken. Schetsboekbladen van reizende kunstenaars zijn misschien wel de oudste stadsgezichten geweest, voor eigen gebruik gemaakt en vaak alleen bij toeval bewaard gebleven. Zulke schetsen van Italiaanse steden en Romeinse ruïnes werden al in de 15de eeuw gemaakt, en sindsdien is hun aantal uitgegroeid tot een onoverzienbare vloed. Misschien hebben ook wel vroege Nederlandse reizigers in eigen land een schetsboek bij zich gehad, maar de vroegste bladen die met enige zekerheid gedetermineerd kunnen worden zijn die van Claes Jansz. Visscher uit het begin van de 17de eeuw. Uit later tijd zijn veel van zulke reisschetsen bewaard gebleven, van sommige kunstenaars zelfs honderden, maar de meeste boeken zijn sinds lang uit elkaar genomen en in gedeelten verkocht.

De functie van zo'n schetsboek was niet steeds hetzelfde. Een beroepskunstenaar als Jan van Goyen gebruikte het als reservoir van motieven voor zijn grote ateliertekeningen of schilderijen (cat. nos. 65, 66). Zo kwam meer dan eens een stadspoort of een kerktoren terecht in een verlaten rivierlandschap of

Although such effects seem to conflict with our tradional conception of seventeenth-century art as 'realistic', they were apparently appreciated by a group of sophisticated art lovers. They are repeatedly and consistently applied in the compositions of Jan van der Heyden, in which the components are deliberately recognizable as separate elements.

Another artist who paraphrased topographical drawings to form a new type of cityscape was Gerrit Battem, but in his colourful and thickly populated gouaches the tension described above does not arise, because the original topographical elements have become virtually unrecognizable (cat. no. 52). Jacob van der Ulft sometimes aimed at a different effect. Unlike the artists from the fifteenth and sixteenth centuries who looked around for a suitable background for a historical subject, he invented a subject to enhance a topographical representation (cat. no. 87).

Several references have been made above to sketches and sketchbooks. The pages from the sketchbooks of travelling artists may well be the oldest cityscape; they were made as private notes, and in many cases their survival is due to sheer luck. Such sketches of Italian cities and Roman ruins were already produced in the fifteenth century, and since then their number has swelled to overwhelming proportions. Perhaps Dutch artists travelling in their own country also carried a sketchbook with them sometimes, but the earliest sheets that can be determined with any certainty are those of Claes Jansz. Visscher from the early seventeenth century. Many of the travel sketches made some time later have survived. Some artists produced hundreds of drawings, but most of the sketchbooks have long since been taken apart and the sheets sold separately. The artist's intentions varied: a professional artist like Jan van Goyen used his sketchbooks as a reservoir of motifs for his large studio drawings or paintings (cat. nos. 65, 66), so that an existing city gate or church tower could easily end up in a river landscape or in a view of the coastal duneland. The army officer Valentijn Klotz may well have had military reasons for compiling his extensive documentation of the fortress towns in Brabant and Limburg (cat. nos. 69, 70). But the lawyer Jan de Bisschop was a true amateur, to whom travel sketches simply represented a pleasant pastime and later a treasured souvenir (cat. nos. 57, 58). This did not mean that they were not seen by others. Apparently the sheets drawn by de Bisschop soon found their way

duingebied. De genieofficier Valentijn Klotz had wellicht militaire bedoelingen met zijn uitvoerige documentatie van de vestingsteden in Brabant en Limburg (cat. nos. 69, 70). Maar de jurist Jan de Bisschop was een echte amateur, voor wie een reisschets niets anders betekende dan een aangename tijdpassering en een souvenir (cat. nos. 57, 58). Dat wil niet zeggen dat ze voor anderen verborgen bleven. Het schijnt dat de blaadjes van De Bisschop al vroeg bij verzamelaars terecht zijn gekomen, en het werk van Klotz en zijn reisgenoten heeft zonder twijfel de vele rondreizende amateurs uit het begin van de 18de eeuw geïnspireerd.

Hiermee zijn we genaderd aan de grenzen van ons gebied. De jaren omstreeks de eeuwwisseling zijn weinig vruchtbaar geweest voor de topografische tekenkunst. Er zijn een paar persoonlijkheden met een eigen gezicht, zoals Isaac de Moucheron met zijn licht geaquarelleerde, beschaafd decoratieve parklandschappen (cat. no. 72) en de graveuruitgever Pieter van den Berge, die een maandenreeks met nonchalant geschetste markttaferelen heeft nagelaten (cat. no. 56). De curieuze kleuretser Jan van Call is al eerder genoemd. Overigens was het woord voorlopig aan kopiïsten en navolgers van oudere meesters. Pas een generatie later zou Cornelis Pronk (1691-1759), steunend op het voorbeeld van Beerstraaten en De Moucheron en in het voetspoor van mensen als Valentijn Klotz, de eerste stappen doen naar 'het stadsgezicht in de 18de-eeuwse tekenkunst'.

Boudewijn Bakker

into private collections, while the work of Klotz and his companions undoubtedly inspired numerous travelling amateurs in the early eighteenth century.

This brings us to the close of the period to which this exhibition is devoted. The closing years of the century were not very fruitful for the art of topography. There were some artists who had developed a personal style, such as Isaac de Moucheron in his lightly washed, quietly decorative park landscapes (cat. no. 72), and the engraver-publisher Pieter van den Berge, who left us a series of spontaneous sketches of market scenes representing the months of the year (cat. no. 56). We have already mentioned the curious colour-etcher Jan van Call. But apart from these exceptions the scene was dominated by copyists and epigones of the old masters. It was not until several decades had elapsed that Cornelis Pronk (1691-1759), following in the footsteps of men like Beerstraaten, de Moucheron, and Valentijn Klotz, launched the development of what we might call 'the cityscape in eighteenth-century drawing'.

Boudewijn Bakker

---

[1] F. Lugt, *Wandelingen met Rembrandt in en om Amsterdam,* Amsterdam 1915

[1] F. Lugt, *Wandelingen met Rembrandt in en om Amsterdam,* Amsterdam 1915

Tekeningen

Anoniem

Cat. no. 50
Het Binnenhof te 's-Gravenhage, 1620-'30

Er is wel eens aan getwijfeld of deze tekening inderdaad uit het begin van de 17de eeuw stamt. Het watermerk (vgl. Churchill no. 289) plaatst hem echter duidelijk in de jaren 1620-'30.
De toestand van het gebouw komt tot in onderdelen overeen met die op de tekening cat. no. 91: een luikje aan de linkerkant hangt op beide tekeningen scheef!
In het Haagse Gemeentearchief wordt een tweede tekening bewaard in sterk verwante stijl, die door het opschrift gedateerd moet worden tussen 1621 en 1632. De tentoongestelde tekening draagt in latere hand het opschrift: 'T hoff in den Haeg 1598'.

's-Gravenhage, Gemeentearchief

Anoniem

Cat. no. 51
De Brouwerssluis te Amsterdam, 3de kwart 17de eeuw

De Brouwerssluis (nu een brug) lag in de Brouwersgracht bij de Prinsengracht. De molens op de achtergrond zijn die op het bolwerk Sloterdijk en een molen buiten de stad.
Het is moeilijk een kunstenaar te noemen die deze tekening gemaakt zou kunnen hebben. De doorwerkte uitvoering, de rustige compositie en de stille atmosfeer doen denken aan een van de vele tekenaars die zich in de jaren 1660-'80 lieten inspireren door het werk van Ruisdael (vgl. cat. no. 78).

Haarlem, Teylers Museum

Drawings

Anonymous

Cat. no. 50
The Binnenhof in The Hague, 1620-'30

There has been some doubt whether this drawing was in fact made in the early seventeenth century. The watermark (cf. Churchill no. 289), however, provides conclusive evidence that the sheet dates from the years 1620-'30.
Some aspects of the building correspond with cat. no. 91: a shutter on the left is shown sagging to one side in both drawings.
The municipal archives of The Hague contain a second drawing, in a closely related style, which according to the inscription dates from between 1621 and 1632. The exhibited drawing bears the inscription, in a later hand, which reads in translation: 'The court in The Hague 1598.'

The Hague, Gemeentearchief

Anonymous

Cat. no. 51
The Brouwerssluis in Amsterdam, 3rd quarter 17th century

The Brouwerssluis (now a bridge) was a lock in the Brouwersgracht near the Prinsengracht. The windmills in the background are those on the Sloterdijk bulwark, and a windmill outside the city. It is difficult to attribute this drawing to any specific artist. The careful execution, the quiet composition and the serene sunny atmosphere, however, are reminiscent of the many draughtsmen who were inspired by the work of Ruisdael in the period 1660-'80 (cf. cat. no. 78).

Haarlem, Teylers Museum

Cat. no. 50
Zwart krijt, penseel in bruin,
blauw en rood,
188 x 610 mm.

Black chalk, watercolour in
brown, blue and red,
188 x 610 mm.

Cat. no. 51
Zwart krijt, penseel in bruin
en grijs,
182 x 300 mm.

Black chalk, brush and
brown and grey ink,
182 x 300 mm.

Gerrit Battem (Rotterdam omstreeks 1636-1684 Rotterdam)

Cat. no. 52★
Gefantaseerd Hollands stadsgezicht

De kerktoren op de achtergrond doet denken aan de Oude Kerk te Delft. Ook het Waaggebouw lijkt een variatie op de Waag in die stad.

Brussel, Koninklijke Musea voor Schone Kunsten van België; verzameling De Grez

Gerrit Battem (Rotterdam c. 1636-1684 Rotterdam)

Cat. no. 52★
Imaginary Dutch Cityscape

The church tower in the background recalls the Oude Kerk in Delft. Also the weigh-house appears to be a variant of the weigh-house in that town.

Brussels, Koninklijke Musea voor Schone Kunsten van België; Collection De Grez.

Jan Abrahamsz. Beerstraaten (Amsterdam 1622-1666 Amsterdam)

Cat. no. 53
De Grote of Sint Laurenskerk te Rotterdam, aan de zijde van het Grote Kerkplein

Op de voorgrond de (Binnen) Rotte. Wellicht zijn deze tekening en zijn pendant (cat. no. 54) gemaakt voor het stadsbestuur van Rotterdam. Ze zijn beide oud bezit van de Gemeentelijke Archiefdienst.

Rotterdam, Gemeentelijke Archiefdienst

Jan Abrahamsz. Beerstraaten (Amsterdam 1622-1666 Amsterdam)

Cat. no. 53
The Grote Kerk, or Sint Laurenskerk in Rotterdam, along the Grote Kerkplein

In the foreground we see the (Binnen-) Rotte. Perhaps this drawing and its companion piece (cat. no. 54) were made for the city of Rotterdam. Both have long been kept in the municipal archives of Rotterdam.

Rotterdam, Gemeentelijke Archiefdienst

Cat. no. 54
De Grote of Sint Laurenskerk te Rotterdam, aan de zijde van de Riviervismarkt

Op de voorgrond de (Binnen) Rotte. De tekening is de pendant van cat. no. 53.

Rotterdam, Gemeentelijke Archiefdienst

Cat. no. 54
The Grote Kerk, or Sint Laurenskerk in Rotterdam, along the River-Fish Market

In the foreground the (Binnen-) Rotte. The drawing is a companion piece of cat. no. 53.

Rotterdam, Gemeentelijke Archiefdienst

Cat. no. 52
Penseel in kleur (dekverf),
206 x 308 mm.

Brush in colour
(body-colour),
206 x 308 mm.

Cat. no. 53
Potlood, penseel in grijs,
270 x 430 mm.

Pencil, brush and grey ink,
270 x 430 mm.

Cat. no. 54
Potlood, penseel in grijs,
298 x 460 mm.
Gesign.: Beerestraaten (in
latere hand opgewerkt?)

Pencil, grey wash,
298 x 460 mm.
Signed: Beerestraaten
(reinforced in a later hand?)

Gerrit Adriaensz. Berckheyde (Haarlem 1638-1698 Haarlem)

Cat. no. 55
De Grote Markt met de Sint Bavokerk te Haarlem, 1670-'75

Links vooraan de hoek van het stadhuis, in het verschiet de toren van de Bakenesserkerk.
Dit blad is een nauwkeurige voortekening voor het hier eveneens getoonde schilderij in Brussel (cat. no. 102), waarop alleen de figuren zijn veranderd en de voorstelling naar links en naar rechts is verbreed.

Haarlem, Teylers Museum

Pieter van den Berge (Amsterdam 1659-1737 Amsterdam)

Cat. no. 56
De zeevismarkt op de Dam te Amsterdam, omstreeks 1700

De vismarkt bevond zich vanouds op de Dam aan het Damrak (zie cat. no. 32).
Links het Huis onder 't Zeil, een blok huizen uit 1599 dat tot 1912 midden op de Dam heeft gestaan. Op de achtergrond het stadhuis, daarvóór de Waag (zie cat. no. 62).
De tekening behoort tot een serie van twaalf Amsterdamse stadsgezichten, die de maanden voorstellen. De tentoongestelde tekening verbeeldt maart. De verdeling in ruiten wijst erop dat de tekenaar de bedoeling had de bladen in prent te brengen, bijvoorbeeld voor een almanak of kalender.
De tekening heeft het opschrift: 'MARTIUS – gesicht van de zeevismarkt en afslagh, na het Stathuys en Waagh te zien – P v d Berge fecit'.

Lit.: C. C. G. Quarles van Ufford, 'Amsterdamse kalenderbladen van Pieter van den Berge' in: *Jaarboek Amstelodamum*, 58 (1966), 101-116; idem, 'Amsterdamse kalenderbladen, een aanvulling' in: *Maandblad Amstelodamum*, 57 (1970), 135-137

Amsterdam, Gemeentearchief

Gerrit Adriaensz. Berckheyde (Haarlem 1638-1698 Haarlem)

Cat. no. 55
The Grote Markt with the Sint Bavokerk in Haarlem, 1670-'75

In the left foreground we see a corner of the town hall, in the distance the tower of the Bakenesserkerk. This sheet is an accurate preliminary drawing for the painting in Brussels, also shown here (cat. no. 102), in which only the figures have been altered, while the scene has been broadened to the left and right.

Haarlem, Teylers Museum

Pieter van den Berge (Amsterdam 1659-1737 Amsterdam

Cat. no. 56
The Sea-Fish Market on the Dam in Amsterdam, c. 1700

The fish market was traditionally held on the Dam along the Damrak (see cat. no. 32). On the left the Huis onder 't Zeil, a block of houses which stood in the middle of the Dam square from 1599 to 1912. In the background the town hall, half hidden by the weigh-house (see cat. no. 62). This drawing is one of a series of twelve views of Amsterdam representing the months of the year. The exhibited drawing portrays March. The division into squares suggests that the artist intended to reproduce the sheets as prints, for instance for an almanac or calendar.
The inscription on the drawing reads, in translation: 'MARTIUS – view of the sea-fish market and auction, by the Town Hall and Weigh-house P v d Berge fecit'.

Lit.: C. C. G. Quarles van Ufford, 'Amsterdamse kalenderbladen van Pieter van den Berge' in: *Jaarboek Amstelodamum*, 58 (1966), 101-116; idem, 'Amsterdamse kalenderbladen, een aanvulling' in: *Maandblad Amstelodamum*, 57 (1970), 135-137

Amsterdam, Gemeentearchief

Cat. no. 55
Zwart krijt, penseel in grijs,
388 x 357 mm.

Black chalk, grey wash,
388 x 357 mm.

Cat. no. 56
Pen in bruin, penseel in
kleur, 244 x 326 mm.

Pen and brown ink,
watercolour, 244 x 326 mm.

Jan de Bisschop (Amsterdam 1628-1671 's-Gravenhage)

Cat. no. 57
Buiten de Schiedamse Poort te Delft

Rechts achter de poort is de Rotterdamse Poort zichtbaar. Links vooraan de Bourgognetoren, rechts de Stadskolk of Waal.

Amsterdam, Amsterdams Historisch Museum

Cat. no. 58
Het Hoge Zand te 's-Gravenhage

De tekenaar stond op de hoek van de Brouwersgracht. Op de achtergrond staat de Nieuwe Kerk. De Bisschop heeft heel wat boekjes volgetekend met gezichten in stad en land. In snelle streken en toetsen suggereert hij daarin een krachtige, zuidelijk aandoende lichtval, waarmee hij tegelijk de vormen aangeeft.
Op de achterzijde staat het opschrift: 'Inde Haegh achter de nieuwe brouwery'.

's-Gravenhage, Gemeentearchief

Gerard Ter Borch (Zwolle 1617-1681 Deventer)

Cat. no. 59
Groentemarkt op de Grote Markt te Haarlem, omstreeks 1635-'40

Links het stadhuis.
Deze tekening behoort tot een groepje Haarlemse markttaferelen dat gedateerd kan worden in en kort na het jaar 1634, toen Ter Borch in Haarlem kwam wonen.

Lit.: Gudlaugsson, 26

Haarlem, Teylers Museum

Jan de Bisschop (Amsterdam 1628-1671 The Hague)

Cat. no. 57
Outside the Schiedamse Poort in Delft

On the right, behind the gate, the Rotterdamse Poort is visible. In the left foreground the Bourgognetoren, on the right the Stadskolk or Waal.

Amsterdam, Amsterdams Historisch Museum

Cat. no. 58
The Hoge Zand in The Hague

The artist stood on the corner of the Brouwersgracht. The Nieuwe Kerk is visible in the background. De Bisschop filled several sketchbooks with town and country views. In swift, bold strokes and touches he evokes an intense, southern light, with which he also indicates the forms. The inscription on the reverse reads, in translation: 'In The Hague behind the new brewery'.

The Hague, Gemeentearchief

Gerard Ter Borch (Zwolle 1617-1681 Deventer)

Cat. no. 59
Vegetable Market on the Grote Markt in Haarlem, *c.* 1635-'40

On the left we see the town hall.
This drawing belongs to a group of Haarlem market scenes which may be dated in and shortly after 1634, the year in which Ter Borch settled in Haarlem.

Lit.: Gudlaugsson, 26

Haarlem, Teylers Museum

Cat. no. 57
Pen en penseel in bruin,
95 x 160 mm.

Pen and brown ink, brown
wash, 95 x 160 mm.

Cat. no. 58
Pen en penseel in bruin,
98 x 154 mm.

Pen and brown ink, brown
wash, 98 x 154 mm.

Cat. no. 59
Zwart krijt, penseel in grijs,
185 x 275 mm.

Black chalk, grey wash,
185 x 275 mm.

Jan van Call (Nijmegen 1656-1703 's-Gravenhage)

Cat. no. 60
Het Diaconieweeshuis aan de Amstel te Amsterdam, omstreeks 1690

Links de brug voor de Zwanenburgwal, op de hoek van de Amstel het Diaconieweeshuis, daarachter de classicistische gevels van de herenhuizen tussen Zwanenburgerstraat en Amstel.
Het Diaconieweeshuis was gebouwd in 1656/7. In de 19de eeuw is het afgebroken en vervangen door het gebouw dat er nu (nog) staat. Ook de hele huizenrij aan de Zwanenburgerstraat is in de 19de eeuw al afgebroken.
Van Call had een uitgesproken voorkeur voor de classicistische architectuur, waarvan de rechtlijnigheid beantwoordde aan zijn strakke manier van tekenen.

Amsterdam, Verzameling Mr. Chr. P. van Eeghen

Aelbert Cuyp (Dordrecht 1620-1691 Dordrecht)

Cat. no. 61
Gezicht op Dordrecht en de rivier De Merwede

Links de Groothoofdspoort, rechts daarachter de Grote Kerk; de 'in het water' geschetste huizen zijn het vervolg van de bebouwing links.
Cuyp heeft deze voorstelling bijna letterlijk overgenomen op een schilderij (Bedford Estates, Engeland).
Midden boven staat in latere hand het opschrift: 'Dordrecht'. Links onder, eveneens in latere hand: 'A: Cuyp fecit'.

Amsterdam, Rijksprentenkabinet, Rijksmuseum

Jan van Call (Nijmegen 1656-1703 The Hague)

Cat. no. 60
The Diaconie Orphanage on the Amstel in Amsterdam, c. 1690

On the left the bridge in front of the Zwanenburgwal; on the corner of the Amstel we see the Diaconie Orphanage, behind it the Classicist gables of the patrician houses between the Zwanenburgerstraat and the Amstel.
The Diaconie Orphanage was built in 1656/7. It was torn down in the nineteenth century to make way for the building that stands there today. The row of houses on the Zwanenburgerstraat was also razed in the course of the nineteenth century.
Van Call was especially fond of Classicist architecture, to which his taut manner of drawing was well suited.

Amsterdam, Collection Mr. Chr. P. van Eeghen

Aelbert Cuyp (Dordrecht 1620-1691 Dordrecht)

Cat. no. 61
View of Dordrecht and the River De Merwede

On the left the Groothoofdspoort, behind it to the right the Grote Kerk; the houses sketched 'in the water' continue the line of buildings on the left.
Cuyp used this scene, virtually unchanged, for a painting (Bedford Estates, England).
In the upper middle, an inscription in a later hand, reads: 'Dordrecht'. In the lower left, also in a later hand: 'A Cuyp: fecit'.

Amsterdam, Rijksprentenkabinet, Rijksmuseum

Cat. no. 60
Pen in bruin, penseel in kleur, 240 x 345 mm.

Pen and brown ink, watercolour, 240 x 345 mm.

Cat. no. 61
Zwart krijt, penseel in grijs, 185 x 459 mm.

Black chalk, grey wash, 185 x 459 mm.

Lambert Doomer (Amsterdam 1624-1700 Amsterdam)

Cat. no. 62
De Dam te Amsterdam omstreeks 1640-'45 ?

Links het oude stadhuis, in het midden de Waag; rechts rijst achter het Damrak de toren van de Oude Kerk op. Doomer heeft de Waag, gebouwd in 1565/6, in de ranke Hollandse renaissancestijl, een fortachtig uiterlijk gegeven, door hem vierkant te maken en de hoge smalle vensters te vervangen door een groot aantal kleinere.
De oosterlingen zijn kennelijk kooplieden. Ze komen vaak voor op afbeeldingen van de Dam en van de koopmansbeurs op het Rokin. Ook Rembrandt, Doomers leermeester, heeft ze getekend. Schulz beschouwt de tekening als een herhaling uit de jaren '70 van een veel oudere tekening (het oude stadhuis brandde af in 1652).

Lit.: Schulz, 1972, 324-326, no. 213; Schulz, 1974, 72, no. 141

Amsterdam, Verzameling Mr. Chr. P. van Eeghen

Lambert Doomer (Amsterdam 1624-1700 Amsterdam)

Cat. no. 62
The Dam in Amsterdam, *c.* 1640-'45 ?

On the left the old town hall, in the centre the weigh-house; on the right, behind the Damrak, the tower of the Oude Kerk. Doomer has given the weigh-house, built in 1565/6 in the elegant Dutch Renaissance style, a fortress-like appearance, by making it square and by replacing the high narrow windows by several small ones.
The oriental figures are apparently merchants. Foreigners often occur in representations of the Dam and the Exchange on the Rokin. Rembrandt, Doomer's teacher, also drew such figures. Schulz considers the sheet as a repetition, in the 1670s, of a much older drawing (the old town hall burned down in 1652).

Lit.: Schulz, 1972, 324-326, no. 213; Schulz, 1974, 72, no. 141

Amsterdam, Collection Mr. Chr. P. van Eeghen

Gerbrand van den Eeckhout (Amsterdam 1621-1674 Amsterdam)

Cat. no. 63
De Haarlemmerpoort te Amsterdam, 1660-'70

De Haarlemmerpoort, gebouwd in 1615 door Hendrick de Keyser, stond tot 1837 ongeveer op de plaats van de tegenwoordige Haarlemmer- of Willemspoort. Het was de eerste en de meest monumentale van de reeks poorten in de grote 17de-eeuwse stadsuitbreiding. De kunstenaar stond op de Singelgracht en keek langs de buitenpoort en de twee ophaalbruggen naar het hoofdgebouw. De brug op de voorgrond hoort niet bij het poortcomplex.
De tekening behoort tot een kleine groep geaquarelleerde pentekeningen die gewoonlijk gedateerd worden in 1660-'65.

Haarlem, Teylers Museum

Gerbrand van den Eeckhout (Amsterdam 1621-1674 Amsterdam)

Cat. no. 63
The Haarlemmerpoort in Amsterdam, 1660-'70

The Haarlemmerpoort, built in 1615 by Hendrick de Keyser, stood on the site now occupied by another Haarlemmerpoort, also known as the Willemspoort.
The original building was demolished in 1837. It was the first and most monumental city gate to be built in the chain of seventeenth-century extensions to the city. The artist stood on the Singelgracht, and looked past the outer gate and the two drawbridges towards the main building. The bridge in the foreground is not part of the gate complex.
The drawing is one of a small group of pen drawings which are generally dated in 1660-'65.

Haarlem, Teylers Museum

Cat. no. 62
Pen in bruin, penseel in grijs
en bruin, 236 x 402 mm.
Gesign.: L. Doomer fecit

Pen and brush with brown
and grey ink, 236 x 402 mm.
Signed: L. Doomer fecit

Cat. no. 63
Pen in bruin, penseel in
kleur, 190 x 285 mm.

Pen and brown ink,
watercolour, 190 x 285 mm.

Govert Flinck (Kleef 1615-1660 Amsterdam)

Cat. no. 64

De Zwanenburgwal en de Sint Anthoniessluis te Amsterdam, omstreeks 1642

Rechts om de hoek bij de Sint Anthoniessluis, in een van de eerste huizen van de Jodenbreestraat, woonde Rembrandt van 1639 tot 1658.
In het British Museum bevindt zich een tweede tekening van Flinck in zeer verwante stijl, gesigneerd en gedateerd 1642. Omstreeks deze tijd zal ook dit blad ontstaan zijn. Afgezien van het kleurgebruik, doet de tekening denken aan de vroege landschappen van Rembrandt.

Londen, The Trustees of the British Museum

Govert Flinck (Kleef 1615-1660 Amsterdam)

Cat. no. 64

The Zwanenburgwal and the Sint Anthoniessluis in Amsterdam, c. 1642

One of the first houses on the Jodenbreestraat, on the right by the lock known as the Sint Anthoniessluis, was the home of Rembrandt from 1639 to 1658.
There is a second drawing by Flinck, in a closely related style, in the British Museum, signed and dated 1642. The sheet exhibited here is probably of more of less the same date. Apart from the colouring, the drawing recalls the early landscapes of Rembrandt.

London, The Trustees of the British Museum

Jan van Goyen (Leiden 1596-1656 's-Gravenhage)

Cat. no. 65

De Oude Schans met de Montelbaanstoren te Amsterdam, 1651

Rechts de Montelbaanstoren, meer op de achtergrond de Zuiderkerk. Dit is een blad uit een schetsboekje van Van Goyen met herinneringen aan twee reizen: een reis in 1650 langs de grote rivieren en een in 1651 naar Haarlem en Amsterdam. Het blad is al vroeg uit het boekje losgemaakt. Het nog bijna complete bandje is in deze eeuw uit elkaar genomen en later in gedeelten verkocht. Op de achterzijde staat een gezicht op het IJ (?).

Lit.: Beck, 1, 285 e.v., no. 847/166 + 167

Amsterdam, Rijksprentenkabinet, Rijksmuseum

Jan van Goyen (Leiden 1596-1656 The Hague)

Cat. no. 65

The Oude Schans with the Montelbaanstoren in Amsterdam, 1651

On the right the Montelbaanstoren, further in the background the Zuiderkerk.
This sheet comes from a sketchbook by van Goyen containing travel sketches made on two journeys: one in 1650 along the main rivers of the Netherlands, and another the following year to Haarlem and Amsterdam. This sheet was removed from the booklet long ago. In this century the sketchbook, still virtually complete, was taken apart, the sheets being sold separately. On the reverse, a view of a wide expanse of water (the IJ-harbour?).

Lit.: Beck, 1, 285 ff., no. 847/166 + 167

Amsterdam, Rijksprentenkabinet, Rijksmuseum

Cat. no. 64
Zwart krijt, pen in bruin, penseel in grijs, bruin, groen en rood, 158 x 255 mm.

Black chalk, pen and brown ink, brown, green and red washes, 158 x 255 mm.

Cat. no. 65
Zwart krijt, penseel in grijs, 97 x 156 mm.

Black chalk, grey wash, 97 x 156 mm.

Jan van Goyen (Leiden 1596-1656 's-Gravenhage)

Cat. no. 66
De Oude Gracht te Utrecht, omstreeks 1650/51

Links het huis Fresenburch, rechts het huis Oudaen.
Deze tekening heeft, evenals cat. no. 65 oorspronkelijk behoord tot een boekje met reisschetsen.
Beck dateert de tekening omstreeks 1650/51.

Lit.: Beck, 1, no. 680

Rotterdam, Museum Boymans-Van Beuningen

Jan van der Heyden (Gorinchem 1637-1712 Amsterdam)

Cat. no. 67
Huizen aan de Gravenstraat (?) te Amsterdam, na een brand

Het ging de tekenaar-brandmeester hier om de ruïne van het uitgebrande huis, dat blijkens het uithangbord een school herbergde, maar ook de andere huizen heeft hij met grote aandacht getekend.
Straten als deze, waar handwerkers en winkeliers woonden en werkten, zijn in de 17de eeuw heel weinig uitgebeeld.
Bijna alle bekende tekeningen van Van der Heyden zijn gemaakt als documentatiemateriaal over branden en blussen. Deze is echter niet gebruikt voor het Brandspuitenboek (cat. no. 49).

Lit.: Wagner, 1970, 146-147

Amsterdam, Gemeentearchief

Jan van Goyen (Leiden 1596-1656 The Hague)

Cat. no. 66
The Oude Gracht in Utrecht, c. 1650/51

On the left the house Fresenburch, on the right the house Oudean. Like cat. no. 65 this drawing originally formed part of a small book with travel sketches. Beck dates the drawing around 1650/51.

Lit.: Beck, 1, no. 680

Rotterdam, Museum Boymans-Van Beuningen

Jan van der Heyden (Gorinchem 1637-1712 Amsterdam)

Cat. no. 67
Houses in the Gravenstraat (?) in Amsterdam, after a fire

The main concern of the artist, who was also chief of the fire-brigade, was to portray the ruins of the burned-out building which, according to a signboard was a school, but he drew the other houses in the scene with the same attention to detail.
Streets such as this one, where artisans and shopkeepers lived and worked, were very seldom portrayed in the seventeenth century.
Nearly all the surviving drawings of van der Heyden were made to document fires and methods of extinguishing them. This one, however, was not included in his fire-hose book (cat. no. 49).

Lit.: Wagner, 1970, 146-147

Amsterdam, Gemeentearchief

Cat. no. 66
Zwart krijt, penseel in grijs,
105 x 161 mm.

Black chalk, grey wash,
105 x 161 mm.

Cat. no. 67
Zwart krijt, penseel in grijs,
370 x 229 mm.

Black chalk, brush and grey ink, 370 x 229 mm.

Constantijn Huygens jr. ('s-Gravenhage 1628-1697 's-Gravenhage)

Cat. no. 68★
Panorama van 's-Gravenhage, 1665

De tekenaar stond op de toren van de Grote of Sint Jacobskerk en keek over het paleis Noordeinde in de richting van de zee. Links de Prinsessetuin, uiterst rechts de Kloosterkerk.
Op de tekening staat: 'Van Haegschen Toren: 9 Jun.1665' en op de achterzijde: '10 Jun.1665'.

Lit.: Cat. tent., *Landscape in Flemish and Dutch Drawings of the 17th Century from Brussels,* Manchester, Whitworth Art Gallery 1976, no. 78

Brussel, Koninklijke Musea voor Schone Kunsten van België; verzameling De Grez

Constantijn Huygens Jr (The Hague 1628-1697 The Hague)

Cat. no. 68★
Panorama of The Hague, 1665

The artist stood on the tower of the Grote Kerk, or Sint Jacobskerk, and looked over the Noordeinde Palace towards the sea. On the left the Prinsessetuin, on the extreme right the Kloosterkerk.
An inscription on the upper right reads, in translation: 'From the Hague Tower: 9 Jun. 1665', and another on the reverse: '10 Jun. 1665'.

Lit.: Exhibition Catalogue, *Landscape in Flemish and Dutch Drawings of the 17th Century from Brussels,* Manchester, Whitworth Art Gallery 1976, no. 78

Brussels, Koninklijke Musea voor Schone Kunsten van België; Collection De Grez

Valentijn Klotz (Maastricht? omstreeks 1645-1721 's-Gravenhage)

Cat. no. 69
Gezicht op Grave, 1675

Rechts de Elisabethskerk, op de achtergrond de kapel van het voormalige Franciscanessen klooster, later Gereformeerde kerk. Klotz was officier in het leger van stadhouder-koning Willem III, dat sinds 1672 vocht tegen de Fransen onder Lodewijk XIV. Uit andere tekeningen van Klotz en zijn collega Josua de Grave blijkt dat de stad Grave kort tevoren zeer zwaar geleden had tijdens het beleg van de Staatse troepen. Blijkbaar is het hier afgebeelde stadsdeel redelijk gespaard gebleven.
Op de tekening staat links boven: 'Tot Grave den 27 Nov. 1675' en in latere hand: '65'.

's-Hertogenbosch, Bibliotheek en Prentenkabinet van het Provinciaal Genootschap van Kunsten en Wetenschappen in Noord-Brabant

Valentijn Klotz (Maastricht? c. 1645-1721 The Hague)

Cat. no. 69
View of Grave, 1675

On the right the Elisabethskerk, in the background the chapel of the former Franciscan Convent, which later became a Reformed church. Klotz was an officer in the army of Stadholder-King Willem III, which had been fighting the French under Louis XIV since 1672. Other drawings by Klotz and his colleague Josua de Grave show that the town of Grave must have suffered heavily during the siege. Apparently the part of the town represented here was largely spared.
An inscription in the upper left of the drawing reads: 'Tot Grave den 27 Nov. 1675', and in a later hand: '65'.

's-Hertogenbosch, Bibliotheek en Prentenkabinet van het Provinciaal Genootschap van Kunsten en Wetenschappen in Noord-Brabant

Cat. no. 68
Pen in bruin, penseel in kleur, 259 x 393 mm.

Pen and brown ink, watercolour, 259 x 393 mm.

Cat. no. 69
Pen in bruin, penseel in grijs, 151 x 198 mm.

Pen and brown ink, brush and grey ink, 151 x 198 mm.

Valentijn Klotz (Maastricht? omstreeks 1645-1721 's-Gravenhage)

Cat. no. 70
De Wouwse Poort te Bergen op Zoom, 1672 (?)

Door de vervallen oude poort kijken we in de Wouwse Straat. Links achter de torens van de Grote Kerk. Deze tekening wordt, evenals de vorige, ook wel aan Josua de Grave toegeschreven. In het Rijksprentenkabinet te Amsterdam bevindt zich een tweede (latere) versie, met de signatuur: Valentinus Klotz. Een derde exemplaar is eveneens in 's-Hertogenbosch.
Op de achterzijde staat in latere hand: 'De wouwze Poort te Bergen op Zoom A⁰ 16 ¹/₁₀ 72'.

Lit.: Van Mosselveld en Van Ham, 82-84

's-Hertogenbosch, Bibliotheek en Prentenkabinet van het Provinciaal Genootschap van Kunsten en Wetenschappen in Noord-Brabant

Johannes Leupenius (Amsterdam 1647-1693 Amsterdam)

Cat. no. 71
De Kloveniersburgwal met de Kloveniersdoelen, 1660-'70

De Kloveniersburgwal is in de 15de eeuw gegraven als singelgracht. Op de hoek bij de Amstel stond de vestingtoren Swych Utrecht, die al spoedig de zetel werd van de kloveniers (schutters). Het complex is afgebroken in 1882.
Rembrandt heeft vanaf hetzelfde punt de Kloveniersdoelen getekend, maar dan als op zichzelf staand middeleeuws monument.
De manier waarop Leupenius het landschappelijk karakter van de dichtbeboomde gracht beklemtoont doet meer denken aan Rembrandts *Gracht in Amersfoort* (zie p. 139, afb. 4).
De tekening is waarschijnlijk gemaakt in de jaren dat Leupenius onder Rembrandts directe invloed stond. Hij werd vroeger aan Jan Lievens toegeschreven.
Op de tekening staat links boven: 'colveniers doele'.

Amsterdam, Gemeentearchief

Valentijn Klotz (Maastricht ? c. 1645-1721 The Hague)

Cat. no. 70
The Wouwse Poort in Bergen op Zoom, 1672 (?)

We look past the dilapidated old city gate into the Wouwse straat. In the left background, the tower of the Grote Kerk. This drawing, like the previous one, is sometimes attributed to Josua de Grave. A second (later) version is in the Rijksprentenkabinet in Amsterdam; it is signed: Valentinus Klotz. A third version is kept, like this one, in 's-Hertogenbosch. The inscription on the reverse, in a later hand, reads: 'De wouw-ze Poort te Bergen op Zoom A⁰ 16 ¹/₁₀ 72'.

Lit.: Van Mosselveld and Van Ham, 82-84

's-Hertogenbosch, Bibliotheek en Prentenkabinet van het Provinciaal Genootschap van Kunsten en Wetenschappen in Noord-Brabant

Johannes Leupenius (Amsterdam 1647-1693 Amsterdam)

Cat. no. 71
The Kloveniersburgwal with the Kloveniersdoelen, 1660-'70

The Kloveniersburgwal was dug in the fifteenth century as a moat. On the corner of the Amstel stood the fortress tower Swych Utrecht, which was soon converted into the Kloveniersdoelen, headquarters of the militia. The building was demolished in 1882.
Rembrandt drew the Kloveniersdoelen from the same point of view, although he portrayed it as an isolated medieval monument.
The way in which Leupenius accentuates the rural aspect of the three-lined canal is reminiscent of Rembrandt's *Canal in Amersfoort* (see p. 139, fig. 4). The drawing was probably made during the years when Leupenius was under the direct influence of Rembrandt. It was at one time attributed to Jan Lievens.
The inscription in the upper left reads: 'colveniers doele'.

Amsterdam, Gemeentearchief

Cat. no. 70
Pen in bruin, penseel in grijs,
154 x 201 mm.

Pen and brown ink, brush
and grey ink, 154 x 201 mm.

Cat. no. 71
Sporen van zwart krijt, pen
en penseel in bruin,
160 x 262 mm.

Traces of black chalk, pen,
brush and brown ink,
160 x 262 mm.

Isaac de Moucheron (Amsterdam 1667-1744 Amsterdam)

Cat. no. 72
De Keizersgracht te Amsterdam, omstreeks 1700

De tekenaar stond ter hoogte van de Westermarkt en keek naar het Noorden.
De boom op de voorgrond lijkt weinig op de bomen met stam en kruin die er in werkelijkheid stonden. Deze decoratieve toevoeging geeft het geheel het karakter van een parklandschap.

Amsterdam, Gemeentearchief

Isaac de Moucheron (Amsterdam 1667-1744 Amsterdam)

Cat. no. 72
The Keizersgracht in Amsterdam, *c.* 1700

The artist stood on the Westermarkt, facing north. The tree in the foreground is rather different from the trees with tall trunks and leafy crowns that stood there.
This decorative addition gives the scene as a whole the nature of a park landscape.

Amsterdam, Gemeentearchief

Reinier Nooms, bijgenaamd Zeeman, (Amsterdam omstreeks 1623-vóór 1667 Amsterdam)

Cat. no. 73
De achterzijde van het oude stadhuis van Amsterdam, 1643

De tekening geeft de toestand van het terrein tussen de Nieuwezijds Voorburgwal en het middeleeuwse stadhuis aan de Dam weer, tijdens de massale afbraak van alle opstallen ten behoeve van de bouw van een nieuw stadhuis door Jacob van Campen, waarvoor in 1648 de eerste paal werd geslagen.
De afbraak, de bouw van het nieuwe stadhuis en de brand van het oude gebouw in 1652 zijn door veel kunstenaars vastgelegd.
Zeeman, op wiens naam deze tekening traditioneel staat, heeft ook een ets gemaakt van de ruïne van het oude stadhuis.
Rechts onder staat in 17de-eeuwse hand: 'het oude Stathuis van achteren 1643'.

Hamburg, Hamburger Kunsthalle

Reinier Nooms, also known as Zeeman, (Amsterdam *c.* 1623-before 1667 Amsterdam)

Cat. no. 73
View of the Rear of the Old Town Hall of Amsterdam, 1643

The drawing portrays the site between the Nieuwezijds Voorburgwal and the medieval town hall on the Dam, during the clearance of the area for the construction of a new town hall designed by Jacob van Campen. The first pile was sunk in 1648.
The demolition of the medieval buildings, the construction of the new town hall, and the fire in the old building in 1652, were portrayed by many artists.
Zeeman, to whom this drawing has traditionally been attributed, also made an etching of the ruins of the old town hall.
The inscription on the lower right, in a seventeenth-century hand reads, in translation: 'the old Town Hall from the rear 1643'.

Hamburg, Hamburger Kunsthalle

Cat. no. 72
Pen in grijs, penseel in kleur,
270 x 357 mm.

Pen and grey ink,
watercolour, 270 x 357 mm.

Cat. no. 73
Zwart krijt, penseel in grijs,
211 x 395 mm.

Black chalk, grey wash,
211 x 395 mm.

Rembrandt (Leiden 1606-1669 Amsterdam)

Cat. no. 74*
De Montelbaanstoren te Amsterdam, omstreeks 1645

De toren op de hoek van de Oude Schans is een overblijfsel van de middeleeuwse vestingwerken. In 1606 werd hij omgebouwd tot klokketoren, met een nieuwe spits van Hendrick de Keyser. Rembrandt liet deze latere toevoeging weg.
In dezelfde tijd tekende hij ook de voormalige vestingtoren Swych Utrecht zonder het – in dit geval wél oude – spitsdak.
Muurwerk en een palissade op de achtergrond – vóór het schip – doen vermoeden dat de tekening is ontstaan in de korte periode tussen de aanplemping in 1644 en de bebouwing van het Nieuwe of Waalseiland. Het blad is aan drie zijden met stroken papier vergroot.

Lit.: J. P. Filedt Kok, *Rembrandt Etchings and Drawings in the Rembrandt House*, Maarssen 1972, 22, no. V

Amsterdam, Museum 'Het Rembrandthuis'

Rembrandt (Leiden 1606-1669 Amsterdam)

Cat. no. 74*
The Montelbaanstoren in Amsterdam, *c.* 1645

The tower on the corner of the Oude Schans is a remainder of the medieval fortifications of the city. In 1606 it was converted into a belfry tower, with a new spire by Hendrick de Keyser. Rembrandt omitted this 'modern' addition to the building. It was in this period, too, that he drew the former fortress tower Swych Utrecht, leaving out the pointed roof, although in this case it was one of the original features. The walling and a palisade in the background, in front of the ship, suggest that the drawing must have been made in the short time between the reinforcement of the bank in 1644, and the construction of the houses on the Nieuwe or Waalseiland. The sheet is enlarged on three sides with strips of paper.

Lit.: J. P. Filedt Kok, *Rembrandt Etchings and Drawings in the Rembrandt House*, Maarssen 1972, 22, no. V

Amsterdam, Museum 'Het Rembrandthuis'

Cat. no. 75
De Nieuwezijds Voorburgwal te Amsterdam

De brug is de Weessluis, die de Sint Luciënsteeg met de Rosmarijnsteeg verbond. Deze stenen brug is zeer waarschijnlijk gebouwd in 1657. Links is nog net de ingang te zien van de Begijnensloot, rechts het dichte geboomte van de Bloemmarkt en de Deventer Houtmarkt (nu postzegelmarkt).
Een schetsblad met bijna hetzelfde gezicht bevindt zich in het Suermondt-Museum te Aken. Beide bladen behoren tot een groep die gewoonlijk in zijn geheel wordt gedateerd in de jaren '40.
Als de brug inderdaad in 1657 is gebouwd, moet de datering echter opnieuw worden bezien.

Lit.: P. Schatborn, 'Schetsen van Rembrandt' in: *De Kroniek van het Rembrandthuis*, 28 (1976), 2

Amsterdam, Rijksprentenkabinet, Rijksmuseum

Cat. no. 75
The Nieuwezijds Voorburgwal in Amsterdam

The bridge shown here is the Weessluis, which linked the Sint Luciënsteeg with the Rosmarijnsteeg, and which was most probably built in 1657. On the left we can just see the entrance to the Begijnensloot, on the right the close-set trees of the flower market and the Deventer Houtmarkt (now stamp market). A sketch of nearly the same view is kept in the Suermondt Museum in Aachen. Both sheets belong to a group which is usually dated in the 1640s. But if the bridge was indeed built in 1657, the dating should be re-examined.

Lit.: P. Schatborn, 'Schetsen van Rembrandt' in: *De Kroniek van het Rembrandthuis*, 28 (1976), 2

Amsterdam, Rijksprentenkabinet, Rijksmuseum

Cat. no. 74
Rietpen en penseel in bruin, 145 x 144 mm.

Reed pen, brush and brown ink, 145 x 144 mm.

Cat. no. 75
Zwart krijt, 92 x 161 mm.
(Benesch 819, als niet gelocaliseerd)

Black chalk, 92 x 161 mm.
(Benesch 819, as unidentified)

Roelant Roghman (Amsterdam 1597-1686 Amsterdam)

Cat. no. 76
Het bolwerk bij de Oostpoort te Rotterdam

Links op de achtergrond het Gasthuistorentje, nog verder weg de toren van de Grote of Sint Laurenskerk.

Amsterdam, Rijksprentenkabinet, Rijksmuseum

Roelant Roghman (Amsterdam 1597-1686 Amsterdam)

Cat. no. 76
The Bulwark at the Oostpoort in Rotterdam

In the left background the Gasthuistorentje, further away in the distance the tower of the Grote Kerk or Sint Laurenskerk.

Amsterdam, Rijksprentenkabinet, Rijksmuseum

Jacob van Ruisdael (Haarlem omstreeks 1628/29-1682 Amsterdam)

Cat. no. 77
Panorama van Amsterdam, omstreeks 1650

Links de Haringpakkerstoren (op de hoek van het Singel bij de Haringpakkerij, nu Prins Hendrikkade), rechts de Oude Kerk en daarachter de Montelbaanstoren.
Het opschrift op de achterkant van de tekening geeft aan dat de tekening door Ruisdael gemaakt is op het dak van de Nieuwe Kerk, in de jaren dat deze gerestaureerd werd na de brand van 11 januari 1645.
In de literatuur over Ruisdael wordt gewoonlijk aangenomen dat hij stond op het dak van het nieuwe stadhuis, wat de tekening zou dateren ná omstreeks 1660, maar er is geen reden om aan de juistheid van de mededeling op de tekening zelf te twijfelen.
Later heeft Ruisdael dit thema verwerkt tot een schilderij (Part. verz. Engeland).
Op de achterkant van de tekening staat in 17de-eeuws schrift: 'getekent van t dack der verbrande Niwe Kerk tot Amsterdam naar t Y'.

Amsterdam, Rijksprentenkabinet, Rijksmuseum

Jacob van Ruisdael (Haarlem c. 1628/29-1682 Amsterdam)

Cat. no. 77
Panorama of Amsterdam, c. 1650

On the left the Haringpakkerstoren (on the corner of the Singel canal and next to the Herringpacker's quay, now known as the Prins Hendrikkade), on the right the Oude Kerk, behind it the Montelbaanstoren.
According to the inscription on the reverse of the sheet Ruisdael made the drawing on the roof of the Nieuwe Kerk, in the period when the church was being restored after the fire of January 11, 1645.
In the literature it is generally assumed that Ruisdael stood on the roof of the new town hall, in which case the drawing must be dated some time after 1660, but there is no reason to doubt the veracity of the statement on the drawing itself.
Later on, Ruisdael used this theme for a painting (Private collection, England).
The inscription on the reverse, in a seventeenth-century hand, reads, in translation: 'drawn from the roof of the burned Nieuwe Kerk in Amsterdam towards the IJ'.

Amsterdam, Rijksprentenkabinet, Rijksmuseum

Cat. no. 76
Penseel in grijs over zwart krijt, 187 x 297 mm.

Black chalk, brush and grey ink, 187 x 297 mm.

Cat. no. 77
Zwart krijt, penseel in grijs, 85 x 150 mm.

Black chalk, brush and grey ink, 85 x 150 mm.

Jacob van Ruisdael (Haarlem omstreeks 1628/29-1682 Amsterdam

Cat. no. 78
De Gasthuisstraat en de Grote of Sint Laurenskerk te Alkmaar, 1650-'60

De tekenaar stond op de brug over het Geestwater (nu de Geest). Het rechthoekige gebouwencomplex is het Middelbegijnhof.
De tekening draagt het opschrift: 'Ruisdael'.
Op de achterzijde staat in latere hand: 'Te Alkmaar agter de Groote Kerk'.

Londen, The Trustees of the British Museum

Cat. no. 79
De binnenplaats achter de Handboogdoelen te Amsterdam, na omstreeks 1670

Het gebouw met het torentje is de Handboogdoelen, gebouwd als oefen- en vergaderplaats voor de handboogschutters. In Ruisdaels tijd was het een deftige herberg geworden.
Links de zijgevel van het Artilleriehuis of Bushuis. In beide gebouwen is nu, na veel veranderingen, de Universiteitsbibliotheek gevestigd.
Ruisdael heeft zitten tekenen in een huis aan de Handboogstraat. Het uitspringende gebouwtje in de hoek links is waarschijnlijk gebouwd omstreeks 1670. De tekening zou dan van dezelfde tijd of later zijn.

Lit.: W. Stubbe, *Hundert Meisterzeichnungen aus der Hamburger Kunsthalle 1500-1800*, Hamburg 1967, 43

Hamburg, Hamburger Kunsthalle

Jacob van Ruisdael (Haarlem *c.* 1628/29-1682 Amsterdam)

Cat. no. 78
The Gasthuisstraat and the Grote Kerk or Sint Laurenskerk in Alkmaar, 1650-'60

The draughtsman stood on the bridge over the Geestwater (now the Geest). The rectangular building complex is the Middelbegijnhof.
The inscription reads: 'Ruisdael'.
On the reverse, in a later hand, in translation: 'At Alkmaar behind the Grote Kerk'.

London, The Trustees of the British Museum

Cat. no. 79
The Courtyard behind the Handboogdoelen in Amsterdam, after *c.* 1670

The building with the small tower is the Handboogdoelen, where the crossbowmen used to convene and practise their marksmanship, but it had been converted into a comfortable inn by the time Ruisdael made this drawing.
On the left the side façade of the Artilleriehuis, or Boshuis. The two buildings, thoroughly restored, now house the University Library.
Ruisdael made his drawing in a house in a neighbouring street, the Handboogstraat. The small building jutting out on the left corner was probably built around 1670. The sheet therefore probably dates from the same time or slightly later.

Lit.: W. Stubbe, *Hundert Meisterzeichnungen aus der Hamburger Kunsthalle 1500-1800*, Hamburg 1967, 43

Hamburg, Hamburger Kunsthalle

Cat. no. 78
Zwart krijt, grijs gewassen,
201 x 311 mm.

Black chalk, grey wash,
201 x 311 mm.

Cat. no. 79
Zwart krijt, penseel in grijs,
226 x 216 mm.

Black chalk, brush and grey
ink, 226 x 216 mm.

Pieter Jansz. Saenredam (Assendelft 1597-1665 Haarlem)

Cat. no. 80
De Grote Markt te Haarlem, 1629

Links de Hoofdwacht op de hoek van de Smedestraat. Het gekanteelde gebouw rechts is moeilijk te identificeren. Op de voorgrond rechts de vismarkt.
De tekening is ingelijmd in het album amicorum (vriendenboek of gastenboek) van de Leidse hoogleraar Petrus Scriverius.
Het blad is ontstaan kort nadat Saenredam de tekeningen maakte voor Samuel Ampzings *Beschryvinge ende lof der stad Haerlem in Holland* (cat. no. 40).

Lit.: Cat. tent. Saenredam, 135, no. 90

's-Gravenhage, Koninklijke Bibliotheek

Cat. no. 81
Profiel van 's-Hertogenbosch, 1632

De stad is gezien vanuit het Zuidwesten.
Op de voorgrond een zijarm van de Dommel, die samen met het uitspringende bolwerk een onderdeel van de verdediging van de stad vormde. Daarachter verrijst de stad met zijn vele kerken en molens, gedomineerd door de Sint Jan.
In latere hand staat op de tekening: 'shertogenbos'.

Lit.: Cat. tent. Saenredam, 139, no. 92

's-Hertogenbosch, Bibliotheek en Prentenkabinet van het Provinciaal Genootschap van Kunsten en Wetenschappen in Noord-Brabant

---

Pieter Jansz. Saenredam (Assendelft 1597-1665 Haarlem)

Cat. no. 80
The Grote Markt in Haarlem, 1629

On the left the Hoofdwacht on the corner of the Smedestraat.
The crenellated building on the right has not been positively identified. In the right foreground the fish market.
The drawing is pasted into the *album amicorum* (friends book or guests' book) of the Leiden professor Petrus Scriverius.
The sheet originated shortly after Saenredam made the drawings for Samuel Ampzing's *Beschryvinge ende lof der stad Haerlem in Holland* (cat. no. 40).

Lit.: Exhibition Catalogue Saenredam, 135, no. 90

The Hague, Koninklijke Bibliotheek

Cat. no. 81
Profile of 's-Hertogenbosch, 1632

The city is viewed from the south-west. In the foreground a tributary of the Dommel, which together with the protruding bulwark figured prominently in the city's defence system.
In the background rises the city with its many churches and windmills, dominated by the Sint Janskerk.
The inscription in a later hand reads: 'shertogenbos'.

Lit.: Exhibition Catalogue Saenredam, 139, no. 92

's-Hertogenbosch, Bibliotheek en Prentenkabinet van het Provinciaal Genootschap van Kunsten en Wetenschappen in Noord-Brabant

Cat. no. 80
Pen en penseel,
127 x 194 mm.
Gesign. en gedat.:
P. Saenredam. fecit. A⁰ 1629

Pen and brush,
127 x 194 mm.
Signed and dated:
P. Saenredam. fecit. A⁰ 1629

Cat. no. 81
Pen in bruin, penseel in rood
en bruin, 48 x 368 mm.
Gesign. en gedat.:
pʳ Saenredam 1632 den 7 Julij

Pen and brown ink,
watercolour, 48 x 368 mm.
Signed and dated:
pʳ Saenredam 1632 den 7 Julij

Pieter Jansz. Saenredam (Assendelft 1597-1665 Haarlem)

Cat. no. 82
De Oude Gracht met de Domtoren te Utrecht, 1636

Links het huis Keizerrijk, daarachter het in twee middeleeuwse panden gevestigde oude stadhuis. Rechts op de voorgrond de stadskraan.
Als stadgezicht is deze tekening, zonder enig groen of menselijk leven, een haast extreem voorbeeld van de pure architectuurrichting, waarvan Saenredam de grondlegger is geweest.

Lit.: Cat. tent. Saenredam, 168, no. 115

Utrecht, Gemeentelijke Archiefdienst, Topografische Atlas

Pieter Jansz. Saenredam (Assendelft 1597-1665 Haarlem)

Cat. no. 82
The Oude Gracht with the Domtoren in Utrecht, 1636

On the left the house Keizerrijk, behind it the two medieval buildings which served as the old town hall. In the right foreground the city crane. As a cityscape this drawing, in which there is no sign of human or plant life, is an extreme example of the purely architectural representation, which was developed as a genre especially by Saenredam.

Lit.: Exhibition Catalogue Saenredam, 168, no. 115

Utrecht, Gemeentelijke Archiefdienst, Topografische Atlas

Cat. no. 82
Pen in bruin en grijs, penseel in kleur, 512 x 385 mm.
Gesign. en gedat.: Pieter Saenredam fecit Int Jaer 1636. den 15. October dese binnen uijtrecht volteijckent

Pen, brown and grey ink, watercolour, 512 x 385 mm.
Signed and dated: Pieter Saenredam fecit Int Jaer 1636. den 15. October dese binnen uijtrecht volteijckent

Pieter Jansz. Saenredam (Assendelft 1597-1665 Haarlem)

Cat. no. 83
De Mariaplaats te Utrecht, 1636

Rechts de Mariakerk, links op de achtergrond de torens van de Buurkerk en de Dom. De figuren op de voorgrond zijn waarschijnlijk later toegevoegd, zoals op meer van zijn tekeningen.
In 1663 heeft Saenredam deze tekening gebruikt voor een schilderij met dezelfde voorstelling (zie p. 23, afb. 4). Daarop heeft hij het aanbouwsel voor de voorgevel van de Mariakerk weggelaten, evenals de twee meest rechtse bomen. Hierdoor is op het schilderij de architectuur van de kerk beter zichtbaar geworden.
Overigens kan men deze uitgewerkte en zorgvuldig ingekleurde tekening niet – zoals gewoonlijk gebeurt – een voorstudie of voortekening noemen voor een 27 jaar later ontstaan schilderij. Zonder twijfel is de tekening, evenals de vele andere uit de jaren 1630-'40, oorspronkelijk bedoeld als de definitieve versie.

Lit.: Cat. tent. Saenredam, 205, no. 144

Haarlem, Teylers Museum

Pieter Jansz. Saenredam (Assendelft 1597-1665 Haarlem)

Cat. no. 83
The Mariaplaats in Utrecht, 1636

On the right the Mariakerk, in the left background the towers of the Buurkerk and the Dom. As in several other drawings by Saenredam, the figures in the foreground were probably added at a later date.
In 1663 Saenredam used this drawing for a painting of the same scene (see p. 23, fig. 4). The small building adjoining the façade of the Mariakerk and the two trees on the extreme right have been omitted in the painting, giving us a better view of the architecture of the church.
The detailed and carefully coloured drawing cannot, however, be termed a study or preliminary drawing, since the painting was made twenty-seven years later. No doubt this sheet, like so many drawings Saenredam made in the 1630s, was originally intended as the definitive version.

Lit.: Exhibition Catalogue Saenredam, 205, no. 144

Haarlem, Teylers Museum

Herman Saftleven (Rotterdam 1609-1685 Utrecht)

Cat. no. 84
De ruïne van de Dom te Utrecht, 1674

De tekenaar keek uit het Westen langs de noordkant van de kerk; rechts de voet van de toren.
In de nacht van 1 op 2 augustus 1674 trok een verschrikkelijke orkaan over West-Nederland, die ook grote verwoestingen aanrichtte in de stad Utrecht. Het schip van de Dom, dat in die nacht instortte, is sindsdien niet meer opgebouwd.
Dit is de eerste van een reeks van twintig tekeningen van de ruïnes van de Dom en de Pieterskerk, die Saftleven in 1682 heeft voorzien van een titel en een register en daarna verkocht aan de stad.

Lit.: Cat. tent. De Dom in puin, no. 65

Utrecht, Gemeentelijke Archiefdienst, Topografische Atlas

Herman Saftleven (Rotterdam 1609-1685 Utrecht)

Cat. no. 84
The Ruins of the Dom in Utrecht, 1674

The draughtsman looked from the west past the north side of the church; on the right we see the foot of the tower. In the night of August 1, 1674, a terrible hurricane swept over the west of the Netherlands, causing great damage in the city of Utrecht. The nave of the Dom, which collapsed during the storm, was never rebuilt.
This is the first of a series of twenty drawings of the ruins of the Dom and the Pieterskerk, to which Saftleven gave a title and added an index before selling it to the city.

Lit.: Exhibition Catalogue De Dom in puin, no. 65

Utrecht, Gemeentelijke Archiefdienst, Topografische Atlas

Cat. no. 83
Pen in bruin en grijs, penseel in kleur, 349 x 500 mm.
Gesign. en gedat.: Pieter Saenredam fecit Int Jaer 1636, den 18en September naer 't leeven gedaen binnen uijttrecht

Pen, brown and grey ink, watercolour, 349 x 500 mm.
Signed and dated: Pieter Saenredam fecit Int Jaer 1636, den 18en September naer 't leeven gedaen binnen uijttrecht

Cat. no. 84
Zwart krijt, penseel in grijs en kleur, 245 x 419 mm.

Black chalk, grey and colour wash, 245 x 419 mm.

Karel Slabbaert (Zierikzee omstreeks 1609-1654 Middelburg)

Cat. no. 85
Schaatsen op het Galgewater te Leiden, 1640-'45

De kunstenaar stond bij de hoek van de Weddesteeg en keek in de richting van de Marekerk, waarvan de bouw begonnen was in 1639.
Rechts op de achtergrond staat de Vrouwenkerk.

Amsterdam, Rijksprentenkabinet, Rijksmuseum

Karel Slabbaert (Zierikzee c. 1609-1654 Middelburg)

Cat. no. 85
Skating on the Galgewater in Leiden, 1640-'45

The artist was standing on the corner of the Weddesteeg, facing the Marekerk, construction of which was begun in 1639. In the right background the Vrouwenkerk.

Amsterdam, Rijksprentenkabinet, Rijksmuseum

Pieter de la Tombe (Amsterdam? 1593-1677 Amsterdam)

Cat. no. 86
De Binnen-Amstel, 1624-'30

Rechts het Rondeel. Dit in 1535 gebouwde fort bewaakte oorspronkelijk het punt waar de Amstel de stad binnenkwam (nu staat daar het Hotel de l'Europe). Links de Munttoren (vgl. cat. no. 38) met daarnaast de in 1624 gebouwde 'Engelse' huizen. Het Rondeel is afgebroken in 1630/31.
In het begin van de 17de eeuw was dit middeleeuwse stukje stad een geliefd onderwerp bij schilders en tekenaars. Deze tekening is één van de zeer weinige gesigneerde stadsgezichten uit die tijd. Een tweede tekening (British Museum, Londen), die vanouds op zijn naam staat is hoogstwaarschijnlijk van een andere hand.

Londen, The Trustees of the British Museum

Pieter de la Tombe (Amsterdam? 1593-1677 Amsterdam)

Cat. no. 86
The Binnen-Amstel, 1624-'30

On the left the Rondeel. This fort, built in 1535, originally guarded the place where the river Amstel flowed into the city (Hotel de l'Europe now stands there). On the left the Munttoren (cf. cat. no. 38) flanked by the 'English' houses built in 1624. The Rondeel was demolished in 1630/31. This medieval part of the city was a favourite subject for painters and draughtsmen in the early seventeenth century.
This drawing is one of the very few signed cityscapes from that time. A second drawing (British Museum, London), which has traditionally been attributed to de la Tombe, was probably made by another artist.

London, The Trustees of the British Museum

Cat. no. 85
Zwart krijt, penseel in kleur, grafiet, 236 x 312 mm.
Gesign.: K. slabbaert

Black chalk, watercolour, graphite, 236 x 312 mm.
Signed: K. slabbaert

Cat. no. 86
Pen in bruin, penseel in kleur, 163 x 303 mm.
Gesign.: Platombe

Pen and brown ink, watercolour, 163 x 303 mm.
Signed: Platombe

Jacob van der Ulft (Gorinchem 1621-1689 Noordwijk)

Cat. no. 87
Vertrek van een deftig personage buiten de Waterpoort te Gorcum

De in 1642 gebouwde poort is afgebroken in de 19de eeuw. De gevel is daarna ingemetseld in de buitenmuur van het Rijksmuseum te Amsterdam. Achter de wal is het dak van het Tolhuis zichtbaar, dat nog steeds bestaat.
Wie deze hoge heer was is niet bekend, maar wellicht is de hele scène door Van der Ulft gefantaseerd, als een noordelijke variant op de taferelen in zuidelijke havens van schilders als Jan Asselijn en Adam Pijnacker.

Amsterdam, Amsterdams Historisch Museum

Jacob van der Ulft (Gorinchem 1621-1689 Noordwijk)

Cat. no. 87
The Departure of an Important Personage outside the Waterpoort in Gorcum

The gate, which was built in 1642, was demolished in the nineteenth century. The gable was preserved and placed in the outer wall of the Rijksmuseum in Amsterdam. Behind the rampart we can see the roof of the Tolhuis, which still stands today. We do not know who this grand personage is, and quite possibly the whole scene was invented by van der Ulft as a northern variant of the views of southern harbours by painters such as Jan Asselijn and Adam Pijnacker.

Amsterdam, Amsterdams Historisch Museum

Claes Jansz. Visscher (Amsterdam 1587-1652 Amsterdam)

Cat. no. 88
De Haringpakkerstoren te Amsterdam, 1611 (?)

De Haringpakkerstoren heette eigenlijk Heilig Kruistoren. Hij stond op de hoek van het Singel en de tegenwoordige Prins Hendrikkade en was in de 15de eeuw gebouwd als vestingtoren. Hij is afgebroken in 1829.
Met het opschrift van deze tekening is nogal geknoeid. Volgens 18de-eeuwse beschrijvingen was de tekening gedateerd 1611. De stijl is nauw verwant aan die van cat. no. 89.
Deze beide bladen hebben veel geleden en behoren niet tot Visschers boeiendste werk, maar ze geven een goede indruk van zijn tekenstijl enige jaren na de bekende groep landschappen uit 1607/08.
Op de achterzijde een tekening van het Rondeel en de Regulierspoort.
De tekening draagt opschriften in verschillende 17de-eeuwse en latere handen.

Lit.: Simon, no. 18

Amsterdam, Gemeentearchief

Claes Jansz. Visscher (Amsterdam 1587-1652 Amsterdam)

Cat. no. 88
The Haringpakkerstoren in Amsterdam, 1611 (?)

The Haringpakkerstoren, originally known as the Heilig Kruistoren, stood on the corner of the Singel and what is now the Prins Hendrikkade, and was built in the fifteenth century as a fortress tower. It was torn down in 1829.
The inscription on this drawing was altered several times. According to eighteenth-century descriptions the drawing was dated 1611. The style is closely related to that of cat. no. 89. Both sheets have suffered considerably, and neither of them are among Visscher's most interesting works, but they give a good impression of his style of drawing some years after the famous landscapes from 1607/08.
The reverse shows a drawing of the Rondeel and the Regulierspoort. The drawing is inscribed in several different hands, from the seventeenth century and later.

Lit.: Simon, no. 18

Amsterdam, Gemeentearchief

Cat. no. 87
Penseel in kleur (dekverf),
164 x 258 mm.
Gesign.: Jac vand ulft F

Brush and bodycolour,
164 x 258 mm.
Signed: Jac vand ulft F

Cat. no. 88
Pen in bruin, penseel in bruin
en blauwgrijs, 147 x 190 mm.

Pen and brush with brown
and blue ink, 147 x 190 mm.

Claes Jansz. Visscher (Amsterdam 1587-1652 Amsterdam)

Cat. no. 89
Het Karthuizer Klooster te Amsterdam, omstreeks 1610

De kunstenaar op de voorgrond zit op de hoek van de tegenwoordige Lindengracht en Lijnbaansgracht, die gegraven werden tijdens de stadsuitbreiding van 1610 en volgende jaren en die het klooster binnen de stad brachten.
Hij kijkt naar het Zuiden, langs de westelijke muur van het voormalige klooster, waar nu de Tichelstraat loopt.
Het opschrift luidt: 'Catuijsers buijten amsterdam om de west sijde' en in latere hand: '1667'.

Lit.: Cat. tent. *Kabinet van tekeningen*, Rotterdam-Parijs-Brussel 1976/77, no. 150

Amsterdam, Verzameling Mr. Chr. P. van Eeghen

Claes Jansz. Visscher (?) (Amsterdam 1587-1652 Amsterdam)

Cat. no. 90
Haarlem aan het Spaarne, 1610-'30

De tekenaar zat aan de oostelijke oever van het Spaarne, ten Noorden van de stad.
In de stad zijn duidelijk, van links naar rechts, te herkennen de Sint Bavokerk, de Begijnenkerk en de Sint Janskerk. De ophaalbrug in de stadswal is de Catharijnebrug, met links en rechts vestingstorens in de omwalling. Dit was blijkbaar een favoriet gezicht op Haarlem. Pieter Saenredam heeft het van ongeveer hetzelfde punt getekend voor de stadsbeschrijving van Samuel Ampzing (cat. no. 40).
Dit is een van de vele ongesigneerde tekeningen die vanouds de naam Claes Jansz. Visscher dragen. De toeschrijving is vaak onzeker, zoals ook hier.
Op de achterzijde staat een schets van kasteel Marquette in Heemstede; rechts onder in latere hand: 'Claes Jans Visser'.

Lit.: E. Haverkamp Begemann, 'Een tekening van Claes Jansz. Visscher', in: *Bulletin van het Museum Boymans*, 3 (1952/53), 72-75

Rotterdam, Museum Boymans-Van Beuningen

Claes Jansz. Visscher (Amsterdam 1587-1652 Amsterdam)

Cat. no. 89
The Karthuizer Convent in Amsterdam, *c.* 1610

The artist, in the foreground, is seated on the corner of the present-day Lindengracht and the Lijnbaansgracht, which were dug during the extensions to the city of 1610 and the following years, and which placed the convent within the city limits. He is looking south, along the western wall of the former convent, where the Tichelstraat now runs.
The inscription on the drawing reads, in translation: 'Carthusians outside Amsterdam on the west side' and in a later hand: '1667'.

Lit.: Exhibition Catalogue *Kabinet van tekeningen*, Rotterdam-Parijs-Brussel 1976/77, no. 150

Amsterdam, Collection Mr. Chr. P. van Eeghen

Claes Jansz. Visscher (?) (Amsterdam 1587-1652 Amsterdam)

Cat. no. 90
Haarlem along the Spaarne, 1610-'30

The artist sat on the east bank of the Spaarne, to the north of the city.
In the city, from left to right, the Sint Bavokerk, the Begijnenkerk and the Sint Janskerk are clearly recognizable. The drawbridge in the rampart is the Catharijnebrug, flanked on either side by fortress towers. This was apparently a favourite view of Haarlem. Pieter Saenredam drew the panorama from roughly the same viewpoint for Samuel Ampzing's description of the city (cat. no. 40). This is one of the many unsigned drawings traditionally attributed to Claes Jansz. Visscher, although the attribution of most of them, as of this one, is uncertain.
On the reverse, a sketch of Marquette castle in Heemstede; on the lower right, in a later hand: 'Claes Jans Visser'.

Lit.: E. Haverkamp Begemann, 'Een tekening van Claes Jansz. Visscher' in: *Bulletin van het Museum Boymans*, 3 (1952/53), 72-75

Rotterdam, Museum Boymans-Van Beuningen

Cat. no. 89
Pen in bruin, penseel in grijs, 141 x 186 mm.

Pen and brown ink, brush and grey ink, 141 x 186 mm.

Cat. no. 90
Pen in bruin, penseel in bruin, paars en grijs-blauw, 184 x 308 mm.

Pen and brown ink, watercolour, 184 x 308 mm.

Claes Jansz. Visscher (?) (Amsterdam 1587-1652 Amsterdam)

Cat. no. 91
Gezicht op de Hofvijver te 's-Gravenhage, 1620-'30

Links de gebouwen van het Binnenhof, rechts de Gevangenpoort en de Plaats. Op de achtergrond de Grote of Sint Jacobskerk. De tekening is waarschijnlijk gemaakt omstreeks 1620-'30, evenals cat. no. 50, die tot in kleine onderdelen dezelfde toestand weergeeft.
Dit monumentale blad staat vanouds op naam van Claes Jansz. Visscher, in wiens algemeen aanvaarde werk het zeker niet vanzelfsprekend past. Als maker zijn daarom ook wel voorgesteld David Vinckboons en Hendrick Hondius.

's-Gravenhage, Gemeentearchief

Claes Jansz. Visscher (?) (Amsterdam 1587-1652 Amsterdam)

Cat. no. 91
View of the Hofvijver in The Hague, 1620-'30

On the left the Binnenhof buildings, on the right the Gevangenpoort and the Plaats. In the background the Grote Kerk or Sint Jacobskerk. The drawing was probably made around 1620-'30, like cat. no. 50, which represents the same view in detail.
This monumental sheet has traditionally been attributed to Claes Jansz. Visscher, although it does not fit in very well with the style of other works generally attributed to him. Hence also David Vinckboons and Hendrick Hondius have been suggested as the artist responsible for this drawing.

The Hague, Gemeentearchief

Simon de Vlieger (Rotterdam omstreeks 1600-1653 Weesp)

Cat. no. 92★
Stadsgezicht met hoge bomen, huizen en een poortgebouw, omstreeks 1650

De gedeeltelijk overdekte resten van een zware muur en toren en de forse woonhuizen op de achtergrond doen denken aan de vervallen wal van een oude stad, bijvoorbeeld in Gelderland of in de provincie Utrecht, waar De Vlieger de laatste jaren van zijn leven gewoond en gewerkt heeft.
De stijl van het blad sluit aan bij die van de bosgezichten, die hij in de jaren '40 veelvuldig getekend heeft.
Op de achterkant van de tekening staat in latere hand: 'S de Vlieger fecit'.

Lit.: Cat. tent. *Van Rembrandt tot Van Gogh*, Brussel, Koninklijke Musea voor Schone Kunsten van België 1971, no. 21

Brussel, Koninklijke Musea voor Schone Kunsten van België; verzameling De Grez

Simon de Vlieger (Rotterdam *c.* 1600-1653 Weesp)

Cat. no. 92★
Canal with Tall Trees, Houses and a City-Gate, *c.* 1650

The partially covered remains of a tick wall and tower and the sturdy houses in the background are reminiscent of the crumbling ramparts of an old city, for instance in the provinces of Gelderland or Utrecht, where de Vlieger lived and worked during the last years of his life.
The style of this sheet accords with that of the many woodland views de Vlieger drew in the 1640s. On the reverse of the drawing, in a later hand: 'S de Vlieger fecit'.

Lit.: Exhibition Catalogue *Van Rembrandt tot Van Gogh*, Brussel, Koninklijke Musea voor Schone Kunsten van België 1971, no. 21

Brussels, Koninklijke Musea voor Schone Kunsten van België; Collection De Grez

Cat. no. 91
Pen in zwart, blauw en grijs gewassen, twee bladen aaneengeplakt, samen 227 x 896 mm.

Pen and black ink, blue and grey washes, two sheets pasted together, 227 x 896 mm.

Cat. no. 92
Zwart en wit krijt op blauw papier, 449 x 576 mm.

Black and white chalk on blue paper, 449 x 576 mm.

Anthonie Waterloo (Lille omstreeks 1610-1690 Utrecht)

Cat. no. 93
Panorama van de Mariakerk en omgeving te Utrecht

Deze tekening en het volgende nummer zijn oorspronkelijk één geheel geweest.
Waterloo heeft het panorama geschetst vanaf de eerste omloop van de Utrechtse Domtoren, de heuvelachtige voorgrond is fantasie. Een dergelijk vrije toepassing van een overigens nauwkeurig weergegeven topografisch gegeven is bij Waterloo niet ongewoon. Het effect is hier een soort pseudo-topografie (met een knipoog naar de 'kenner'?), die doet denken aan de onverwachte combinaties van overbekende thema's die Van der Heyden gemaakt heeft (zie cat. no. 115).

Londen, The Trustees of the British Museum

Cat. no. 94
Panorama van de Buurkerk en omgeving te Utrecht

Zie cat. no. 93.

Amsterdam, Rijksprentenkabinet, Rijksmuseum

Anthonie Waterloo (Lille c. 1610-1690 Utrecht)

Cat. no. 93
Panorama of the Mariakerk and Surroundings in Utrecht

This drawing and the following number originally formed a pair.
Waterloo sketched the panorama from the first storey of the Dom tower in Utrecht. The hilly foreground is imaginary. Waterloo quite often took such liberties with otherwise accurately rendered topographical situations.
The effect is in this case a sort of pseudo-topography (a hint to the 'connoisseur'?) reminiscent of van der Heyden's surprising combinations of overfamiliar themes (see cat. no. 115).

London, The Trustees of the British Museum

Cat. no. 94
Panorama of the Buurkerk and Surroundings in Utrecht

See cat. no. 93.

Amsterdam, Rijksprentenkabinet, Rijksmuseum

Cat. no. 93
Zwart krijt, penseel in bruin en grijs,
ca. 310 x 356 mm.

Black chalk, brush, brown and grey ink,
c. 310 x 356 mm.

Cat. no. 94
Zwart krijt, penseel in bruin en grijs,
ca. 310 x 365 mm.

Black chalk, brush, brown and grey ink,
c. 310 x 365 mm.

Cornelis Claesz. van Wieringen (?) (Haarlem omstreeks 1580-1633 Haarlem)

Cat. no. 95
De Overtoomseweg bij Amsterdam, 1601 (?)

De weg liep langs de Overtoomse vaart, die in de vorige eeuw is gedempt en nu Overtoom heet. Hoewel ver buiten de wallen gelegen, had deze buurt vanouds door de concentratie van herbergen en bedrijven een echt stedelijk karakter.
Van Wieringen heeft inderdaad in het gebied van de Overtoom als landmeter gewerkt, maar de stijl van de tekening komt niet erg overeen met de bekende bladen van zijn hand. Ook het monogram lijkt weinig op de manier waarop Van Wieringen gewoonlijk signeerde.
Op de achterkant staat het opschrift: 'Aan die over-toemse weg by Amsterdam 1601'.

Haarlem, Teylers Museum

Cornelis Claesz. van Wieringen (?) (Haarlem *c.* 1580-1633 Haarlem)

Cat. no. 95
The Overtoomseweg near Amsterdam, 1601 (?)

This road ran along the Overtoomse waterway, which was filled in during the last century and which is now called Overtoom. Although the area was at some distance from the ramparts, the many inns and businesses gave it an urban air. The drawing is attributed to van Wieringen on the basis of the monogram. This artist did indeed work as a surveyor in the environs of the Overtoom, but the style of the drawings does not bear much ressemblance to the drawings he is known to have made. The monogram, too, is rather different from the way van Wieringen usually signed.
On the reverse is written, in translation: 'Along the Overtoom road near Amsterdam, 1601'.

Haarlem, Teylers Museum

Cat. no. 95
Pen in bruin en grijs, penseel
in kleur, 272 x 525 mm.
Gesign.: C. J. V. W. of
C. V. W.

Pen, brown and grey ink,
watercolour, 272 x 525 mm.
Signed: C. J. V. W. or
C. V. W.

De geschilderde stad

Het stadsgezicht ontwikkelt zich als zelfstandig onderwerp pas laat, omstreeks 1660. Véél later dus dan alle andere specialismen, die zo kenmerkend zijn voor de Noordnederlandse schilderkunst in de 17de eeuw. Dat is een niet geheel te verklaren fenomeen, want het stadsgezicht nam, evenals bijvoorbeeld het stilleven en het landschap, een belangrijke plaats in de 15de en 16de-eeuwse schilderkunst in: reeds sinds Jan van Eyck (omstreeks 1390-1441) fungeert het stadsbeeld en de architectuur regelmatig als achtergrond of onderdeel van bijbelse, mythologische of historische voorstellingen.

De theorie, dat de onderwerpen die in de 17de eeuw tot zelfstandigheid kwamen, zich als het ware hadden losgemaakt uit grotere composities, is op zichzelf al onvolledig, maar is zeker ten opzichte van het stadsgezicht niet geldig. Er is geen directe en logische lijn te zien, lopend vanaf de 16de-eeuwse historieschilder tot de 17de-eeuwse specialist van stadsgezichten. De fundamenten van het natuurgetrouwe stadsbeeld werden daarentegen, zoals hierboven werd aangegeven, gelegd door de cartografen en de daaruit voortkomende makers van topografische prenten.

Desalniettemin is het interessant om na te gaan wat zich op het gebied van de architectuurschildering in de 15de en 16de eeuw afspeelde, want het is natuurlijk wel zo, dat de historieschilders hierin een zekere ervaring hadden. De kennis van de perspectiefleer behoorde tot de onmisbare onderdelen van hun opleiding.

De architectuur, die op 15de en 16de-eeuwse schilderijen voorkomt berust meestal op fantasie. Soms zijn het absoluut onbestaanbare steden of gebouwen, soms ook hebben zij een bestaanbaar aanzien. In beide gevallen worden ook wel natuurgetrouwe elementen, zoals een kerktoren uit eigen stad of land, of de Sint Pieter in Rome, in het geheel verwerkt, maar vrijwel steeds blijkt dat er geen behoefte bestaat aan de realistische weergave van een bestaand stadsbeeld.

Er zijn echter uitzonderingen. Een onbekende Haarlemse kunstenaar, die de noodnaam 'Meester van Bellaert' heeft gekregen, schilderde omstreeks 1480 een bijbelse geschiedenis die zich afspeelt te-

The City Portrayed

The cityscape developed into an independent theme at a comparatively late stage, around 1660. Much later, that is, than all the other specialities which are so characteristic of North Netherlandish painting in the seventeenth century. There is no satisfactory explanation for this, because cityscapes – like still lifes and landscapes – played an important rôle in the paintings of the fifteenth and sixteenth centuries. Ever since the time of Jan van Eyck (c. 1390-1441), towns and architecture had been regular features in the background of biblical, mythological or historical representations.

The theory that the themes which developed independently in the seventeenth century had, as it were, detached themselves from larger compositions, is in itself inadequate, and is certainly not true of the cityscape. There is no direct and logical line to be traced from the sixteenth-century historical painter to the specialist in cityscapes in the following century. On the contrary, the foundations for the faithful cityscape were laid by the cartographers and later by the makers of topographical prints. Nevertheless it is interesting to examine the situation of architectural portraiture in the fifteenth and sixteenth centuries, for evidently the historical painters were not inexperienced in this field. The study of perspective, for instance, constituted an essential part of their training.

The architecture that is portrayed in fifteenth and sixteenth-century paintings is usually imaginary. Sometimes it consists of totally unreal towns or buildings, but at other times it makes a realistic impression. In both cases some of the elements, such as a church tower in the artist's native town or country, or St. Peter's in Rome, are faithfully rendered, but the artists do not seem to have been concerned with depicting an existing city.

However, there are some exceptions. Around 1480 an unknown artist in Haarlem, who is designated as the 'Master of Bellaert', painted a biblical scene against the background of a cityscape which has been identified as the market and town hall of Haarlem (cat. no. 1). This is presumably the earliest realistic cityscape to have been painted in the Northern Netherlands.

Some time later, in 1518, Cornelis Engebrechtsz.

1
Cornelis Engebrechtsz.,
Portret van / Portrait of
Dirc Ottensz.

Brussel/Brussels, Koninklijk
Musea voor Schone Kunsten
van België

2
Cornelis Engebrechtsz.,
Portret van / Portrait of
Cornelie Pietersdr.

Brussel/Brussels, Koninklijk
Musea voor Schone Kunsten
van België

gen een achtergrond van een stadsgezicht, dat als de markt met het stadhuis van Haarlem is herkend (cat. no. 1). Het zou daarmee het vroegste realistische Noordnederlandse stadsgezicht zijn.
Wat later, in 1518, zien we op de achtergrond van twee portretten van een Leids echtpaar door Cornelis Engebrechtsz. (1468-1533), als grote zeldzaamheid, een natuurgetrouwe weergave van een stukje van hun woonplaats (afb. 1, 2).
Ook kunnen opdrachten van andere aard aanleiding geven tot een weergave van een bestaand stadsgezicht. Er zijn enkele voorbeelden van bewaard gebleven, onder andere het hier getoonde schilderij van *De lakenmarkt te 's-Hertogenbosch* (cat. no. 2). Geschilderde stadsplattegronden (cat. no. 22) en vogelvluchtkaarten behoren in wezen tot het gebied van de cartografie.

(1468-1533) painted two portraits of a man and wife in Leiden, in which he added – most exceptionally – an accurate rendering of a part of Leiden in the background (fig. 1, 2).
Other types of commission, too, could call for the portrayal of an existing city. Several examples survive, including the painting of *The Cloth Market in 's-Hertogenbosch* (cat. no. 2). Painted plans of cities (cat. no. 22) and bird's-eye view maps belong, basically, to the field of cartography.
In addition we find, in the sixteenth century, paintings of buildings, mostly churches, which were made to demonstrate plans for construction or alterations, or to keep the memory of a past situation alive. The latter is the case in *The Sint Maartenskerk in Zaltbommel* (cat. no. 15). The spire of the church tower was destroyed by fire in 1538,

Daarnaast treffen we in de 16de eeuw afbeeldingen van gebouwen aan, meest kerken, die geschilderd zijn om een voorgenomen bouw of verbouwing in beeld te brengen òf om de herinnering aan een vorige toestand levend te houden. Dit laatste is het geval bij de afbeelding van *De Sint Maartenskerk te Zaltbommel* (cat. no. 15). De torenspits werd in 1538 door brand verwoest en is niet meer herbouwd. In 1562 werd de kerk in de oude toestand, mèt spits in beeld gebracht en het schilderij werd in de kerk opgehangen.

Deze vorm van architectonische schilderijen – veelal geschilderde maquettes genoemd – blijft tot in de 17de eeuw bestaan. Wij zien dat de architect-schilder Bartholomeus van Bassen van zijn *Ontwerp voor de Nieuwe Kerk te 's-Gravenhage* een schilderij maakt (cat. no. 17). Hij voegt er dan zoveel van de omgeving aan toe dat er, wat vorm betreft, een echt stadsgezicht ontstaat. In wezen blijft het echter een geschilderde maquette. Vergelijkbare voorbeelden zien we in Amsterdam, wanneer er plannen worden gemaakt voor de toren van de Nieuwe Kerk. Op een aantal schilderijen zien we de nooit voltooide toren in volle glorie afgebeeld. Maar eigenlijk nog belangrijker blijkt het 'herinneringsbeeld' te zijn, want tal van gevallen zijn bekend van schilderijen, waarvan wij geneigd zijn ze als realistische topografische stadsgezichten te beschouwen, die in feite geschilderd zijn om de herinnering aan een verloren gegaan gebouw levend te houden. Zowel het beroemde schilderij dat Saenredam, met behulp van een veel eerder gemaakte tekening in 1657 van het afgebrande stadhuis van Amsterdam maakte, als het schilderijtje van Beerstraaten van hetzelfde onderwerp (cat. no. 100), zijn dergelijke gevallen.

Wat er op het gebied van de architectuur in het algemeen en van stadsgezichten in het bijzonder in de eerste helft van de 17de eeuw werd geschilderd was hoofdzakelijk een voortzetting van reeds bestaande tradities. De nieuwe tendensen in de prentkunst, waar het topografisch exacte stadsbeeld tot ontwikkeling komt, drong slechts zeer sporadisch in de schilderkunst door. In grote lijnen kunnen drie groepen onderwerpen worden onderscheiden: de fantasiearchitectuur, die nu steeds meer als zelfstandig onderwerp een eigen leven ging leiden, de historiestukken, die een waarheidsgetrouw stadsdeel als decor vertonen, en de stadsprofielen.

De fantasiearchitectuur werd geschilderd in het licht van de perspectief, die in de volle belangstelling bleef staan en waarover van omstreeks 1600 af

and was not reconstructed. In 1562 a painting was made of the old situation, with the spire still standing. The panel was hung in the church.

We find this type of architectural painting – often referred to as painted models – well into the seventeenth century. The architect-painter Bartholomeus van Bassen, for instance, worked out his *Design for the Nieuwe Kerk in The Hague* in such a painting (cat. no. 17). He added so much of the surroundings that, as far as the composition is concerned, the result looks very much like a cityscape. But in the final analysis it remains a painted model. Comparable works were produced in Amsterdam, when plans were being discussed for a tower to be constructed for the Nieuwe Kerk. Several paintings show the tower in full detail, although it was in fact never completed. But more important still was the 'commemorative' piece, for a large number of paintings, which we tend to regard as realistic topographical cityscapes, were in fact painted to keep alive the memory of a building that no longer existed. The famous painting Saenredam made in 1657 of the burnt-down town hall of Amsterdam, and for which he used a drawing he had made much earlier, as well as the small painting by Beerstraaten of the same subject (cat. no. 100), are cases in point.

The choice of the architecture and the city views that were painted in the first half of the seventeenth century was largely based on tradition. The new trend in printmaking, in which field the topographically accurate cityscape evolved, is seldom reflected in the paintings of the day. The subjects may be roughly divided into three categories: fantasy architecture, which was rapidly developing into a theme in its own right; historical scenes, which include a faithfully rendered city scene as decor, and city profiles. Fantasy architecture was painted as an exercise in the use of perspective. From about 1600 on books devoted to the rules of perspective were published in the vernacular; until then artists had recourse to foreign handbooks only. The painters invented the most complicated constructions for the sole purpose of displaying their skill (cat. no. 18).

The historical pieces tell their own story. Since they were made to illustrate historical events, the artist had reason to portray the setting as realistically as possible, as in *The Disbanding of the Mercenaries on the Neude in Utrecht*, (cat. no. 11). The subject could also be a procession or a ceremony, placed in a decor that provides us with

in de landstaal boeken verschenen nadat de schilders tot dusverre alleen over verhandelingen in andere talen konden beschikken. De schilders bedachten de meest ingewikkelde constructies om hun kennis en vaardigheid te tonen (cat. no. 18). De historiestukken spreken min of meer voor zichzelf. Het zijn episoden uit de geschiedenis, zoals *Het afdanken van de waardgelders op de Neude te Utrecht,* die aanleiding gaven om het stadsgezicht in de voorstelling te betrekken (cat. no. 11). Het kunnen ook optochten of andere evenementen zijn waarvan het decor ons vroege voorbeelden geeft van het Hollandse stadsbeeld (cat. no. 10).

De geschilderde stadsprofielen en gezichten op steden zijn, zeker van oorsprong, te beschouwen als geschilderde equivalenten van prenten (cat. no. 22). Maar kort na 1600 hebben daarnaast de zeeschilders en met name Hendrick Cornelisz. Vroom, bijgedragen tot de ontwikkeling van dit type. Ze hebben namelijk tal van havens geschilderd waarbij de stad als profiel op de achtergrond met grote nauwkeurigheid is weergegeven. Naast Noordnederlandse havensteden heeft Vroom ook

early examples of the Dutch city scene (cat. no. 10).

The painted profiles and views of cities may be considered – certainly in the early days – as painted equivalents of prints (cat. no. 22).

But shortly after 1600 the marine painters, notably Hendrick Cornelisz. Vroom, also contributed to the development of this type of representation. They depicted a large number of harbours with highly accurate renderings of a city in profile in the background. Besides painting ports in the Northern Netherlands Vroom also portrayed inland cities such as Delft (cat. no. 31). As time went on such city profiles became an increasingly common element in landscapes – a development that is only summarily treated in this exhibition (cat. nos. 121, 122).

Apart from these three categories there are a number of cityscapes that stand alone, such as the view of the Binnen-Amstel from around 1625 (cat. no. 36), and a pen drawing on panel by Jacob Matham (1571-1631) from 1627. The latter artist was commissioned by Jan Claesz. Loo,

3
Jacob Matham,
De brouwerij en het landhuis van / The Brewery and the Countryhome of
Jan Claesz. Loo

Haarlem, Frans Halsmuseum

steden afgebeeld die niet aan zee lagen, zoals Delft (cat. no. 31). Later werden deze stadsprofielen steeds meer in het landschap opgenomen, een ontwikkeling, die op de tentoonstelling slechts terloops wordt aangeduid (cat. nos. 121, 122).
Naast deze drie groepen zijn er enkele op zichzelf staande stadsgezichten, zoals het gezicht op de Binnen-Amstel uit omstreeks 1625 (cat. no. 36). Vermeldenswaard is ook een penschilderij van Jacob Matham (1571-1631) uit 1627. Van de Haarlemse burgemeester en brouwer Jan Claesz. Loo kreeg hij de opdracht om diens brouwerij aan het Spaarne te Haarlem èn zijn landhuis, buiten Haarlem gelegen, op één schilderij af te beelden (afb. 3). Het was dus kennelijk geen enkel bezwaar voor de opdrachtgever om zijn bezittingen in een onbestaanbare situatie samen te voegen. Het is een verschijnsel dat wij in de Hollandse schilderkunst in het algemeen, en zeker ook in het stadsgezicht regelmatig tegenkomen: de drang naar realistische weergave van onderdelen houdt allerminst vanzelfsprekend in dat het geheel ook een afbeelding van de werkelijkheid moest geven. Met name in het werk van Jan van der Heyden komt dit fenomeen duidelijk tot uiting (cat. nos. 110, 115).

Omstreeks 1650 schijnt zich een kentering te voltrekken en ontstaan een aantal schilderijen, die op het eerste gezicht behoren tot het topografisch stadsgezicht 'pur sang' zoals wij dat in de prentkunst al zoveel eerder konden signaleren. Het blijkt echter in feite een voortzetting te zijn van een oude traditie of althans niet in de eerste plaats geschilderd te zijn om een natuurgetrouwe weergave van een bestaand stadsbeeld te geven. Veelal beelden zij namelijk een gebeurtenis af.
Toen in 1652 bijvoorbeeld het oude stadhuis te Amsterdam afbrandde, was dat voor tal van kunstenaars aanleiding om als persfotograaf op te treden. Zij schilderden de brand zelf (cat. no. 119) of legden de gevolgen daarvan vast (cat. no. 99). Hetzelfde zien we na de buskruitramp in Delft (cat. no. 128).
Een ander geval is het stadsgezicht van Fabritius (1624-1654) (p. 22, afb. 3) dat weliswaar topografische elementen bevat, maar behoort tot de perspectivische experimenten die met name in Delft zeer in de belangstelling stonden.
Op het herinneringsaspect van andere stadsgezichten, zoals Saenredam en Beerstraaten die van het oude stadhuis te Amsterdam maakten, werd reeds gewezen.
Het duurt tot omstreeks 1660 voor de schilders op

burgomaster of Haarlem and brewer, to portray in one painting (fig. 3) both his brewery along the Spaarne in Haarlem and his country home situated at some distance from the city. It was apparently considered quite acceptable for the artist to stretch reality by placing his patron's possessions in an unreal juxtaposition. Characteristic of Dutch painting in general and of the cityscape in particular, the desire for accurate representation of certain details by no means implied that the scene as a whole had to be a faithful representation. This tendency to combine real and imaginary architecture is especially manifest in the work of Jan van der Heyden (cat. nos. 110, 115).

Around 1650 several artists produced paintings which at first sight look like the 'true' topographical cityscapes we know from much earlier prints. In fact, though, these did not signify a break with tradition – or at any rate they were not painted specifically for the purpose of rendering an existing view of a city as faithfully as possible. The actual subject is often an event. The fire in the old town hall in Amsterdam in 1652, for instance, inspired many painters to record the disaster. They painted the conflagration itself (cat. no. 119) as well as its aftermath (cat. no. 99). The gunpowder explosion in Delft (cat. no. 128) had a similar effect on contemporary artists. A different case is the cityscape Fabritius (1624-1654) (p. 22, fig. 3) which, although it contains topographical elements, is in fact one of the experiments in perspective which enjoyed great popularity at the time, especially in Delft.
We have already noted how Saenredam and Beerstraaten painted views of the old town hall in Amsterdam to record a past situation for posterity.

It was not until about 1660 that painters started producing the kind of scene that engravers already had been producing for so long: views of cities portrayed out of sheer topographical interest. Beerstraaten and the marine painter Reinier Nooms were probably among the first painters to adopt the new approach, followed by Gerrit Berckheyde and Jan van der Heyden, who rapidly made the theme highly popular.
The artistic aspects of this period of blossoming have been discussed (see Introduction); mention has also been made of the possible correlation between the popularity of the cityscape around (p. 73). But little has been said concerning the

enige schaal begonnen met wat in de prentkunst al zoveel eerder gebeurde: het schilderen van het stadsgezicht uitsluitend uit topografische interesse. De zeeschilder Reinier Nooms en Beerstraaten behoorden vermoedelijk tot de eersten, Gerrit Berckheyde en Jan van der Heyden volgden en brachten het onderwerp in korte tijd tot grote bloei.

Over de artistieke aspecten van de bloeitijd is al eerder geproken (zie Inleiding), terwijl ook reeds de vraag aan de orde kwam of de opkomst van het stadsgezicht omstreeks 1660 in relatie te brengen is met een sterk gevoel van burgerlijk zelfbewustzijn in die tijd (p. 74). Nog niet aan de orde kwam of er iets te zeggen valt over de verhouding kunstenaar en opdrachtgever en over de keuze van de onderwerpen. Om enige conclusies hierover te formuleren is op dit gebied nog onvoldoende onderzoek verricht. Enkele opmerkingen kunnen wellicht verhelderend werken.

Wij zagen reeds dat een rijke bierbrouwer opdracht gaf zijn huizenbezit af te beelden. Het is mogelijk dat ook later in deze zin geschilderde stadsgezichten ontstonden. Bij het *Gezicht op de Herengracht* door Wijnants (cat. no. 136) kan deze mogelijkheid worden geopperd, bewijzen ervan zijn er echter niet.

Een ander verschijnsel dat tot de produktie van geschilderde stadsgezichten heeft geleid is de meer algemene belangstelling voor de topografie. Deze uitte zich in het aanleggen van topografische verzamelingen. Liefhebbers bouwden collecties op van hoofdzakelijk kaarten en stadsgezichten van zoveel mogelijk landen en steden van de wereld. De meesten moesten zich beperken tot gedrukt materiaal, maar welgestelden konden zich ook unica, zoals tekeningen veroorloven.

Een zeer rijk man als de Amsterdamse advocaat Laurens van der Hem (1620-1678) gaf zelfs opdracht aan kunstenaars om in het buitenland tekeningen van het landschap en van steden voor hem te maken. Hoewel dit alles zich voornamelijk concentreerde op kaarten, prenten en tekeningen moet toch ook het ontstaan van een aantal geschilderde stadsgezichten door Hollandse kunstenaars in andere landen met deze belangstelling in verband worden gebracht. Wij weten dat bijvoorbeeld Abraham de Verwer in de jaren 1637-'39 verschillende stadsgezichten in Parijs heeft vervaardigd waarvan hij er twee aan stadhouder Frederik Hendrik verkocht (cat. no. 127), en dat hij opdracht van de stadhouder kreeg, ook andere Franse steden in beeld te brengen. Wat later wijzen de rei-

1660 and the growing sense of civic self-awareness relationship between artist and patron, and as regards the choice of subject. More research needs to be done before definitive conclusions can be drawn, but it is interesting to note that, as we have seen, a wealthy brewer in Haarlem commissioned an artist to paint the buildings in his possession. It is conceivable that similar motives played a part in painted landscapes, as for instance in Wijnants' *View of the Herengracht* (cat. no. 136), although no conclusive evidence of this has been found. Another factor that stimulated the production of painted cityscapes was the growing interest in topography among the general public. People started collecting topographical material. Some of these collectors concentrated their efforts on acquiring maps and cityscapes of as many countries and cities as possible. Most of them had to limit themselves to printed material, but the rich could afford to buy unique pieces, such as drawings. The Amsterdam lawyer Laurens van der Hem (1620-1678), an extremely wealthy man, even commissioned artists to draw landscapes and cities in other countries.

Although this activity was concentrated mainly on maps, prints and drawings, the views of foreign cities painted by a number of Dutch artists were no doubt linked with the growing interest in topography. We know, for instance, that in the years 1637-'39 Abraham de Verwer painted several views of Paris, two of which he sold to Stadholder Frederik Hendrik (cat. no. 127). We also know that he was commissioned by the Stadholder to portray other French cities as well.

The trips of the Berckheydes and Jan van der Heyden along the Rhine some time later and the paintings that resulted (cat. no. 114), attest to a growing concern for the topography of other countries. That the focus of topographical interest eventually turned to Holland could, then, be connected with the awakening of national pride (see p. 73).

Whereas the majority of the specialists concentrated on a few specific towns or on a restricted area in their own country, in which they portrayed old monuments and contemporary architecture alike, we see that Abraham and Jan Beerstraaten painted views not only of the city where they lived – Amsterdam – but also of numerous other towns, villages and castles. They found subjects in small and relatively obscure towns such as Ouderkerk aan de Amstel, Sloten,

zen van de Berckheydes en Jan van der Heyden langs de Rijn, en de schilderijen die daaruit voortvloeien (cat. no. 114), op belangstelling voor buitenlandse topografie. Dat die belangstelling zich tenslotte ook op het eigen land richtte, zou dan weer met een groeiend nationale trots in verband kunnen worden gebracht (zie p. 74).

Terwijl de meeste specialisten in de bloeitijd zich in eigen land op enkele steden of een beperkt gebied concentreerden, en daar zonder duidelijke voorkeur zowel de oude monumenten van toen als de 'nieuwbouw' als onderwerp kozen, zien we dat Abraham en Jan Beerstraaten hun aandacht, behalve op stadsgezichten in hun woonplaats Amsterdam, op tal van andere steden, dorpen en kastelen richtten. Kleine en tamelijk onbetekenende plaatsen als Ouderkerk aan de Amstel, Sloten, Nieuwkoop en Aarlanderveen kozen zij als onderwerp en zij bezochten daarnaast ook steden in het Noorden, Oosten en Zuiden van het land, zoals Sneek en Franeker in Friesland, Deventer in Overijssel (cat. no. 97) en 's-Hertogenbosch in Brabant. Zonder daar enig bewijs voor te hebben zouden wij willen veronderstellen dat hier van opdrachten sprake moet zijn geweest.
In ieder geval ontwikkelden de Beerstraatens zich tot de eerste kunstenaars die stad en land afreisden om steden en dorpen te tekenen en schilderen, het begin van een traditie die in de 18de eeuw tot volle ontplooiing zou komen en tot een ware topografische cultus zou leiden.

Bob Haak

Nieuwkoop and Aarlanderveen, but also visited more distant towns in the north, east, and south of the country, such as Sneek and Franeker in Friesland, Deventer in Overijssel (cat. no. 97) and 's-Hertogenbosch in Brabant. It seems most likely that the artists painted these views on commission, although we have no proof of this. At all events the Beerstraatens were the first artists to travel all over the country to paint views of towns and villages – thereby launching a tradition that was to flourish in the eighteenth century, and which led to a veritable cult of topographical representations.

Bob Haak

Gerrit Berckheyde, De St. Gereon te Keulen/The St. Gereon in Cologne

Parijs/Paris, Musée du Petit Palais

Schilderijen

Paintings

Anoniem

Cat. no. 96
De Waag te Alkmaar, 2de helft 17de eeuw

Op het plein voor de Waag wordt de kaasmarkt gehouden, die tot op de dag van heden is blijven voortbestaan. Links ziet men een winkel, waar op de neergeklapte luiken potten zijn uitgestald. Op de brug worden stoelen te koop aangeboden. Het schilderij moet op grond van de kledij omstreeks 1660-'70 worden gedateerd.

Alkmaar, Stedelijk Museum

Anonymous

Cat. no. 96
The Weigh-house in Alkmaar, 2nd half 17th century

The cheese market, which still exists today, is being held on the square in front of the weigh-house. On the left a shop, with a display of pots on the lowered shutters. Chairs are being offered for sale on the bridge. Judging from the clothing of the figures, the painting should be dated around 1660-'70.

Alkmaar, Stedelijk Museum

Cat. no. 96
Doek, 104 x 143 cm

Canvas, 104 x 143 cm.

Abraham Beerstraaten (Amsterdam 1644- ?)

Cat. no. 97
De Brink te Deventer, 1665

De Brink was van oudsher het handelscentrum van de stad. In het centrum ziet men het waaggebouw, dat van 1528 tot 1531 in laat-gotische stijl werd gebouwd. Beerstraaten was een der weinige schilders die als Amsterdammer ook schilderijen heeft gemaakt van steden in het Noorden, Oosten en Zuiden van de Noordelijke Nederlanden en van vele dorpen en kastelen.

Deventer, Gemeente, Culturele Zaken

Cat. no. 98
De Prinsengracht met de Noorderkerk te Amsterdam

De Noorderkerk werd van 1620 tot 1623 gebouwd op de Noordermarkt. Het is het eerste Amsterdamse kerkgebouw waarin de architectuur is afgestemd op de protestantse eredienst, waarin de preek centraal staat. Het ontwerp is vermoedelijk van Hendrick de Keyser.
Dit schilderij kan als één van de meest geslaagde werken van Abraham Beerstraaten worden beschouwd. De hoogoprijzende Noorderkerk tegen de speelse rij trapgevels van de huizen aan de Noordermarkt is een eigen vondst, in tegenstelling tot vele andere werken van zijn hand, die een clichématige compositie hebben.

Amsterdam, Amsterdams Historisch Museum

Abraham Beerstraaten (Amsterdam 1644- ?)

Cat. no. 97
The Brink in Deventer, 1665

Throughout the centuries trading in Deventer took place on a square called De Brink. The late-Gothic weigh-house, built between 1528 and 1531, occupies the middle of the painting.
Beerstraaten was one of the very few Amsterdam artists to produce paintings of cities in the north, east and south of the Northern Netherlands; he also painted a large number of villages and castles.

Deventer, Municipality, Department of Culture

Cat. no. 98
The Prinsengracht and the Noordermarkt in Amsterdam

The Noorderkerk, built between 1620 and 1623 on the Noordermarkt, was the first church in Amsterdam whose architecture was oriented specifically toward the Protestant religion, in which the sermon figures so prominently. It was probably designed by Hendrick de Keyser.
This painting is one of Abraham Beerstraaten's most successful pieces. The placement of the Noorderkerk towering above the lively row of step gables on the Noordermarkt is refreshingly original, quite unlike the cliché compositions of so many of this artist's paintings.

Amsterdam, Amsterdams Historisch Museum

Cat. no. 97
Doek, 98 x 125 cm.
Gesign. en gedat.:
A. Beerstraaten Fecit
Deventer 1665

Canvas, 98 x 125 cm.
Signed and dated:
A. Beerstraaten Fecit
Deventer 1665

Cat. no. 98
Doek, 93 x 125 cm.
Gesign.: A. Beerstraaten

Canvas, 93 x 125 cm.
Signed: A. Beerstraaten

Jan Abrahamsz. Beerstraaten (Amsterdam 1622-1666 Amsterdam)

Cat. no. 99
De ruïnes van het oude stadhuis te Amsterdam, 1652

In 1648 werd besloten een nieuw stadhuis in Amsterdam te bouwen. Het oude was bouwvallig en veel te klein. Nog tijdens de bouw van het nieuwe stadhuis brandde op 7 juli 1652 het oude af. Beerstraaten maakte een tekening van de puinhopen en daarna dit schilderij, dat dus vermoedelijk in of kort na 1652 ontstond.

Amsterdam, Rijksmuseum

Cat. no. 100
De Dam te Amsterdam bij winter

Het schilderij geeft een blik op het oude stadhuis met daarachter nog juist de Kalverstraat. In 1615 moest de hoge spits van de stadhuistoren wegens bouwvalligheid worden afgebroken, daarna voorzag men de toren van een klein zadeldak. Omdat ook deze constructie nog te zwaar bleek werd in 1640 het dakje verwijderd. Beerstraaten geeft de toestand weer zoals deze tussen 1615 en 1640 was. Een voortekening bevindt zich in het Koninklijk Oudheidkundig Genootschap te Amsterdam. Hoogst waarschijnlijk heeft hij de voortekening en dit schilderij echter later gemaakt en dus een andere afbeelding tot voorbeeld genomen. Het was niet ongebruikelijk dat schilders een dergelijke methode toepasten.

Amsterdam, Amsterdams Historisch Museum

Jan Abrahamsz. Beerstraaten (Amsterdam 1622-1666 Amsterdam)

Cat. no. 99
The Old Town Hall of Amsterdam in Ruins, 1652

In 1648 it was decided that Amsterdam needed a new town hall. The old one was dilapidated and much too small; it burnt down on July 7, 1652, before the new town hall was finished. Beerstraaten made a drawing of the ruins prior to this painting, which can therefore be dated in or shortly after 1652.

Amsterdam, Rijksmuseum

Cat. no. 100
The Dam in Amsterdam in Winter

The painting shows a view of the old town hall and, behind it, a glimpse of the Kalverstraat. The high spire of the town hall tower, in danger of collapse, was demolished in 1615, after which the tower was fitted with a small span-roof. Since even this structure proved too heavy, the roof was removed in 1640. Beerstraaten portrays the building as it was between 1615 and 1640.
A preparatory drawing is to be found in the collection of the Koninklijk Oudheidkundig Genootschap in Amsterdam. Most probably both this study and the painting were made some time after the alterations to the tower, and were based on another artist's rendering of the situation. It was not unusual for painters to adopt such methods in the seventeenth century.

Amsterdam, Amsterdams Historisch Museum

Cat. no. 99
Doek, 110 x 144 cm.
Gesign.: I. Beerstraaten

Canvas, 110 x 144 cm.
Signed: I. Beerstraaten

Cat. no. 100
Paneel, 45 x 59 cm.
Gesign.: J A Beerstraten. ft.

Panel, 45 x 59 cm.
Signed: J A Beerstraten. ft.

Jan Abrahamsz. Beerstraaten (Amsterdam 1622-1666 Amsterdam)

Cat. no. 101
Ouderkerk aan de Amstel bij winter, 1659

Dit gezicht op Ouderkerk, een dorp vlakbij Amsterdam gelegen, is het vroegst bekende topografische schilderij van Beerstraaten. Op hetzelfde schema heeft hij later tal van kleine plaatsen en dorpen uitgebeeld. Ouderkerk, dat iets ten Zuiden van Amsterdam aan de Amstel ligt, is als nederzetting ouder dan Amsterdam.

Amsterdam, Amsterdams Historisch Museum

Gerrit Adriaensz. Berckheyde (Haarlem 1638-1698) Haarlem

Cat. no. 102★
De Grote Markt met de Sint Bavokerk te Haarlem, omstreeks 1670-'75

De Grote Markt te Haarlem was, en is nog steeds, het centrum van de stad. Berckheyde heeft dit plein talrijke malen in beeld gebracht, dikwijls met nieuwe variaties (zie cat. no. 106), maar vaak ook zichzelf herhalend.
Hij heeft zijn standpunt naast het stadhuis gekozen: de hoek van het stadhuis is nog juist te zien.
In kleur en schilderwijze een opvallend werk: huizen en kerk steken markant af tegen de bijna donkerblauwe lucht. De zonlichteffecten op de kerk en op de smalle zijkanten van de trapgevels zijn zeer geraffineerd toegepast en versterken nog het speelse lijnenspel van de beschaduwde huizenrij, die in sterk verkort perspectief is gezien, waardoor ook de talrijke uithangtekens volop de aandacht krijgen. De figuren zijn uiterst kundig geschilderd. De fraaie kleding van de dame, contrasteert sterk met het deftige zwart van de heren.
Schilderwijze en costuums wijzen op een datering omstreeks 1670-'75.
Een voortekening voor dit schilderij onder cat. no. 55.

Brussel, Koninklijke Musea voor Schone Kunsten van België

Jan Abrahamsz. Beerstraaten (Amsterdam 1622-1666 Amsterdam)

Cat. no. 101
Ouderkerk aan de Amstel in Winter, 1659

This view of Ouderkerk, a village near Amsterdam, is the earliest known topographical painting by Beerstraaten. He used the same basic composition later in numerous views of small towns and villages. Ouderkerk, situated south of Amsterdam along the river Amstel, slightly predates Amsterdam as a settlement.

Amsterdam, Amsterdams Historisch Museum

Gerrit Adriaensz. Berckheyde (Haarlem 1638-1698 Haarlem)

Cat. no. 102★
The Grote Markt with the Sint Bavokerk in Haarlem, c. 1670-'75

The Grote Markt was, and still is today, the centre of the city. Berckheyde portrayed this square many times, often with new variations, (see cat. no. 106) but sometimes repeating himself, too.
He stood next to the town hall: the corner of the building is just visible.
In colour and execution this is a notable work: the houses and church stand out against the deep blue sky; the sunlight on the church and on the narrow ledges of the step gables is rendered with great delicacy, intensifying the play of lines in the shaded row of houses which is seen in shortened perspective, so that the signboards receive full attention.
The figures are skillfully painted. The pretty clothes worn by the woman contrast vividly with the dignified black of the men.
The execution of the painting and the clothing of the figures suggest a date of about 1670-'75.
A preliminary drawing may be found under cat. no. 55.

Brussel, Koninklijke Musea voor Schone Kunsten van België

Cat. no. 101
Dock, 95 x 132,5 cm.
Gesign. en gedat.:
J. Beerstraten. 1659

Canvas, 95 x 132.5 cm.
Signed and dated:
J. Beerstraten. 1659

Cat. no. 102
Paneel, 46 x 39 cm.

Panel, 46 x 39 cm.

Gerrit Adriaensz. Berckheyde (Haarlem 1638-1698 Haarlem)

Cat. no. 103
De Bloemmarkt te Amsterdam, omstreeks 1670-'75

Gezicht op de Nieuwezijds Voorburgwal met links de Bloemmarkt.
Rechts het stadhuis. Berckheyde heeft talrijke malen het Amsterdamse stadhuis in beeld gebracht maar hij heeft slechts een enkele keer zijn standpunt zó gekozen, dat hij dit gebouw van de achter- en zijkant zag, met op de voorgrond het water en de huizen van de Nieuwezijds Voorburgwal.
Met veel succes heeft Berckheyde het zonlicht getroffen en het spel van licht en schaduw op de gevels der huizen weergegeven. In compositie en uitvoering behoort dit doek tot de beste werken van de schilder. Het moet vermoedelijk in de jaren '70 gedateerd worden.
Er zijn andere versies van dezelfde compositie, onder andere in de verzameling Thyssen, Lugano, waar het licht echter van de andere kant komt.

Lit.: Stechow, 127

Amsterdam, Amsterdams Historisch Museum

Gerrit Adriaensz. Berckheyde (Haarlem 1638-1698 Haarlem)

Cat. no. 103
The Flower Market in Amsterdam, c. 1670-'75

View of the Nieuwezijds Voorburgwal with the flower market. On the right stands the town hall. Berckheyde made numerous paintings of the Amsterdam town hall, but he rarely chose this point of view, showing the rear and side of the town hall, with in the foreground the houses along the Nieuwzijds Voorburgwal.
Berckheyde has portrayed the sunlight playing on the gables of the houses with great skill. In composition and execution this canvas ranks among the finest works by this painter.
It should probably be dated in the 1670's.
Other versions of the same composition exist, notably in the Thyssen collection, Lugano, in which the light is shown coming from the other side.

Lit.: Stechow, 127

Amsterdam, Amsterdams Historisch Museum

Cat. no. 103
Doek, 45 x 61 cm.
Gesign.: Gerrit Berck Heyde

Canvas, 45 x 61 cm.
Gesign.: Gerrit Berck Heyde

Gerrit Adriaensz. Berckheyde (Haarlem 1638-1698 Haarlem)

Cat. no. 104
De Dam te Amsterdam, 1674

Links het stadhuis, rechts daarvan de Nieuwe Kerk en geheel rechts de Waag.
Meestal heeft Berckheyde het stadhuis frontaal afgebeeld, maar in dit geval heeft hij, zoals ook wel andere schilders gedaan hebben, zijn standpunt aan de zuidzijde van de Dam gekozen. De compositie is hierdoor interessanter geworden. In het centrum van de voorstelling een paard, die een toeslede trekt, waarop een grote zak wordt vervoerd. Deze sleden waren, met de kruiwagen (zie geheel rechts) de gebruikelijke vervoersmiddelen voor goederen. Voor het rijden met karren, wagens en karossen golden beperkende maatregelen onder andere om beschadiging van bestrating en ongelukken te voorkomen.
De datering van dit schilderij is tot dusver verkeerd, als 1694, gelezen.

Amsterdam, Stadhuis, burgemeesterskamer; bruikleen van het Amsterdams Historisch Museum

Gerrit Adriaensz. Berckheyde (Haarlem 1638-1698 Haarlem)

Cat. no. 104
The Dam in Amsterdam, 1674

On the left the town hall, flanked on the right by the Nieuwe Kerk and the weigh-house.
Berckheyde usually portrays the town hall as seen from the front, but in this case he took his point of view, as some other painters did, on the south side of the Dam — thereby making the composition more interesting. In the centre of the scene we see a horse drawing a sledge loaded with a large sack. Such sledges and wheelbarrows (extreme right) were used for transporting goods. Transport by carts, wagons and carriages was subject to certain restrictions, both to ensure safety and to prevent unnecessary damage to road surfaces.
The date of this painting has until recently mistakenly been read as 1694.

Amsterdam, Town Hall, mayor's room; on loan from the Amsterdams Historisch Museum

Cat. no. 105
Het Binnenhof te 's-Gravenhage, omstreeks 1690

Rechts de façade van de Ridderzaal, omstreeks 1275 als een vergroting van het Hof van de graven van Holland gebouwd, geheel links een deel van het stadhouderlijk kwartier, dat in 1639/40 werd opgetrokken. De heren op het Binnenhof, van oudsher het centrum van de regering, zijn mogelijk leden van de Staten Generaal.
Het kleurgebruik, met vrij lichte tinten en transparante schaduwen, de gladde schilderwijze en de kleding der figuren wijzen op een ontstaansdatum omstreeks 1690. Dezelfde compositie werd door Berckheyde meerdere malen geschilderd.

Lugano, Verzameling Thyssen-Bornemisza

Cat. no. 105
The Binnenhof in The Hague, c. 1690

On the right the façade of the Ridderzaal, built around 1275 as an extension to the Court of the stadholders' quarters, erected in 1639/40. The figures on the Binnenhof, the tradional seat of government, may be members of the States General.
The use of colour, characterized by fairly pale tones and transparent shadows, the smoothness of the paint and the way the figures are dressed indicate that the painting originated around 1690. Berkheyde painted several versions of this composition.

Lugano, Collection Thyssen-Bornemisza

Cat. no. 104
Paneel, 44 x 63 cm.
Gesign. en gedat.:
Gerrit Berck Heyde 1674

Panel, 44 x 63 cm.
Signed and dated:
Gerrit Berck Heyde 1674

Cat. no. 105
Doek, 54 x 63,5 cm.
Gesign.: G. Berck Heyde

Canvas, 54 x 63.5 cm.
Signed: G. Berck Heyde

Gerrit Adriaensz. Berckheyde (Haarlem 1638-1698 Haarlem)

Cat. no. 106
De Vismarkt te Haarlem, 1692

Op de voorgrond visverkopers en de deels tegen de Sint Bavokerk aangebouwde, overdekte visbanken. Op de achtergrond het stadhuis.

Haarlem, Frans Halsmuseum

Job Berckheyde (Haarlem 1630-1693 Haarlem)

Cat. no. 107
De Oude Gracht te Haarlem, 1666 (?)

Hoewel Job Berckheyde grote belangstelling had voor de architectuur, zoals blijkt uit zijn kerkinterieurs, ligt hierop in dit stadsgezicht niet de nadruk.
Er zijn geen belangrijke gebouwen op afgebeeld en de huizen worden door het geboomte grotendeels aan het gezicht onttrokken. De compositie van dit schilderij is zeer origineel en wijkt af van vrijwel alle andere Hollandse stadsgezichten.

's-Gravenhage, Mauritshuis

Johannes van Cuylenburch (Amsterdam? vóór 1621- ?)

Cat. no. 108
Werkplaats van een smid te Zwolle

Dit schilderij geeft een stukje van het uitzicht weer, dat Van Cuylenburch vanuit zijn eigen werkplaats op de Blijmarkt moet hebben gehad. Op de achtergrond de torens van de Luttekepoort en van de Gelderse Toren. Er is een door Gerard Ter Borch gesigneerde, vrijwel identieke compositie bekend (Staatliche Museen, Berlijn-Dahlem). Het hier tentoongestelde schilderij werd vroeger aan Ter Borch en Esaias Boursse toegeschreven. Verbeek heeft overtuigend aangetoond dat Van Cuylenburch het geschilderd moet hebben.

Lit.: Verbeek, 67-69

Sarasota, The John and Mable Ringling Museum of Art

Gerrit Adriaensz. Berckheyde (Haarlem 1638-1698 Haarlem)

Cat. no. 106
The Haarlem Fish Market, 1692

On the foreground the fish vendors and the covered fish counters which were built adjoining the Sint Bavokerk. Further back the town hall.

Haarlem, Frans Halsmuseum

Job Berckheyde (Haarlem 1630-1693 Haarlem)

Cat. no. 107
The Oude Gracht in Haarlem, 1666 (?)

Although Job Berckheyde had a keen interest in architecture, witness his many church interiors, the buildings portrayed in this cityscape play a supporting rôle only. None of them have special importance, and the modest houses bordering the canal are largely hidden from view by the trees. The composition of this piece is highly original; it is virtually unique among seventeenth-century Dutch cityscapes.

The Hague, Mauritshuis

Johannes van Cuylenburch (Amsterdam? before 1621- ?)

Cat. no. 108
A Smithy in Zwolle

This painting shows a part of the view that van Cuylenburch must have had from his workshop on the Blijmarkt.
In the background the spires of the Luttekepoort and the Gelderse Toren.
Another, almost identical composition by Gerard Ter Borch (Staatliche Museen, Berlin-Dahlem) is extant.
The painting shown here was at one time attributed to Ter Borch and Esaias Boursse. Verbeek has demonstrated conclusively that the artist must have been van Cuylenburch.

Lit.: Verbeek, 67-69

Sarasota, The John and Mable Ringling Museum of Art

Cat. no. 106
Doek, 56,5 x 47 cm.
Gesign. en gedat.:
Gerrit Berckheyde 1692

Canvas, 56.5 x 47 cm.
Signed and dated:
Gerrit Berckheyde 1692

Cat. no. 107
Paneel, 44,5 x 39,5 cm.
Gesign. en gedat.:
J. Berckheyd. 1666 (?)

Panel, 44.5 x 39.5 cm.
Signed and dated:
J. Berckheyd. 1666 (?)

Cat. no. 108
Doek, 81,3 x 66 cm.

Canvas, 81.3 x 66 cm.

Timotheus de Graaf (Amsterdam 1650-na 1718, ?)

Cat. no. 109
De Herengracht te Amsterdam, omstreeks 1695-1700

Gezicht op de zogenaamde 'bocht' van de Herengracht, waar, van omstreeks 1660 af, de zeer welgestelden van de stad hun huizen lieten bouwen. Het derde huis rechts van de zijstraat, de Nieuwe Spiegelstraat, werd, als laatste in de rij, in 1685 voltooid (thans Herengracht 460).
De kleding van de wandelaars geheel links was omstreeks 1695-1700 uiterst modieus. De schilder heeft hier dus een spiksplinternieuw deel van de stad in beeld gebracht en geeft, mede door de aankleding – de karos en het plezierjacht in de gracht – een indruk van het mondaine leven van die dagen.

New York, Newhouse Galleries

Timotheus de Graaf (Amsterdam 1650-after 1718, ?)

Cat. no. 109
The Herengracht in Amsterdam, *c.* 1695-1700

View of the 'bend' in the Herengracht where from around 1660 onwards the very wealthy citizens had their homes built. The third house on the right of the side street, the Nieuwe Spiegelstraat, was the last house in the row to be built, in 1685 (now Herengracht 460).
The clothing of the figures in the extreme left was very stylish around 1675-1700. Here the painter portrays a brand-new part of the city, with a carriage and a pleasure yacht in the canal, thereby giving us an impression of fashionable life in Amsterdam.

New York, Newhouse Galleries

Jan van der Heyden (Gorinchem 1637-1712 Amsterdam)

Cat. no. 110**
Gefantaseerd stadsgezicht, 1670

Dit schilderij is een voorbeeld van een gefantaseerd stadsgezicht, waarin enkele elementen enige overeenkomst tonen met bestaande gebouwen.
Zo toont de kerk aan het plein verwantschap met de Nieuwezijds Kapel te Amsterdam en lijkt de kerk op de achtergrond afgeleid van de Martinikerk te Emmerik.

Lit.: Wagner, 1971, no. 83

Particuliere verzameling

Jan van der Heyden (Gorinchem 1637-1712 Amsterdam)

Cat. no. 110**
Imaginary Cityscape, 1670

This painting represents an imaginary cityscape in which certain elements correspond with existing buildings. The church on the square, for instance, resembles the Nieuwezijds Kapel in Amsterdam, while the church in the background looks as if it was inspired by the Martinikerk in Emmerik.

Lit.: Wagner, 1971, no. 83

Private collection

Cat. no. 109
Doek, 61,5 x 84,5 cm.
Gesign.: Timot de Graaf

Canvas, 61.5 x 84.5 cm.
Signed: Timot De Graaf

Cat. no. 110
Paneel, 46 x 60 cm.
Gesign. en gedat.:
JVHeyden 1670

Panel, 46 x 60 cm.
Signed and dated:
JVHeyden 1670

Jan van der Heyden (Gorinchem 1637-1712 Amsterdam)

Cat. no. 111*
De Dam te Amsterdam

Gezicht op de Nieuwe Kerk, links een vleugel van het stadhuis, rechts is de Waag nog juist zichtbaar. De figuren zijn vermoedelijk van Adriaen van de Velde. In 1692 maakten Jan van der Heyden en zijn vrouw hun testament, waarbij aan de dochter Sara een schilderij wordt toebedeeld: 'het afbeeltsel van de Nieuwe Kerck met een gedeelte van de Waegh, aen de eene en een gedeelte van het Stadhuys aan de andere Zeyde'. Mogelijk is dit schilderij identiek met het hier getoonde.
In de lichtbehandeling en technische uitvoering van de gevel van de kerk komt Van der Heydens meesterschap bijzonder sterk naar voren.

Lit.: Bredius, 132; Wagner, 1971, no. 4

Amsterdam, Amsterdams Historisch Museum

Cat. no. 112*
De Oudezijds Voorburgwal met de Oude Kerk te Amsterdam

Dit deel van Amsterdam behoort tot het oudste stuk van de stad.
De geschiedenis van de Oude Kerk gaat terug tot het begin van de 14de eeuw. Hij is diverse malen vergroot. De toren in de huidige vorm werd in 1566 voltooid. Links ziet men de Bierkaai, waar bier werd gelost, dat van buiten de stad werd ingevoerd.
Een spiegelbeeldige afdruk van een roodkrijttekening met dezelfde compositie bevindt zich in het Koninklijk Oudheidkundig Genootschap te Amsterdam en is het enig overgebleven bewijs dat Van der Heyden getekende voorstudies maakte. In dit schilderij komt duidelijk Jan van der Heydens grote bekwaamheid als kunstenaar naar voren. Zijn technische perfectie en zijn vermogen tot het uiterste te detailleren gaan samen met een groot gevoel voor de atmosfeer van het stadsgezicht.

Lit.: Wagner, 1970; Wagner, 1971, no. 6

's-Gravenhage, Mauritshuis

Jan van der Heyden (Gorinchem 1637-1712 Amsterdam)

Cat. no. 111*
The Dam in Amsterdam

View of the Nieuwe Kerk, on the left part of the town hall; on the right the weigh-house is just visible. The figures were probably painted by Adriaen van de Velde.
In 1692 Jan van der Heyden and his wife made their will, stipulating that their daughter Sara should inherit: 'a view of the Nieuwe Kerk with part of the weigh-house on one side and part of the town hall on the other'. The work thus described may well be the painting shown here.
Van der Heyden's craftsmanship is particularly evident in the treatment of light and in the technical execution of the façade of the church.

Lit.: Bredius, 132; Wagner, 1971, no. 4

Amsterdam, Amsterdams Historisch Museum

Cat. no. 112*
The Oudezijds Voorburgwal with the Oude Kerk in Amsterdam

The Oude Kerk is situated in the oldest section of Amsterdam. The history of the church goes back to the early fourteenth century. It was enlarged several times; the tower as it stands today was completed in 1566.
On the left the Bierkaai, where the barrels of beer imported from other towns were unloaded. There is a rubbing of a red chalk drawing of the same composition in the Koninklijk Oudheidkundig Genootschap in Amsterdam; it is the only tangible evidence that van der Heyden made preliminary drawings. This painting is an excellent example of Jan van der Heyden's craftsmanship. Great technical skill and an eye for meticulous detail are combined with a sensitive treatment of the atmosphere of a cityscape.

Lit.: Wagner, 1970; Wagner, 1971, no. 6

The Hague, Mauritshuis

Cat. no. 111
Paneel, 68 x 55 cm.
(mogelijk iets groter geweest)
Gesign.: V Heyde

Panel, 68 x 55 cm.
(possibly larger originally)
Signed: V Heyde

Cat. no. 112
Paneel, 41,2 x 52,5 cm.
Gesign.: VHeiden

Panel, 41.2 x 52.5 cm.
Signed: VHeiden

Jan van der Heyden (Gorinchem 1637-1712 Amsterdam)

Cat. no. 113
Stadsgezicht met os en hond

Het gebouw geheel rechts met het erkertje is het Sint Elisabethsgasthuis te Amsterdam. Dit fragment komt ook op andere schilderijen van Van der Heyden voor. Het gasthuis is in 1652 met het oude stadhuis afgebrand (zie cat. no. 119) en Van der Heyden moet dus over tekeningen of andere voorbeelden beschikt hebben, aangezien dit schilderij veel later dan 1652 moet zijn ontstaan.
Samenwerking van twee schilders in één schilderij is in de 17de eeuw gebruikelijk, vooral wanneer het gaat om het aanbrengen van figuren in een landschap of stadsgezicht. Met name in de schilderijen van Van der Heyden komt de samenwerking met Adriaen van de Velde veelvuldig voor. Zijn stadsgezichten wonnen in de ogen der tijdgenoten door deze stoffage van Van de Velde aanzienlijk in waarde.
Vermoedelijk is dit schilderij identiek aan het werk dat in de nalatenschap van de weduwe van Van der Heyden onder no. 2 wordt beschreven als 'een Os en Hond van A. van de Velde'.

Lit.: Bredius, 133,'no. 2; Wagner, 1971, no. 210

Detroit, The Detroit Institute of Arts; geschenk van Mr. en Mrs. Edgar B. Whitcomb

Jan van der Heyden (Gorinchem 1637-1712 Amsterdam)

Cat. no. 113
Cityscape with Ox and Dog

The building on the extreme right with the small bay is the Sint Elisabethsgasthuis, one of Amsterdam's early hospitals. This fragment also occurs in other paintings by van der Heyden. The hospital burnt down in 1652 together with the old town hall (see cat. no. 119); van der Heyden must have had drawings or other examples at his diposal, because this painting was made much later than 1652.
It was not unusual in the seventeenth century for more than one painter to work at the same painting, especially when it was a question of adding figures to a landscape or city scene. Van der Heyden often worked with Adriaen van de Velde; his cityscapes rose considerably in the esteem of contemporaries by the addition of van de Velde's figures.
This is probably the painting listed as no. 2 and described in the estate of van der Heyden's widow . as 'an Ox and Dog by A. van de Velde'.

Lit.: Bredius, 133, no. 2; Wagner, 1971, no. 210

Detroit, The Detroit Institute of Arts; gift of Mr. and Mrs. Edgar B. Whitcomb

Cat. no. 113
Doek, 32 x 40 cm.

Canvas, 32 x 40 cm.

Jan van der Heyden (Gorinchem 1637-1712 Amsterdam)

Cat. no. 114
Stadsgezicht te Emmerik

Omsloten door de beschaduwde boog van een poort ziet met de Waterpoort met daarachter de toren van de Sint Aldegondiskerk.
Van der Heyden koos zijn onderwerpen niet alleen in eigen land, maar heeft ook stadsgezichten geschilderd van Brussel en van Duitse steden, onder andere Düsseldorf, Emmerik en Keulen.
Na de dood van Van der Heydens vrouw, die haar man slechts een maand overleefde, werd een inventaris van de bezittingen gemaakt. Daarin komt voor 'een Poord van Emmerik ongestoffeerd dogh met lijst'. Het moet niet uitgesloten worden geacht dat dit schilderij identiek is met het genoemde schilderij en dat de figuren later zijn aangebracht. Ook een tweede schilderij met hetzelfde onderwerp (Waddeston Manor, Engeland) is gestoffeerd.

Lit.: Bredius, 136, no. 23; Wagner, 1971, no. 39

's-Gravenhage, Dienst Verspreide Rijkscollecties

Jan van der Heyden (Gorinchem 1637- Amsterdam)

Cat. no. 114
View of Emmerik

Framed by a shaded archway, we see the Waterpoort; behind it the tower of the Sint Aldegondiskerk. Van der Heyden took his s[u...] not only from his own country, he also por[...] Brussels and several towns in Germany, incl[...] Düsseldorf, Emmerik and Cologne.
After the death of van der Heyden's widow, [...] mere month after her husband died, an inven[...] was made of the artist's possessions. It menti[...] 'gate of Emmerik unfurnished but with frame'. Possibly the painting referred to is in fact this one, the figures having been added at a later date. There is another painting of the same subject (Waddeston Manor, England), also with human figures.

Lit.: Bredius, 136, no. 23; Wagner, 1971, no. 39

The Hague, Dienst Verspreide Rijkscollecties

Cat. no. 115★★
Stadsgezicht

Van der Heyden heeft vrij veel stadsgezichten gemaakt die deels zijn samengesteld uit waarheidsgetrouwe elementen, deels uit fantasiegebouwen.
Op dit schilderij is de koepel van het stadhuis te Amsterdam herkenbaar. De overige architectuur is niet te identificeren. Het paleisachtige renaissancegebouw geheel links komt, in variaties, enkele malen in zijn werk voor.

Lit.: Wagner, 1971, 39, no. 93

Richmond, Virginia Museum of Fine Arts

Cat. no. 115★★
Cityscape

Van der Heyden painted several cityscapes in which existing buildings are combined with imaginary architecture. In this case the only element of the architecture that can be positively identified is the cupola of the Amsterdam town hall. The palatial Renaissance building on the extreme left occurs in several other works by this painter.

Lit.: Wagner, 1971, 39, no. 93

Richmond, Virginia Museum of Fine Arts

Cat. no. 114
Paneel, 33,5 x 36,3 cm.

Panel, 33.5 x 36.3 cm.

Cat. no. 115
Paneel, 44,8 x 55,3 cm.
Gesign.: J. V. H

Panel, 44.8 x 55.3 cm.
Signed: J. V. H

Meyndert Hobbema (Amsterdam 1638-1709 Amsterdam)

Cat. no. 116*
De Haarlemmersluis en de Haringpakkerstoren te Amsterdam, omstreeks 1660/61 (?)

Achter de Haarlemmersluis en de ophaalbrug ziet men de masten en de schepen die op het IJ liggen. Rechts daarvan de Haringpakkerstoren, die oorspronkelijk Heilig Kruistoren heette en een deel van de vestingwerken van de stad vormde. In het begin van de 17de eeuw, toen de toren geen functie voor de verdediging van de stad meer had, voorzag men hem van een spits.
De nieuwe naam werd ontleend aan de haringpakkerij die er aan grensde. De toren werd in 1829 afgebroken. De situatie van dit deel van de stad is blijkens enige details die van 1660/61. In het algemeen wordt dit schilderij op stilistische gronden wat later gedateerd. Hobbema zou het schilderij dan later, naar een tekening gemaakt moeten hebben. Het is het enige bekende stadsgezicht van hem.

Lit.: I. H. van Eeghen, 'Een stadsgezicht van Hobbema' in: *Oud-Holland*, 68 (1953), 120-126; MacLaren, no. 6138

Londen, Trustees of the National Gallery

Jan van Kessel (Amsterdam 1641/42-1680 Amsterdam)

Cat. no. 117
Het Spui en de Nieuwezijds Voorburgwal te Amsterdam bij winter

Op de voorgrond het bevroren Spui, onder de brug door ziet men het water van de Nieuwezijds Voorburgwal (gedempt in 1884). Rechts de huizen en de torenspits van het Begijnhof.
In kleur en atmosfeer, onder andere in de dreigende wolkenlucht, sluit Van Kessel zich in dit schilderij min of meer bij zijn leermeester Ruisdael aan. Dit stukje van de stad is in de 17de eeuw zelden weergegeven.

Amsterdam, Amsterdams Historisch Museum; bruikleen van de Stichting Amsterdams Historisch Museum 1975, verworven met steun van het Prins Bernhardfonds

Meyndert Hobbema (Amsterdam 1638-1709 Amsterdam)

Cat. no. 116*
The Haarlemmersluis and the Haringpakkerstoren in Amsterdam, *c.* 1660/61 (?)

Behind the Haarlemmersluis and the drawbridge we see the masts of ships in the harbour. To the right of the harbour the Haringpakkerstoren, originally built to fortify the city, at which time it was known as the Heilige Kruistoren. In the early seventeenth century, when the tower had lost its function as a fortress, a spire was added to the structure. The new name derived from the herringpackers in the adjoining premises. The tower was demolished in 1829.
Several details indicate that this part of the city is portrayed as it was in 1660/61. However, the painting is generally dated some time later for stylistic reasons, in which case Hobbema must have made the painting after an earlier drawing. It is the only cityscape we know by Hobbema.

Lit.: I. H. van Eeghen, 'Een stadsgezicht van Hobbema' in: *Oud-Holland*, 68 (1953), 120-126; MacLaren, no. 6138

London, Trustees of the National Gallery

Jan van Kessel (Amsterdam 1641/42-1680 Amsterdam)

Cat. no. 117
The Spui and the Nieuwezijds Voorburgwal in Amsterdam in Winter

In the foreground the frozen water of the Spui; under the bridge we can see a glimpse of the ice on the Nieuwezijds Voorburgwal (filled in 1884). On the right the houses and the tower of the Begijnhof. In colour and atmosphere – especially in the rendering of the menacing clouds – this painting shows an affinity between van Kessel and his teacher Ruisdael.
This part of the city was seldom portrayed in the seventeenth century.

Amsterdam, Amsterdams Historisch Museum; on loan from the Stichting Amsterdams Historisch Museum 1975, acquired with the support of the Prins Bernhardfonds

Cat. no. 116
Doek, 77 x 98 cm.
Gesign.: m hobb[e]ma

Canvas, 77 x 98 cm.
Signed: m hobb[e]ma

Cat. no. 117
Doek, 73 x 89,5 cm.
Gesign.: J. v. Kessel

Canvas, 73 x 89.5 cm.
Signed: J. v. Kessel

Johannes Lingelbach (Frankfurt a.M. 1624-1674 Amsterdam)

Cat. no. 118
De Dam te Amsterdam met het nieuwe stadhuis in aanbouw, 1656

Links het stadhuis, waarvan de bouw in 1648 begon. Het werd in 1655 in gebruik genomen, maar was toen nog niet geheel voltooid; in 1662 was de bekapping klaar en de koepeltoren werd in 1665 voltooid. Naast het stadhuis, meer naar achteren, de Nieuwe Kerk. Midden op het plein de Waag. Rechts de vismarkt met op de achtergrond het Damrak en de toren van de Oude Kerk. Hoewel de gebouwen exact zijn weergegeven is de ruimtewerking niet in overeenstemming met de werkelijkheid (vgl. cat. no. 104). Lingelbach was dan ook allerminst een ervaren schilder van stadsgezichten. Hij muntte uit in landschappen en in het schilderen van figuren. Dit laatste komt in dit schilderij duidelijk tot uiting. In feite zijn de talrijke mensen, waartussen vele vreemdelingen, het eigenlijke onderwerp. Het schilderij wordt voor het eerst vermeld in 1843 als hangende op het stadhuis. Van een opdracht van het stadsbestuur is echter niets bekend.

Amsterdam, Amsterdams Historisch Museum

Gerrit Lundens (Amsterdam 1622-in of kort na 1683 Amsterdam)

Cat. no. 119
De brand van het oude stadhuis te Amsterdam, 1652

In de vroege morgen van 7 juli 1652 brak brand uit in het oude stadhuis van Amsterdam.
Er achter was men reeds begonnen met de bouw van een nieuw stadhuis, omdat het oude te klein en bouwvallig was. De steigers zijn op dit schilderij nog juist te zien. Calamiteiten als deze zijn dikwijls door schilders in beeld gebracht. Zij fungeerden dan als persfotografen, die de gebeurtenis voor het nageslacht moesten vastleggen.
Omdat zij een juiste weergave van de situatie ten doel hadden, behoren zij vaak tot de vroege voorbeelden van geschilderde stadsgezichten.

Amsterdam, Amsterdams Historisch Museum; bruikleen van de Stichting Amsterdams Historisch Museum 1975

Johannes Lingelbach (Frankfurt a.M. 1624-1674 Amsterdam)

Cat. no. 118
The Dam in Amsterdam with the new Town Hall under Construction, 1656

Construction on the new town hall started in 1648. The building was inaugurated in 1655, although it was not finished yet; the roof was finished in 1662 and only in 1665 the cupola was completed. Next to the town hall, a little further back, the Nieuwe Kerk. In the middle of the square stands the weigh-house. On the right the fish market against the background of the Damrak and the spire of the Oude Kerk. Although the buildings are accurately portrayed, the spatial proportions do not correspond with reality (see cat. no. 104). But Lingelbach was not primarily a painter of cityscapes. He was a good landscapist, and excelled in the portrayal of human figures, as this painting clearly shows. The real subject of the painting is the group of people, several of whom are obviously foreigners. The work is first mentioned in 1843, as belonging in the town hall. However, there is no evidence to show that it was commissioned by city authorities.

Amsterdam, Amsterdams Historisch Museum

Gerrit Lundens (Amsterdam 1622-in or shortly after 1683 Amsterdam)

Cat. no. 119
The Fire in the Old Town Hall of Amsterdam, 1652

In the early hours of July 7, 1652, a fire broke out in the old town hall of Amsterdam. Since the premises had become too small and were dilapidated, construction of a new town hall had already begun on a site just behind the old building. The scaffolding is visible in this view. Calamities such as this were often portrayed by contemporary painters who acted as a kind of on-the-spot reporter-photographers recording the event for posterity. Since their aim was to give a faithful rendering of the situation, their works are often among early examples of painted cityscapes.

Amsterdam, Amsterdams Historisch Museum; on loan from the Stichting Amsterdams Historisch Museum 1975

Cat. no. 118
Doek, 122,5 x 206 cm.
Gesign. en gedat.:
I. Lingelbach. fecit 1656

Canvas, 122.5 x 206 cm.
Signed and dated:
I. Lingelbach. fecit 1656

Cat. no. 119
Paneel, 29,5 x 33,5 cm.
Gesign. en gedat.:
G. Lundens 1652

Panel, 29.5 x 33.5 cm.
Signed and dated:
G. Lundens 1652

Reinier Nooms, bijgenaamd Zeeman
(Amsterdam omstreeks 1623-vóór 1667
Amsterdam)

Cat. no. 120
De Houtkopersburgwal met de Zuiderkerk te Amsterdam, 1659

Links, aan het water (thans gedempt) ziet men de stapels hout van de houtkopers liggen. Achter de lage huizen de in 1614 voltooide Zuiderkerk. Rechts pakhuizen aan de Oude Schans.
Nooms is vrijwel de enige, die in zijn stadsgezichten ook aan zeer eenvoudige huizen en pakhuizen aandacht besteedt.

Leipzig, Museum der bildenden Künste

Reinier Nooms, also known as Zeeman
(Amsterdam c. 1623-before 1667 Amsterdam)

Cat. no. 120
The Houtkopersburgwal with the Zuiderkerk in Amsterdam, 1659

On the left, along the canal (now filled in) we see the stacks of timber waiting to be traded by the timber merchants. Behind the low houses the Zuiderkerk, which was completed in 1614. On the right a row of warehouses along the Oude Schans. Nooms is one of the very few painters in the seventeenth century to pay attention to modest dwellings and warehouses in his city scenes.

Leipzig, Museum der bildenden Künste

Jacob van Ruisdael (Haarlem omstreeks 1628/29-1682 Amsterdam)

Cat. no. 121**
Gezicht op Egmond aan Zee, 1648

Jacob van Ruisdael heeft verschillende malen Egmond aan Zee uitgebeeld. Waarom hij zo'n belangstelling had voor dit plaatsje is niet bekend. Hij heeft, in dit schilderij, op de voorgrond een duinlandschap met een dorre boom geschilderd. Een dergelijke boom speelt dikwijls een rol in zijn composities.
Een echt stadsgezicht is dit schilderij niet, maar het demonstreert duidelijk Ruisdaels belangstelling voor de combinatie van stedelijke en landschappelijke motieven.

Manchester, The Currier Gallery of Art

Jacob van Ruisdael (Haarlem c. 1628/29-1682 Amsterdam)

Cat. no. 121**
View of Egmond aan Zee, 1648

Jacob van Ruisdael portrayed Egmond aan Zee several times. We do not know why he was so interested in this little town. The foreground is occupied by the dunes, and a bare tree. Such a tree is often featured in his compositions. This painting is not a cityscape in the strict sense, but it demonstrates clearly Ruisdael's fondness for combining cityviews with landscape motifs.

Manchester, The Currier Gallery of Art

Cat. no. 120
Doek, 40 x 48,7 cm.
Gesign. en gedat.:
R. Zeeman 1659

Canvas, 40 x 48.7 cm.
Signed and dated:
R. Zeeman 1659

Cat. no. 121
Paneel, 63 x 50 cm.
Gesign. en gedat.:
Ruisdael 1648

Panel, 63 x 50 cm.
Signed and dated:
Ruisdael 1648

Jacob van Ruisdael (Haarlem omstreeks 1628/29-1682 Amsterdam)

Cat. no. 122★
Gezicht op Amsterdam, omstreeks 1675-'80

Ruisdael heeft een hoog standpunt ingenomen aan de Amstel, ten Zuiden van Amsterdam.
Op de voorgrond landerijen met molens en huizen en de Amstel. Vóór de stad de palen, waarmee de toegang tot de stad kon worden afgesloten, daarachter de Blauwbrug of Amstelbrug, die de stadsmuren verbindt. De muren worden links en rechts onderbroken door respectievelijk de Utrechtse- en de Weesperpoort. Links van deze laatste ziet men naast de molen, de Portugese Synagoge (zie cat. no. 45). Deze werd in 1675 voltooid, hetgeen een indicatie is voor de datering van het schilderij.
Door het hoge standpunt houdt dit gezicht van de stad het midden tussen een stadsprofiel en een vogelvlucht.

Lit.: Rosenberg, 65, 73, no. 4

Cambridge, The Fitzwilliam Museum

Jacob van Ruisdael (Haarlem c. 1628/29-1682 Amsterdam)

Cat. no. 122★
View of Amsterdam, c. 1675-'80

For this view Ruisdael chose a high point of view on the river Amstel to the south of Amsterdam. The foreground is occupied by fields, windmills, houses and the river. The opening in the protective row of piles could be barred in times of danger. Behind the piles we see the Blauwbrug, also known as the Amstelbrug, linking the city walls. In the walls two city gates: the Utrechtsepoort on the left and the Weesperpoort on the right. Beside the windmill, left of the Weesperpoort, we see the Portuguese Synagogue (see cat. no. 45).
The synagogue was completed in 1675 – which is an indication of the date of this painting. Due to the high viewpoint this panorama is in a sense more like a bird's-eye view than a cityscape.

Lit.: Rosenberg, 65, 73, no. 4

Cambridge, The Fitzwilliam Museum

Cat. no. 123
Het Damrak te Amsterdam

Op de voorgrond een deel van de Dam, waar de vismarkt werd gehouden. Daarachter het Damrak met op de achtergrond de schepen op het IJ. Rechts, boven de huizen, de toren van de Oude Kerk.
Op de Dam zelf is, onder veel bekijks, een optocht van de schutterij aan de gang, ook geheel links ziet men schutters marcheren.
Jacob van Ruisdael verhuisde omstreeks 1656 van Haarlem naar Amsterdam. In een Amsterdams Kerkeraadsprotocol van 1657 wordt hij vermeld als wonende 'in de Beurstraet inde Silvere Trompet', dus op het huidige Rokin, vlak bij de Dam. Vanuit zijn woning had hij nog juist uitzicht op de Dam en het Damrak. De meeste stadsgezichten, die wij van hem kennen geven dit deel van de stad weer.

's-Gravenhage, Mauritshuis

Cat. no. 123
The Damrak in Amsterdam

In the foreground part of the Dam, where the fish market was held. Behind it the Damrak with in the background the ships in the harbour. On the right the Oude Kerk is seen towering above the houses. The civic guard is holding a procession on the Dam, attracting a lot of attention from the crowd. In the extreme left we can see some more militiamen marching.
Jacob van Ruisdael moved from Haarlem to Amsterdam in about 1656. He is mentioned in an Amsterdam consistory document of 1657 as living 'in the Beursstraet in the Silver Trumpet', hence on what is known as the Rokin today, just off the Dam square. From his home he could see part of the Dam and the Damrak. Most of his cityscapes represent this part of the city.

The Hague, Mauritshuis

Cat. no. 122
Doek, 52,1 x 66,1 cm.
Gesign.: VRuisdael

Canvas, 52.1 x 66.1 cm.
Signed: VRuisdael

Cat. no. 123
Doek, 46,8 x 43 cm.
Gesign.: JvRuisdael

Canvas, 46.8 x 43 cm.
Signed: JvRuisdael

Hendrick Martensz. Sorgh (Rotterdam 1610/11-1670 Rotterdam)

Cat. no. 124
Groentemarkt, 1662 (?)

Het schilderen van groente- en vismarkten was in de 16de eeuw een geliefkoosd onderwerp, waaraan mogelijk ook een symbolische betekenis was verbonden. In de 17de eeuw blijft het thema in tal van variaties voortbestaan.
De architectuur op deze voorstellingen is soms gefantaseerd, maar geeft ook dikwijls een natuurgetrouw beeld van een stadsdeel. In dit geval zijn mogelijk elementen van de Grote Markt te Rotterdam verwerkt.

Amsterdam, Rijksmuseum

Hendrick Martensz. Sorgh (Rotterdam 1610/11-1670 Rotterdam)

Cat. no. 124
Vegetable Market, 1662 (?)

Vegetable and fish markets were a popular subject for paintings in the sixteenth century; perhaps such scenes were also invested with a symbolic meaning. The theme continued to be practised – in a great many variations – well into the seventeenth century. The architecture depicted in these scenes in sometimes imaginary, but often it is a faithful rendering of a particular location.
In this case the artist may have incorporated elements of the Grote Markt in Rotterdam.

Amsterdam, Rijksmuseum

Johannes Storck of Jacob Storck (werkzaam te Amsterdam, 2de helft 17de eeuw)

Cat. no. 125
Gezicht op het IJ te Amsterdam

Links op de voorgrond het Paalhuis, dat bij de vernieuwing van de Nieuwe Brug over het Damrak in 1561 werd gebouwd. Ieder schip dat de haven aandeed, moest in het Paalhuis zijn paal- of havengeld betalen.
Tevens konden de schippers hier hun brieven afgeven, die door de paalknechts in de stad werden bezorgd. In de verte ziet men, links van het midden, de Haringpakkerstoren en geheel rechts de Nieuwe Stadsherberg (tussen 1660 en 1662 gebouwd).
Het is onzeker of het hier een werk van Jacob of Johannes Storck betreft. Beide waren gespecialiseerd in Amsterdamse stadsgezichten, waarin de haven of de brede waterwegen, met hun schepen steeds een grote rol spelen.

Particuliere verzameling

Johannes Storck, or Jacob Storck (active in Amsterdam, 2nd half 17th century)

Cat. no. 125
View of the Harbour of Amsterdam

In the left foreground the Paalhuis, built at the time of the reconstruction of the Nieuwe Brug over the Damrak in 1561. For every ship that called at Amsterdam harbour dues had to be paid in the Paalhuis, which also served as a sort of mailing office where skippers could leave their letters to be delivered in the city by errand boys. In the background, left of the centre, the Haringpakkerstoren, and on the far right the Nieuwe Stadsherberg, a lodging house (built between 1660 and 1662).
It is uncertain whether this work is painted by Jacob or Johannes Storck. Both specialized in cityscapes of Amsterdam featuring ships in the harbour or on the broad waterways.

Private collection

Cat. no. 124
Paneel, 51 x 71 cm.
Gesign. en gedat.:
H. M. Sorgh 1662 (?)

Panel, 51 x 71 cm.
signed and dated:
H. M. Sorgh 1662 (?)

Cat. no. 125
Doek, 76,5 x 104 cm.

Canvas, 76.5 x 104 cm.

Lieven Verschuier (Rotterdam omstreeks 1630-1686 Rotterdam)

Cat. no. 126
Een komeet boven Rotterdam in 1680

Op 26 december 1680 verscheen een staartster boven Nederland. De schilder heeft dit natuurverschijnsel in beeld gebracht en daarbij een waarheidsgetrouw stukje van Rotterdam weergegeven: rechts boven de huizen de toren van de Sint Laurenskerk, op de achtergrond de Markt met het standbeeld van Erasmus (in 1622 gegoten naar ontwerp van Hendrick de Keyser), links de huizen van West-Nieuwland.
In het gemeentearchief te Rotterdam zijn twee tekeningen, die op naam staan van Verschuier. Beide geven het natuurverschijnsel weer en dragen het opschrift: 'Staart-ster in W.Z.W. Hoog 13 Lang 54 grā. 26 Des. 1680'. Eén van de tekeningen geeft bijna een identieke compositie als het schilderij, maar is in hoogformaat. Mogelijk is ook het schilderij vroeger hoger geweest.
Een natuurverschijnsel was een ingrijpende gebeurtenis in het leven van de mensen in de 17de eeuw. Men meende er een teken van komend onheil uit te moeten afleiden. Daarnaast hadden deze verschijnselen de diepe belangstelling van beoefenaars der wetenschappen. Verschuier heeft beide reacties in beeld gebracht: een vrouw wendt zich huilend af, maar anderen meten met een jacobsstaf de exacte hoogte van de ster.

Lit.: A. M. Meyerman, 'Een staartster boven Rotterdam in 1680, Lieven Verschuier (omstreeks 1630-1686)' in: *Jaarverslag van de Vereniging Rembrandt*, nog te verschijnen. Dit artikel werd in manuscript door de schrijver ter beschikking gesteld; alle bovenvermelde gegevens zijn er aan ontleend.

Rotterdam, Historisch Museum

Lieven Verschuier (Rotterdam c. 1630-1686 Rotterdam)

Cat. no. 126
A Comet over Rotterdam in 1680

On December 26, 1680 a falling star appeared over the Netherlands. Verschuier painted the extraordinary phenomenon, and in doing so he gave us a faithful rendering of a section of the city of Rotterdam: in the upper right, towering above the houses, the spire of the Sint Laurenskerk, in the background, the market with the statue of Erasmus (cast in 1622 after a design by Hendrick de Keyser); on the left, the houses of West-Nieuwland. There are two drawings of this occasion in the Rotterdam municipal archives, both of which are attributed to Verschuier. Both are annotated; in translation: 'Falling star in W.Z.W.
Height 13 Length 54 degrees. 26 December 1680.'
The composition of one of the drawings is almost identical to that of the painting, although the drawing is much taller. Possibly the painting too, was originally taller.
In the seventeenth century such natural phenomena made a deep impression on the people, who usually interpreted them as signs of impending disaster. They were also, of course, of great interest to contemporary scientists.
Verschuier portrayed both reactions: a woman turns away weeping, while other figures are carefully measuring the height of the star with a quadrant.

Lit.: A. M. Meyerman, 'Een staartster boven Rotterdam in 1680, Lieven Verschuier (omstreeks 1630-1686)' in: *Jaarverslag van de Vereniging Rembrandt*', about to appear.
All the data above are taken from the manuscript of the article which was placed at our disposal by the author.

Rotterdam, Historisch Museum

Cat. no. 126
Paneel, 25,5 x 32,5 cm.
Gesign. L. Verschuier

Panel, 25.5 x 32.5 cm.
Signed: L. Verschuier

Abraham de Verwer (Haarlem? c. 1585-1650 Amsterdam)

Cat. no. 127
Hôtel de Nevers and the Louvre in Paris, 1637

View of the Seine, on the left the Hôtel de Nevers, built around 1580, on the right in the distance the Louvre. In 1637 and 1639 Abraham de Verwer visited Paris, where he painted a number of cityscapes. Seven of them are known today; all show views of the Seine between the Pont Neuf and the Pont Barbier.

An ordinance in the archives of the House of Nassau dated October 21, 1639 states that de Verwer received four hundred Carolingian guilders for the delivery to Stadholder Frederik Hendrik of two paintings with views of the Louvre. A letter written by de Verwer, dated April 19, 1639 (Fondation Custodia, Paris) mentions that Frederik Hendrik had commissioned him to paint views of several other French cities as well.

Lit.: G. Pascal, 'Les premiers peintres du paysage Parisien' in: *Gazette des Beaux Arts*, 68 (1926), II, 287-292; M. Charagent, 'Une vue du Louvre et de l'Hôtel de Nevers par Abraham de Verwer' in: *Bulletin du Musée Carnavalet*, 2 (1949), 3-6; J. Wilhelm, *Paris vue par les peintres*, Paris 1961, 9 ff.

Paris, Musée Carnavalet

Daniel Vosmaer (active in Delft, 2nd half 17th century)

Cat. no. 128
View of Delft after the Gunpowder Explosion, 1654

In the early hours of October 12, 1654 there was an explosion in the gunpowder warehouse of Delft. Since the stocks were considerable, the consequences were disastrous. A large number of paintings were made of this calamity. Especially Vosmaer and Egbert van der Poel painted numerous variations of the scene.

Lit.: MacLaren, 292-293; Donahue, 20-21

New York, Richard L. Feigen & Co.

Cat. no. 127
Paneel, 37 x 59,6 cm.
Gesign. en gedat.:
Verwer 1637

Panel, 36 x 59.6 cm.
Signed and dated:
Verwer 1637

Cat. no. 128
Doek, 85 x 102 cm.
Gesign. en gedat.:
Gesprongen. Den. 12
october. 1654
Daniel. Vosmar

Canvas, 85 x 102 cm.
Signed and dated:
Gesprongen.Den. 12
october. 1654
Daniel. Vosmar

Daniel Vosmaer (active in Delft, 2nd half 17th century)

Cat. no. 129
View of Delft, 1663

The composition of this painting, which shows us a view of Delft as seen from an imaginary loggia, is most unusual. Perhaps the picture was supposed to be looked at through some kind of viewer, which would explain why the foreground with its curious perspective is given such prominence. The painters of Delft were particularly interested in the use of perspective to create a strong illusion of depth. There is no doubt that the loggia is an invention of the artist, while the rest of the scene is topographically accurate.

From left to right, the tower of the Nieuwe Kerk, the Oude Kerk and the town hall. The wooden windmills on the ramparts were used for bakers and brewers.

Lit.: Donahue, 25-26; R. Meischke, 'Daniel Vosmaer, gezicht op Delft' in: *Openbaar Kunstbezit*, 1973, 13-15

Delft, Stedelijk Museum 'Het Prinsenhof'; on loan from the Dienst Verspreide Rijkscollecties, The Hague

Cat. no. 129
Doek, 90,5 x 113 cm.
Gesign. en gedat.:
D. Vosmaer 1663

Canvas, 90.5 x 113 cm.
Signed and dated:
D. Vosmaer 1663

Daniel Vosmaer (werkzaam te Delft, 2e helft 17de eeuw)

Cat. no. 130
Gezicht op Den Briel

Het stadsbeeld wordt beheerst door de 15de-eeuwse Sint Catharinakerk. Den Briel behoorde in de 17de eeuw tot de vrij belangrijke handelssteden in Holland.
Veel sterker dan in het schilderij van Delft na de buskruitramp (zie cat. no. 128), toont Vosmaer hier gevoel voor een subtiele lichtwerking. Hoewel vooral in de personen en het vee op de voorgrond Vosmaers beperktheid als schilder blijkt, heeft dit schilderij, mede door de nauwkeurige weergave van details, die de indruk maken zeer natuurgetrouw de werkelijkheid weer te geven, een verrassende charme.

Lit.: Donahue, 21-22

Detroit, The Detroit Institute of Arts; geschenk van Mrs. Sidney F. Heavenrich ter nagedachtenis aan Mr. Heavenrich

Daniel Vosmaer (active in Delft, 2nd half 17th century)

Cat. no. 130
View of Den Briel

This scene is dominated by the fifteenth-century Sint Catharinakerk. Den Briel was one of the fairly important trading towns of seventeenth-century Holland.
Vosmaer's subtle use of light-effects is much more evident in this painting than in the view of Delft following the gunpowder explosion (see cat. no. 128). Although the portrayal of the human figures and cattle in the foreground reveal Vosmaer's weakness as a painter, the meticulous rendering of details lends this piece a surprisingly charming air of realism.

Lit.: Donahue, 21-22

Detroit, The Detroit Institute of Art; gift of Mrs. Sidney F. Heavenrich in memory of Mr. Heavenrich

Jacobus Vrel (werkzaam 2de helft 17de eeuw)

Cat. no. 131
Pleintje in een stad

Centraal staat een bakkerswinkel met in de etalage verschillende soorten brood en koek. Het opschrift luidt: 'dit huys is t[e huur]'. Rechts een uithangteken van een barbier.
Op de achtergrond een kerk met twee Capucijner monniken. Geheel op de voorgrond een stenen boog, vermoedelijk van een deels ondergrondse waterloop.
Het bakkershuis komt meerdere malen in de schilderijen van Vrel voor, onder andere in het stuk van de Kunsthalle in Hamburg.

Lit.: M. D. H[enkel], in: *Pantheon*, 8 (1931), 397, 400

Hartford, Wadsworth Atheneum; verzameling Ella Gallup Sumner en Mary Catlin Sumner

Jacobus Vrel (active 2nd half 17th century)

Cat. no. 131
A Town Square

In the centre a baker's shop with a display of bread and cakes in the window. The inscription reads in translation: 'This house is t[o let]'. On the right a barber's signboard.
In the background a church and two Capuchin friars. In the foreground a stone archway, probably part of a semi-subterranean water course. The baker's shop occurs in several of Vrel's works, including the painting in the Hamburg Kunsthalle.

Lit.: M. D. H[enkel], in: *Pantheon*, 8 (1931), 397, 400

Hartford, Wadsworth Atheneum; Ella Gallup Sumner and Mary Catlin Sumner Collection

Cat. no. 130
Doek, 84 x 102 cm.

Canvas, 84 x 102 cm.

Cat. no. 131
Paneel, 52,5 x 79 cm.
Gesign.: J.V.

Panel, 52.5 x 79 cm.
Signed: J.V.

Jacobus Vrel (werkzaam 2de helft 17de eeuw)

Cat. no. 132★
Stadsgezicht

Dit schilderij, dat hier voor het eerst in het openbaar wordt getoond en nog nimmer is gepubliceerd, vertoont in compositie en in enkele motieven verwantschap met het paneel uit het Rijksmuseum (cat. no. 133). Het subtiele kleurgebruik komt in dit paneel bijzonder sterk naar voren. De figuren zijn, zoals meestal bij Vrel, kort en gedrongen.

Anonieme bruikleengever

Jacobus Vrel (active 2nd half 17th century)

Cat. no. 132★
Cityscape

This painting, which is on public display here for the first time, and which has never been published, shows some similarities in composition and in certain motifs with the panel from the Rijksmuseum (cat. no. 133). The use of colour in this panel is remarkably subtle. The figures are short and thickset, as in most of Vrel's paintings.

Anonymous lender

Cat. no. 132
Paneel, 36 x 27,5 cm.
Gesign.: I.V.

Panel, 36 x 27.5 cm.
Signed: I.V.

Jacobus Vrel (werkzaam 2de helft 17de eeuw)

Cat. no. 133
Stadsgezicht

Hoewel het tot nu toe nog niet is gelukt om een stadsgezicht van Vrel te identificeren, maken zij toch een levensechte indruk. De straten en pleintjes die hij schilderde, en waarin belangrijke gebouwen nimmer een grote rol spelen, moeten waarschijnlijk niet in de grote steden van het Westen gezocht worden, eerder in het Oosten of het Zuiden van de Noordelijke Nederlanden. Noch in de keuze van het soort stadsgezicht, noch in compositie tonen de werken van Vrel enige relatie met andere schilders van stadsgezichten. Het ligt voor de hand om aan te nemen dat hij vrij geïsoleerd heeft gewerkt. Doordat hij met grote onbevangenheid gewone hoekjes in de stad en gewone mensen schilderde, heeft zijn werk thans voor ons een bijzondere aantrekkingskracht.

Amsterdam, Rijksmuseum

Emanuel de Witte (Alkmaar omstreeks 1616-'18-1691/92 Amsterdam

Cat. no. 134
De Kleine Vismarkt te Amsterdam, 1678

Gezicht op het Singel, met op de voorgrond de vismarkt. In de verte de Jan Roodenpoortstoren (gesloopt in 1829). De Witte heeft naast zijn kerkinterieurs een aantal schilderijen geschilderd van markten.
De Kleine Vismarkt te Amsterdam, die van 1661 tot 1878 op het Singel bij de Haarlemmersluis werd gehouden, heeft hij verscheidene malen afgebeeld. Het valt op dat hij de compositie van deze schilderijen een grote natuurlijkheid wist te geven. Op de voorgrond een ooievaar, een vogel, die in het Amsterdamse stadsbeeld geen onbekende was. Reeds in 1571 werd er een keur uitgevaardigd, waarin het verboden wordt om met stenen naar ooievaars te gooien.

Lit.: Manke, no. 224

Hartford, Wadsworth Atheneum

Jacobus Vrel (active 2nd half 17th century)

Cat. no. 133
Cityscape

Although efforts to identify the location of Vrel's cityscapes have been unsuccessful to date, the paintings make a very realistic impression. The streets and squares represented in his works – which are never dominated by important buildings – were probably not situated in large towns in the west of the country, but in the east or south of the Northern Netherlands. As far as the type of scene and composition are concerned Vrel's paintings do not bear any resemblance to the cityscapes produced by other artists; it is likely therefore that he worked in comparative isolation.
It is the unassuming nature of the everyday street scenes he painted that makes his pieces so attractive today.

Amsterdam, Rijksmuseum

Emanuel de Witte (Alkmaar c. 1616-'18-1691/92 Amsterdam)

Cat. no. 134
The Small Fish Market in Amsterdam, 1678

View of the Singel, with in the foreground the fish market. In the distance the spire of the Jan Roodenpoortstoren (demolished in 1829). Besides painting church interiors, de Witte portrayed a number of markets.
The small fish market, which was held along the Singel near the Haarlemmersluis from 1661 tot 1878 is the subject of several of his canvases. De Witte's paintings are remarkable for their naturalness of composition.
In the foreground we see a stork; these birds were common in Amsterdam in those days. Already in 1571 a decree was issued making it an offence to throw stones at storks.

Lit.: Manke, no. 224

Hartford, Wadsworth Atheneum

Cat. no. 133
Paneel, 36 x 28 cm.
Gesign.: I. Vrel

Panel, 36 x 28 cm.
Signed: I. Vrel

Cat. no. 134
Doek, 47 x 54,5 cm.
Gesign. en gedat.:
E. De Witte A⁰ 1678

Canvas, 47 x 54.5 cm.
Signed and dated:
E. De Witte A⁰ 1678

Pieter Wouwerman (Haarlem 1623–1682 Amsterdam)

Cat. no. 135
De Paardenmarkt te Delft, omstreeks 1670

Op het druk bevolkte plein wordt links, bij de bomen de eigenlijke markt gehouden.
Rechts staan stallen. Van links naar rechts ziet men boven de huizen uit, de hoge toren van de Nieuwe Kerk, de lage vierkante toren van het stadhuis en de toren van de Oude Kerk.

Delft, Stedelijk Museum 'Het Prinsenhof'

Pieter Wouwerman (Haarlem 1623–1682 Amsterdam)

Cat. no. 135
The Horse Market in Delft, c. 1670

The market is in full swing on the busy square on the left by the trees.
On the right the stables. From left to right, towering above the houses, the high spire of the Nieuwe Kerk, the low square tower of the town hall and the spire of the Oude Kerk.

Delft, Stedelijk Museum 'Het Prinsenhof'

Cat. no. 135
Doek, 110 x 135 cm.

Canvas, 110 x 135 cm.

Jan Wijnants (Haarlem 1632-1684 Amsterdam)

Cat. no. 136
De Herengracht te Amsterdam, omstreeks 1660-'62

Naast de twee huizen geheel links ziet men een schutting waar veel hout tegenaan staat, terwijl ook op de kademuur een stapel hout ligt. In de gracht drijven balken. Dit alles wijst op de houthandel van Cornelis Jansz. Kerfbijl die op deze plaats (thans Herengracht 364-370) zijn bedrijf had. Kerfbijl verkocht zijn grond in 1660 en zijn erf werd in 1662 bebouwd. Of Wijnants het schilderij ook in opdracht van Kerfbijl heeft geschilderd, is niet bekend.
Dit schilderij is het enige stadsgezicht dat van de landschapschilder Wijnants bekend is: het is bovendien het vroegst te dateren stadsgezicht, waarin de gracht zelf met de bomen alle aandacht krijgt.

Lit.: W. Stechow, 'Jan Wijnants, View of the Heerengracht, Amsterdam' in: *The Bulletin of The Cleveland Museum of Art*, 52 (1965), 164-173; I. H. van Eeghen, 'De vier huizen van Cromhoult' in: *Maandblad Amstelodamum*, 53 (1966), 52-59

Cleveland, The Cleveland Museum of Art; geschenk van Harry D. Kendrick

Jan Wijnants (Haarlem 1632-1684 Amsterdam)

Cat. no. 136
The Herengracht in Amsterdam, c. 1660-'62

To the left of the two houses we see a number of planks stacked against a hoarding, and more wood piled up on the quayside. Several logs are floating in the canal. Probably the wood belonged to Cornelis Jansz. Kerfbijl, whose timberyard was located in this section of the Herengracht (now nos. 364-370). We know that Kerfbijl sold his land in 1660 and that construction started on the site two years later. However, there are no records to show whether Wijnants was in fact commissioned by Kerfbijl to paint this scene. It is, as far as we know, the only city scene painted by the landscapist Wijnants; it is also the earliest datable cityscape in which the tree-lined canal itself is given full prominence.

Lit.: W. Stechow, 'Jan Wijnants, view of the Heerengracht, Amsterdam' in: *The Bulletin of The Cleveland Museum of Art*, 52 (1965), 164-173; I. H. van Eeghen, 'De vier huizen van Cromhoult' in: *Maandblad Amstelodamum*, 53 (1966), 52-59

Cleveland, The Cleveland Museum of Art; gift of Harry D. Kendrick

Cat. no. 136
Doek, 67,5 x 81,9 cm.
Gesign.: J. Wijnants
onleesbare resten van een
datering

Canvas, 67.6 x 81.9 cm.
Signed: J. Wijnants
date illegible

Biografieën

Jasper Adriaensz. (werkzaam midden 16de eeuw)

Landmeter en cartograaf.

Cat. no. 20

Hendrick Aerts (werkzaam omstreeks 1600)

Schilder van fantasiearchitectuur. Vermoedelijk was Aerts werkzaam in de Noordelijke Nederlanden.
Hij noemde zich ook wel Hendricus a Ryssel, waarschijnlijk naar zijn geboorteplaats.

Cat. no. 18

Bartholomeus van Bassen (? omstreeks 1590-1652 's-Gravenhage)

Architect en schilder van fantasiearchitectuur. Van Bassen was vermoedelijk afkomstig uit Vlaanderen. Van 1613 tot 1622 werkte hij in Delft en daarna ging hij naar 's-Gravenhage, waar hij van 1639 tot 1650 stadsarchitect was, en lid van het stadsbestuur.

Cat. no. 17

Pieter Bast (Antwerpen omstreeks 1570-1605 Leiden)

Cartograaf en graveur. Zijn moeder behoorde tot het befaamde drukkersgeslacht Plantijn. Waarschijnlijk is Bast uit Antwerpen weggegaan uit vrees voor de Spaanse overheersing.
In 1594 is hij in Middelburg, waar het stadsbestuur werk van hem koopt. In de daarop volgende jaren trekt hij van stad tot stad door Holland en Friesland om opdrachten te krijgen voor het graveren van plattegronden en profielen van steden. In 1601 vestigt hij zich te Leiden.
Het werk van Bast is waarheidsgetrouw getekend en ragfijn gegraveerd.

Cat. nos. 5, 6, 28

Biographies

Jasper Adriaensz. (active mid-16th century)

Surveyor and cartographer.

Cat. no. 20

Hendrick Aerts (active c. 1600)

Painter of fantasy architecture. Aerts probably worked in the Northern Netherlands. He sometimes used the name Hendricus a Ryssel, probably after his native town.

Cat. no. 18

Bartholomeus van Bassen (? c. 1590-1652 The Hague)

Architect and painter of fantasy architecture. Van Bassen was probably born in Flanders. He worked in Delft from 1613 to 1622, then moved to The Hague, where he was appointed city architect (from 1639 to 1650), and was a member of the municipal council.

Cat. no. 17

Pieter Bast (Antwerp c. 1570-1605 Leiden)

Cartographer and engraver. His mother was a member of the famous printers' family Plantijn. Probably Bast left Antwerp to escape the domination of Spain. In 1594 he was in Middelburg where the city council purchased his work. In the years that followed he wandered from town to town all over Holland and Friesland, to obtain commissions for engravings of city plans and profiles. In 1601 he settled permanently in Leiden. Bast's city views are accurately drawn and delicately engraved.

Cat. no. 5, 6, 28

Gerrit Battem (Rotterdam omstreeks 1636-1684 Rotterdam)

Tekenaar van landschappen en stadsgezichten. In zijn kleurige, levendige tekeningen met veel figuren voegt Battem bekende en onbekende gebouwen bijeen tot een nieuw geheel.

Cat. no. 52

Abraham Beerstraaten (Amsterdam 1644-?)

Schilder en tekenaar van voornamelijk topografische onderwerpen. Hij is waarschijnlijk de zoon van Jan Abrahamsz. (Johannes) Beerstraaten, die in 1642 in het huwelijk trad.
Zijn werk toont zeer veel overeenkomst met dat van zijn vader.

Lit.: N. MacLaren, *The Dutch School, National Gallery Catalogues*, London 1960, 12-13

Cat. nos. 97, 98

Jan Abrahamsz. Beerstraaten (Amsterdam 1622-1666 Amsterdam)

Schilder en tekenaar van voornamelijk topografische onderwerpen: Noordnederlandse steden, dorpen en kastelen. Daarnaast zijn van hem ook gefantaseerde zeehavens in zuidelijke landen en enkele zeeslagen bekend. Zijn topografische schilderijen zijn meestal wintergezichten met veel figuren. Jan (of Johannes) Beerstraaten is één van de knapste topografische tekenaars van de 17de eeuw.

Lit.: MacLaren, 12-13

Cat. nos. 53, 54, 99, 100, 101

Meester van Bellaert (werkzaam in Haarlem eind 15de eeuw)

Van een niet met name bekende meester kennen wij een aantal boekillustraties, die hij onder andere voor de drukker Jacob Bellaert van Zierikzee maakte. Bellaert was van 1483 tot 1498 in Haarlem gevestigd. Aan deze drukker heeft de kunstenaar zijn 'noodnaam' te danken. Ook een aantal schilderijen worden hem op stilistische gronden toegeschreven.

Gerrit Battem (Rotterdam c. 1636-1684 Rotterdam)

Draughtsman of landscapes and city views. In his colourful, lively drawings with many human figures, Battem combines known and unknown buildings to form new arrangements.

Cat. no. 52

Abraham Beerstraaten (Amsterdam 1644-?)

Painter and draughtsman of predominantly topographical subjects. His work is very similar to that of Jan Abrahamsz. (Johannes) Beerstraaten, who married in 1642, and who was probably his father.

Lit.: N. MacLaren, *The Dutch School, National Gallery Catalogues*, London 1960, 12-13

Cat. nos. 97, 98

Jan Abrahamsz. Beerstraaten (Amsterdam 1622-1666 Amsterdam)

Painter and draughtsman of predominantly topographical subjects: Northern Netherlandish towns, villages and castles. In addition he portrayed imaginary sea harbours in southern countries and a small number of sea battles. Most of his topographical paintings are winter scenes with many figures. Jan (or Johannes) Beerstraaten was one of the most highly skilled topographical draughtsmen of the seventeenth century.

Lit.: MacLaren, 12-13

Cat. nos. 53, 54, 99, 100, 101

Master of Bellaert (active in Haarlem end 15th century)

There are a number of book illustrations by an unknown master, one of whose patrons was the printer Jacob Bellaert from Zierikzee. Bellaert lived in Haarlem from 1483 to 1498. The artist, to whom several paintings have been attributed on stylistic grounds, owes his name to this printer.

Lit.: G. J. Hoogewerff, *De Noord-Nederlandsche schilderkunst*, 2, 's-Gravenhage 1937, 225-228

Cat. no. 1

Balthasar Florisz. van Berckenrode (Delft 1591/92- ?)

Landmeter, cartograaf en graveur. In 1619 kwam hij naar Amsterdam, waar hij in 1625 zijn beroemde plattegrond van deze stad tekende en graveerde. Later was hij als gezworen landmeter van de Staten Generaal in Den Haag woonachtig. Behalve kaarten heeft hij historische gebeurtenissen in prent gebracht. Het schijnt dat hij ook stadsgezichten heeft getekend, maar daarvan is niets bewaard gebleven. Wellicht waren het eerder vogelvluchtkaarten zoals cat. no. 25.

Cat. nos. 25, 41

Gerrit Adriaensz. Berckheyde (Haarlem 1638-1698 Haarlem)

Schilder van stadsgezichten, kerkinterieurs en landschappen. Met zijn oudere broer Job, mogelijk ook zijn leermeester, maakte hij een reis langs de Rijn door Duitsland en bezocht onder andere Keulen en Heidelberg. In deze laatste stad werkte hij enige tijd voor de keurvorst van de Paltz. Gerrit Berckheyde koos zijn topografische onderwerpen meestal in Haarlem, Amsterdam en Den Haag.
Sommige composities herhaalde hij talrijke malen. Getekende stadsgezichten van zijn hand zijn zeldzaam. De bewaard gebleven exemplaren zijn meestal voortekeningen voor schilderijen. Daarnaast heeft hij in een veel vrijere, italianiserende manier landschappen met gebouwen en figuren getekend.

Cat. nos. 55, 102, 103, 104, 105, 106

Job Berckheyde (Haarlem 1630-1693 Haarlem)

Schilder van interieurs met figuren, kerkinterieurs, italianiserende landschappen en enkele stadsgezichten.
Met zijn jongere broer Gerrit maakte hij een reis door Duitsland.

Cat. no. 107

Lit.: G. J. Hoogewerff, *De Noord-Nederlandsche schilderkunst*, 2, 's-Gravenhage 1937, 225-226

Cat. no. 1

Balthasar Florisz. van Berckenrode (Delft 1591/92-?)

Surveyor, cartographer and engraver. In 1619 he came to Amsterdam, where six years later he drew and engraved his famous plan of the city.
Later in life he lived in The Hague, where he was appointed surveyor to the States General. Besides maps he made prints of historical events. He is reputed to have drawn cityscapes also, but none survive. Possibly these cityscapes were more like bird's-eye views, such as cat.no. 25.

Cat. nos. 25, 41

Gerrit Adriaensz. Berckheyde (Haarlem 1638-1698 Haarlem)

Painter of city views, church interiors and landscapes. Accompanied by his older brother Job, who may have been his teacher, he travelled along the Rhine in Germany; Cologne and Heidelberg were among the places he visited. He spent some time in Heidelberg working for the Elector of the Paltz.
Gerrit Berckheyde usually took his topographical subjects from Haarlem, Amsterdam and The Hague.
Certain compositions are repeated many times. Drawings of city views by Berckheyde are rare. Most of the surviving sheets are preparatory drawings for paintings. In addition he drew landscapes with buildings and figures in a much freer, italianate manner.

Cat. nos. 55, 102, 103, 104, 105, 106

Job Berckheyde (Haarlem 1630-1693 Haarlem)

Painter of interiors with figures, church interiors, italianate landscapes and some cityscapes. He travelled in Germany with his younger brother Gerrit.

Cat. no. 107

Pieter van den Berge (Amsterdam 1659-1737 Amsterdam)

Graveur, tekenaar, drukker en uitgever. Van 1723 tot zijn dood was hij stadsdrukker van Amsterdam.
Hij heeft onder andere de *Verzamelde tekeningen en schetsen van Gerardus Lairesse* gegraveerd en uitgegeven.

Cat. no. 56

Jan de Bisschop (Amsterdam 1628-1671 's-Gravenhage)

Rechtsgeleerde en advocaat bij het Hof van Holland in Den Haag. De Bisschop was een begaafd en veelzijdig amateur-tekenaar met een zeer persoonlijke stijl. Omstreeks 1655-'57 schijnt hij Italië bezocht te hebben. Zijn manier van tekenen lijkt geïnspireerd te zijn door Bartholomeus Breenbergh, van wie hij misschien les heeft gekregen.

Lit.: J. G. van Gelder, 'Jan de Bisschop 1628-1671' in: *Oud-Holland*, 86 (1971), 201-288

Cat. nos. 57, 58

Hans Bol (Mechelen 1534?-1593 Amsterdam)

Miniatuurschilder, tekenaar en graveur. In 1572 vluchtte hij voor de Spanjaarden uit Mechelen naar Antwerpen; in 1585 vandaar naar Holland. In 1591 werd hij burger van Amsterdam. Waarschijnlijk is Jacob Savery bij hem in de leer geweest.

Lit.: H. G. Franz, 'Hans Bol als Landschaftzeichner' in: *Jahrburch des Kunsthistorischen Institutes der Universität Graz*, 1 (1965), 19-67, no. 182

Cat. no. 3

Gerard Ter Borch (Zwolle 1617-1681 Deventer)

Schilder en tekenaar van portretten en genrevoorstellingen. Nadat hij in Zwolle was onderwezen door zijn vader, kwam hij in 1634 in Haarlem in de leer bij de landschapschilder Pieter Molijn. Daarna heeft hij veel gereisd, tot hij zich in 1654 voorgoed vestigde in Deventer.
In zijn Zwolse en Haarlemse tijd heeft Ter Borch

Pieter van den Berge (Amsterdam 1659-1737 Amsterdam)

Engraver, draughtsman, printer and publisher. From 1723 up to his death he was city printer of Amsterdam. Among the works engraved and published by him is the *Verzamelde tekeningen en schetsen van Gerardus Lairesse*. (The Collected Drawings and Sketches of Gerardus Lairesse).

Cat. no. 56

Jan de Bisschop (Amsterdam 1628-1671 The Hague)

Jurist and lawyer at the Court of Holland in The Hague. De Bisschop was a talented and versatile amateur draughtsman with a highly personal style. Apparently he visited Italy about 1655-'57. His manner of drawing appears to have been inspired by Bartholomeus Breenbergh, who may have been his teacher.

Lit.: J. G. van Gelder, 'Jan de Bisschop 1628-1671' in: *Oud-Holland*, 86 (1971), 201-288

Cat. nos. 57, 58

Hans Bol (Mechelen 1534?-1593 Amsterdam)

Miniature painter, draughtsman and engraver. In 1572 he fled from Mechelen to Antwerp to escape the Spaniards; in 1585 he went to Holland. He was granted burgher rights of Amsterdam in 1591. It is likely that Jacob Savery served as apprentice to Bol.

Lit.: H. G. Franz, 'Hans Bol als Landschaftszeichner' in: *Jahrbuch des Kunsthistorischen Institutes der Universität Graz*, 1 (1965), 19-67, no. 182

Cat. no. 3

Gerard Ter Borch (Zwolle 1617-1681 Deventer)

Painter and draughtsman of portraits and genre pieces. He was taught by his father as a boy in Zwolle, and was apprenticed in 1634 to the landscapist Pieter Molijn in Haarlem. He travelled widely before settling down permanently in Deventer in 1654. In the years he spent in Zwolle and Haarlem Ter Borch drew several city views,

verscheidene stadsgezichten getekend, waarin de topografisch juist weergegeven architectuur dient als decor voor stads- en markttaferelen.

Lit.: S. J. Gudlaugsson, *Geraert Ter Borch*, 2dln., 's-Gravenhage 1959

Cat. no. 59

Jan van Call (Nijmegen 1656-1703 's-Gravenhage)

Uurwerkmaker, tekenaar en etser. In 1687/88 woonde hij in Amsterdam als medewerker van de ingenieur Johannes Teyler, die een kleuretsprocédé had ontwikkeld. Van Call heeft een groot aantal topografische prenten in deze techniek gemaakt in een strakke, wat naïeve stijl.

Lit.: Cat. tent. *Johannes Teyler. Nederlandse kleurendruk rond 1700*, Nijmegen, Gemeentemuseum 1961; I. H. van Eeghen, 'Petrus Schenk en zijn 'Afbeeldinge der voornaamste gebouwen van Amsterdam' in: *Jaarboek Amstelodamum*, 66 (1974), 117-136

Cat. nos. 48, 60

Adriaen Collaert (Antwerpen omstreeks 1560-1619 Antwerpen)

Graveur van vele honderden prenten naar ontwerp van andere kunstenaars. Hij werkte veel voor zijn schoonvader, de uitgever-graveur Philips Galle.

Cat. no. 4

Johannes van Cuylenburch (Amsterdam? vóór 1621- ?)

Steenhouwer en 'huisschilder'. Van Cuylenburch was een zoon van de beeldhouwer Gerrit Lambertsz., die in Amsterdam bij Hendrick de Keyser heeft gewerkt en zich later in Zwolle vestigde. Johannes is in 1655 in Zwolle gehuwd. Hij heeft de vrije schilderkunst vermoedelijk slechts als liefhebberij beoefend.

Lit.: J. Verbeek, 'Johannes van Cuylenburch en zijn vader Gerrit Lambertsz.' in: *Oud-Holland*, 70 (1955), 67-81

Cat. no. 108

in which topographically accurate architecture serves as the decor for city and market scenes.

Lit.: S. J. Gudlaugsson, *Geraert Ter Borch*, 2 vols., 's-Gravenhage 1959

Cat. no. 59

Jan van Call (Nijmegen 1656-1703 The Hague)

Watchmaker, draughtsman and etcher. In 1687/88 he worked in Amsterdam as assistant to the engineer Johannes Teyler, who had developed a new colour etching method. Using this new method, van Call made a large number of topographical prints, in a somewhat naïve style.

Lit.: Exhibition Catalogue, *Johannes Teyler Nederlandse kleurendruk rond 1700*, Nijmegen, Gemeentemuseum 1961; I. H. van Eeghen, 'Petrus Schenk en zijn 'Afbeeldinge der voornaamste gebouwen van Amsterdam' in: *Jaarboek Amstelodamum*, 66 (1974), 117-136

Cat. nos. 48, 60

Adriaen Collaert (Antwerp c. 1560-1619 Antwerp)

Engraver of several hundred prints after designs by other artists. He often worked for his father-in-law the publisher-engraver Philips Galle.

Cat. no. 4

Johannes van Cuylenburch (Amsterdam? before 1621- ?)

Stonemason and 'housepainter'. Van Cuylenburch's father was the sculptor Gerrit Lambertsz., who worked in Amsterdam under Hendrick de Keyser, and who settled in Zwolle later. Johannes married in Zwolle in 1655. He probably practised the art of painting only as an amateur.

Lit.: J. Verbeek, 'Johannes van Cuylenburch en zijn vader Gerrit Lambertsz.' in: *Oud-Holland*, 70 (1955), 67-81

Cat. no. 108

Aelbert Cuyp (Dordrecht 1620-1691 Dordrecht)

Schilder en tekenaar van landschappen, dieren en portretten. In zijn jonge jaren werkte hij in de manier van Jan van Goyen.
Na 1645 krijgt zijn werk een warme italianiserende toon, hoewel hij zijn onderwerpen blijft kiezen in eigen land.
Als tekenaar was Cuyp een meester in het oproepen van de sfeer van het brede rivierenland en de lage heuvels langs de Nederrijn. Hij is een van de belangrijkste landschapkunstenaars van zijn tijd.

Cat. no. 61

Lambert Doomer (Amsterdam 1624-1700 Amsterdam)

Tekenaar en schilder, lid van een bloeiende meubelmakersfirma. Hij heeft waarschijnlijk als amateur les gekregen van Rembrandt. De onderwerpen voor zijn topografische tekeningen vond hij in Nederland en op zijn reizen door Frankrijk en langs de Rijn. Soms herhaalde hij meermalen hetzelfde thema.

Lit.: W. Schulz, *Lambert Doomer 1624-1700. Leben und Werke*, 2 Bde., Diss., Berlin 1972; idem, *Lambert Doomer, sämtliche Zeichnungen*, Berlin-New York 1974

Cat. no. 62

Gerbrand van den Eeckhout (Amsterdam 1621-1674 Amsterdam)

Schilder en tekenaar, één van de meest toegewijde leerlingen van Rembrandt, bij wie hij op zijn veertiende jaar in de leer kwam.
Zijn bijbelse voorstellingen staan heel dicht bij het werk van zijn leermeester, maar in zijn figuurstudies en landschappen is hij een veel zelfstandiger kunstenaar.

Cat. no. 63

Govert Flinck (Kleef 1615-1660 Amsterdam)

Schilder en tekenaar, van 1632-'35 leerling van Rembrandt. Hij is daarna in Amsterdam blijven wonen. Als schilder van representatieve stukken stond hij in hoog aanzien. Hij heeft een belangrijk

Aelbert Cuyp (Dordrecht 1620-1691 Dordrecht)

Painter and draughtsman of landscapes, animals and portraits. As a young man he worked in the manner of Jan van Goyen. After 1645 his work gained a warm italianate tone, although he continued to portray subjects in his own country. As a draughtsman Cuyp was a master at evoking the atmosphere of the broad river valley and the low hills along the Lower Rhine. He was one of the most important landscapists of his time.

Cat. no. 61

Lambert Doomer (Amsterdam 1624-1700 Amsterdam)

Draughtsman and painter, member of a successful family of cabinetmakers. He was probably taught by Rembrandt, although not as an apprentice. He found the subjects for his topographical drawings in the Netherlands and on his travels through France and the Rhineland. He sometimes portrayed the same theme again and again.

Lit.: W. Schulz, *Lambert Doomer 1624-1700. Leben und Werke*, 2 Bde., Diss., Berlin 1972; idem, *Lambert Doomer, sämtliche Zeichnungen*, Berlin-New York 1974

Cat. no. 62

Gerbrand van den Eeckhout (Amsterdam 1621-1674 Amsterdam)

Painter and draughtsman, and one of the most devoted pupils of Rembrandt, to whom he was apprenticed at the age of fourteen.
His biblical scenes are very similar to the works of his teacher, but in his figure studies and landscapes, he shows much more independence.

Cat. no. 63

Govert Flinck (Kleef 1615-1660 Amsterdam)

Painter and draughtsman, pupil of Rembrandt between 1632 and 1635. He continued to live in Amsterdam, where he was held in high esteem as a painter of representative pieces. He played a major

rôle in the decoration of the new town hall of Amsterdam. For the style of his drawings of biblical scenes he leaned heavily on Rembrandt. The comparatively rare landscapes are more personal, partly because of Flinck's use of colour.

Lit.: J. W. von Moltke, *Govaert Flinck 1615-1660*, Amsterdam 1965

Cat. no. 64

Simon Frisius (Harlingen c. 1580-1628 The Hague)

Calligrapher and engraver. Simon de Vries started out in Paris as 'calligrapher to the king'. In 1613 he settled in The Hague, where printmaking was not his sole occupation: he was also a diplomat and merchant in silk and cannons.

Lit.: A. J. Welcker, 'Simon Wynhoutsz. Frisius' in: *Oud-Holland*, 53 (1936), 219-256; H. van de Waal, 'Buytewech en Frisius' in: *Oud-Holland*, 57 (1940), 123-139

Cat. nos. 37, 38

Jacob de Gheyn II (Antwerp 1565-1629 The Hague)

Painter, draughtsman and engraver. In 1580 he left Antwerp, accompanied by his father Jacob sr and moved to Utrecht, where the family came from originally. Jacob jr learned the art of engraving from Hendrick Goltzius in Haarlem; later in life he became a familiar figure in Leiden university circles, as well as at the court of the Stadholders. De Gheyn was a virtuoso artist who devoloped a very personal style; his interests ranged from cartography and allegory to the simplest everyday motif.

Cat. no. 29

Jan van Goyen (Leiden 1596-1656 The Hague)

Painter and draughtsman of landscapes and country scenes. Pupil of Esaias van de Velde. Van Goyen was a prolific artist: hundreds of drawings by his hand survive, as well as several books of travel sketches, some of which are still intact. The

architecture and individual buildings which he portrayed in his sketches are often arranged to form new compositions in his larger drawings and paintings.

Lit.: H. U. Beck, *Jan van Goyen 1596-1656. Ein Oeuvreverzeichnis*, 2 Bde., Amsterdam 1972

Cat. nos. 65, 66

Timotheus de Graaf (Amsterdam 1650-after 1718, ?)

Painter of landscapes and cityscapes. Mention is made of de Graaf several times between 1682 and 1718, lastly in the capacity of art dealer. Very little of his work survives.

Cat. no. 109

Jan van der Heyden (Gorinchem 1637-1712 Amsterdam)

Painter and draughtsman of cityscapes, landscapes and still lifes. Around 1650 the van der Heyden family moved to Amsterdam. Van der Heyden was gifted with technical insight. Among his inventions were the street-lantern and an improved fire-hose. He was chief of the Amsterdam fire-brigade for many years. Therefore he did not earn his living by painting alone.
His earliest dated painting is from 1666 and the vast majority of his work was probably made in the twenty years that followed. The figures in his cityscapes were often painted by other artists, notably by Adriaen van de Velde.

Lit.: A. Bredius, 'De nalatenschap van Jan van der Heyden's weduwe' in: *Oud-Holland*, 30 (1912), 129-151; H. Wagner, 'Jan van der Heyden als Zeichner; die Zeichnungen für das Buch über die 'Slang-Brandspuiten' in: *Jahrbuch der berliner Museen*, 12 (1970), 111-150; H. Wagner, *Jan van der Heyden*, Amsterdam-Haarlem 1971

Cat. nos. 49, 67, 110, 111, 112, 113, 114, 115

Pauwels van Hillegaert (Amsterdam 1595/96-1640 Amsterdam)

Painter of historical scenes, cavalry battles and portraits. Van Hillegaert was active in Amsterdam, Utrecht and The Hague, where he worked for the court of the Princes of Orange.

Cat. no. 11

Meyndert Hobbema (Amsterdam 1638-1709 Amsterdam)

Landscapist and draughtsman. Hobbema is an adopted name: the artist's real name was Lubbers. He was an orphan, and was apprenticed at an early age to Jacob van Ruisdael, who lived in Amsterdam since around 1656. In 1668 Hobbema was appointed city 'wijnroeier', whose task was to re-measure imported wines and oils, so that they could be sold according to the standard measurements of Amsterdam.

Cat. no. 116

Frans Hogenberg (Mechelen before 1540-after 1590 Cologne)

Engraver and publisher, especially of historical and cartographical subjects. Brother of the engraver Remigius Hogenberg, foster son and pupil of the mapmaker Hendrik Terbruggen.
About 1570 he was banished by the Duke of Alva, whereupon he settled in Cologne; later he also lived in Hamburg for some time.
Hogenberg and his assistants etched or engraved the plates for three ambitious sixteenth-century projects: the *Theatrum orbis terrarum* by Gerard Mercator (an atlas of the whole globe), the *Civitates orbis terrarum* by Georg Braun (maps and profiles of all towns), and Hogenberg's own publication of hundreds of prints dealing with Western European history since 1530.
A numbered series in the latter work stops in about 1590. It seems that Hogenberg must have died then, but for some years following his death, his successors continued to work entirely in his style.

Cat. nos. 9, 27

Hendrick Hondius (Duffel 1573-1650 's-Gravenhage)

Graveur en uitgever, afkomstig uit de Zuidelijke Nederlanden. Hij werd in 1597 in 's-Gravenhage lid van het Lucasgilde en was sindsdien voornamelijk in die stad werkzaam.

Cat. no. 35

Romeyn de Hooghe (Amsterdam 1645-1708 Haarlem)

Veelzijdig kunstenaar, etser en politiek publicist in dienst van stadhouder-koning Willem III.
In 1687 verhuisde hij van Amsterdam naar Haarlem. De Hooghe's werkplaats produceerde naast een stroom van politieke prenten ook kaarten en stadsgezichten.

Cat. nos. 33, 44, 45, 46, 47

Constantijn Huygens jr. ('s-Gravenhage 1628-1697 's-Gravenhage)

Zoon van de dichter Constantijn Huygens en broer van de natuurkundige Christiaen Huygens. Hij begeleidde als secretaris de stadhouder-koning Willem III op zijn veldtochten. In het leger leerde hij Valentijn Klotz en Josua de Grave kennen, die evenals Huygens op deze tochten een groot aantal topografische tekeningen hebben vervaardigd. Zijn stijl is soms nauw verwant aan die van zijn vriend Jan de Bisschop.

Cat. no. 68

Jan van Kessel (Amsterdam 1641/42-1680 Amsterdam)

Schilder van landschappen en stadsgezichten. Van Kessel was een vriend van Meyndert Hobbema en, evenals deze, een leerling van Jacob van Ruisdael.

Cat. no. 117

Hendrick Hondius (Duffel 1573-1650 The Hague)

Engraver and publisher from the Southern Netherlands. He joined the Saint Lucas guild in the Hague in 1597, after which he was mainly active in that city.

Cat. no. 35

Romeyn de Hooghe (Amsterdam 1645-1708 Haarlem)

Versatile artist, etcher, and political writer in the service of Stadholder-King Willem III. In 1687 he moved from Amsterdam to Haarlem.
Besides producing a stream of political prints, de Hooghe's workshop also designed maps and cityscapes.

Cat. nos. 33, 44, 45, 46, 47

Constantijn Huygens Jr (The Hague 1628-1697 The Hague)

Son of the poet Constantijn Huygens and brother of the scientist Christiaen Huygens. Constantijn served as a secretary to Stadholder-King Willem III whom he accompanied on his campaigns. In the army he met Valentijn Klotz and Josua de Grave who, like Huygens, produced a large numer of topographical drawings during these journeys. His style is sometimes very similar to that of his friend Jan de Bisschop.

Cat. no. 68

Jan van Kessel (Amsterdam 1641/2-1680 Amsterdam)

Painter of landscapes and city views. Van Kessel was a friend of Meyndert Hobbema and, like him, a pupil of Jacob van Ruisdael.

Cat. no. 117

Valentijn Klotz (Maastricht? omstreeks 1645-1721 's-Gravenhage)

Amateur-tekenaar van stads- en dorpsgezichten. Als ingenieur in het leger van stadhouder-koning Willem III maakte hij enige veldtochten mee door de Nederlanden. Evenals zijn collega's Josua de Grave en Constantijn Huygens heeft hij tijdens deze tochten reisschetsen gemaakt, die later werden uitgewerkt en vaak enigszins gevarieerd. Doordat Klotz en De Grave in dezelfde stijl dezelfde thema's tekenen, en misschien elkaars werk kopieerden, zijn hun tekeningen moeilijk uit elkaar te houden.
Het werk van een familielid en leerling van Valentijn, Bernardus Klotz, maakt de verwarring nog groter. De kwaliteit van hun werk is – mede door de herhalingen en kopieën – nogal wisselend.

Lit.: R. J. G. M. van Hasselt, 'Drie tekenaars van topografische prenten in Brabant en elders, Valentijn Klotz, Josua de Grave en Constantijn Huygens jr.' in: *Jaarboek De Ghulden Roos*, 25 (1965), 145-192

Cat. nos. 69, 70

Johannes Leupenius (Amsterdam 1647-1693 Amsterdam)

Landmeter en cartograaf, tekenaar en etser. Vermoedelijk was hij een leerling van Rembrandt. Behalve landschappen heeft hij ook portretten getekend.

Cat. no. 71

Johannes Lingelbach (Frankfurt a.M. 1624-1674 Amsterdam)

Schilder van italianiserende landschappen en havengezichten aan de Middellandse Zee. Reeds op jonge leeftijd vestigde Lingelbach zich in Amsterdam. In 1642 ging hij op reis, via Frankrijk naar Rome, waar hij eerst twee jaar later aankwam en tot 1649 verbleef.

Lit.: Cat. tent. *Nederlandse 17e eeuwse italianiserende landschapschilders*, Utrecht, Centraal Museum 1965, 214-217

Cat. no. 118

Valentijn Klotz (Maastricht ? c. 1645-1721 The Hague)

Amateur draughtsman of city and village views. As an engineer in the army of Stadholder-King Willem III he took part in several campaigns in the Netherlands. Like his colleagues Josua de Grave and Constantijn Huygens he made travel sketches, which he worked out later, often with slight variations. Since Klotz and de Grave drew the same themes in the same style and perhaps even copied each other's work, it is difficult to distinguish between the drawings of the two artists.
The work of a relative and pupil of Valentijn, Bernardus Klotz, adds to the confusion. The quality of their drawings is, due in part to the repetitions and copies, variable.

Lit.: R. J. G. M. van Hasselt, 'Drie tekenaars van topografische prenten in Brabant en elders, Valentijn Klotz, Josua de Grave en Constantijn Huygens jr.' in: *Jaarboek De Ghulden Roos*, 25 (1965), 145-192

Cat. no. 69, 70

Johannes Leupenius (Amsterdam 1647-1693 Amsterdam)

Surveyor and cartographer, draughtsman and etcher. He was probably a pupil of Rembrandt. Besides landscapes he also drew portraits.

Cat. no. 71

Johannes Lingelbach (Frankfurt a.M. 1624-1674 Amsterdam)

Painter of italianate landscapes and Mediterranean harbour views. Lingelbach settled in Amsterdam at an early age. In 1642 he set out on a journey via France to Rome, where he arrived two years later and stayed until 1649.

Lit.: Exhibition Catalogue, *Nederlandse 17de-eeuwse italianiserende landschapschilders*, Utrecht, Centraal Museum 1965, 214-217

Cat. no. 118

Gerrit Lundens (Amsterdam 1622-in of kort na 1683 Amsterdam)

Schilder van boerengezelschappen of straattaferelen met veel figuren.

Cat. no. 119

Jan Christiaensz. Micker (Amsterdam 1598-1664 Amsterdam)

Van Micker is weinig werk bewaard gebleven. Behalve het hier tentoongestelde schilderij zijn van hem slechts enkele historiestukken en een vogelvlucht van het beleg van 's-Hertogenbosch bekend.

Cat. no. 22

Isaac de Moucheron (Amsterdam 1667-1744 Amsterdam)

Schilder, tekenaar en etser. Hij was een zoon en leerling van Frederik de Moucheron. Een paar jaar heeft hij in Rome gewoond. Na zijn Italiaanse reis legde hij zich als behangselschilder toe op decoratieve parklandschappen. Een deel van zijn smaakvol geaquarelleerde tekeningen, zowel fantasieën als topografische landschappen, is misschien gemaakt als behangselontwerp. Hij heeft ook tuinen en tuinarchitectuur ontworpen.

Lit.: A. Staring, 'Isaac de Moucheron als ontwerper van gevels en tuinen' in: *Oud-Holland*, 65 (1950), 85-104

Cat. no. 72

Reinier Nooms, bijgenaamd Zeeman (Amsterdam omstreeks 1623-vóór 1667 Amsterdam)

Schilder, tekenaar en etser. Zijn bijnaam dankt hij aan zijn vele zeereizen, misschien inderdaad als zeeman. Nooms heeft schepen in alle soorten en variaties uitgebeeld. De geschilderde stadsgezichten die wij van hem kennen zijn alle in Amsterdam gesitueerd; de etsen zowel in Amsterdam als Parijs. Nooms is één der eerste kunstenaars in Holland die het stadsgezicht als een zelfstandig genre heeft beoefend.

Cat. nos. 42, 73, 120

Gerrit Lundens (Amsterdam 1622-in or shortly after 1683 Amsterdam)

Painter of peasant groups and street scenes with many figures.

Cat. no. 119

Jan Christiaensz. Micker (Amsterdam 1598-1664 Amsterdam)

Few works by Micker survive. Besides the painting shown here only a few historical scenes and a bird's-eye view of the siege of 's-Hertogenbosch are known.

Cat. no. 22

Isaac de Moucheron (Amsterdam 1667-1744 Amsterdam)

Painter, draughtsman and etcher. He was a son and pupil of Frederik de Moucheron. After his visit to Italy – he spent some years in Rome – he devoted himself to painting wallpapers with decorative park landscapes. Some of his attractive pastel drawings, both fantasies and topographical landscapes, may have been intended as wallpaper designs. De Moucheron also designed gardens and garden architecture.

Lit.: A. Staring, 'Isaac de Moucheron als ontwerper van gevels en tuinen' in: *Oud-Holland*, 65 (1950), 85-104

Cat. no. 72

Reinier Nooms, also known as Zeeman (Amsterdam *c.* 1623-before 1667 Amsterdam)

Painter, draughtsman and etcher. Nooms owes his nickname (seaman) to his many voyages, perhaps as a sailor.
Nooms portrayed a great variety of ships. His painted cityscapes are all situated in Amsterdam; his etchings portray scenes in both Paris and Amsterdam. Nooms was one of the first artists in Holland to develop the cityscape as an independent genre.

Cat. nos. 42, 73, 120

Rembrandt (Leiden 1606-1669 Amsterdam)

Painter, draughtsman, engraver. Rembrandt made few drawings of cityscapes. Many of them are modest sketches, in which he recorded the light and space of the broad waters of Amsterdam in a few bold strokes. The architecture in these sketches always plays a subsidiary role.

Lit.: F. Lugt, *Wandelingen met Rembrandt in en om Amsterdam*, Amsterdam 1915; O. Benesch, *The Drawings of Rembrandt*, 6 vols., London 1973

Cat. nos. 74, 75

Roelant Roghman (Amsterdam 1597-1686 Amsterdam)

Painter and draughtsman from the circle of Rembrandt. Apparently he travelled to Italy in about 1640. Roghman produced a large number of topographical drawings, including an important series of Dutch castles and country houses. In addition several fantasy landscapes by him, drawn and painted in a much freer style, are extant.

Cat. no. 76

Jacob van Ruisdael (Haarlem c. 1628/29-1682 Amsterdam)

Landscape painter and draughtsman. Son and possibly pupil of the painter and framemaker Isaac Jacobsz. van Ruisdael; later he was probably taught by his uncle Salomon Ruysdael. Ruisdael travelled widely in the Netherlands, Bentheim and the Rhineland. In middle age he took up the study of medicine. From around 1656 onwards he lived in Amsterdam. Ruisdael made a number of cityscapes in which the treatment is usually like that of his landscapes, with much attention to atmosphere and sky.

Lit.: J. Rosenberg, *Jacob van Ruisdael*, Berlin 1928; H. F. Wijnman, 'Het leven der Ruysdaels, II. Het leven van Dr. Jacob van Ruisdael' in: *Oud-Holland*, 49 (1932), 173-181; MacLaren, 353-354

Cat. nos. 77, 78, 79, 121, 122, 123

Pieter Jansz. Saenredam (Assendelft 1597-1665 Haarlem)

Painter and draughtsman. Son of the engraver Jan Saenredam. In 1612 he was apprenticed to Frans de Grebber in Haarlem. A number of realistic studies in his younger years are extant. He also practised cartography and topographical drawing. Later on Saenredam devoted himself exclusively to drawing important buildings. In the towns he visited in the years 1630-'45, he was sometimes commissioned to produce series of such drawings. Much later in his life he transformed a number of these drawings into paintings.

Lit.: Exhibition Catalogue, *Catalogue raisonné van de werken van Pieter Jansz. Saenredam*, Utrecht, Centraal Museum 1961

Cat. nos. 40, 80, 81, 82, 83

Herman Saftleven (Rotterdam 1609-1685 Utrecht)

Painter, draughtsman and engraver. After 1632 Saftleven lived almost without interruption in Utrecht, which city commissioned him to produce various series of drawings. He also portrayed the profile of the city in engravings and paintings.

Lit.: H. Molkenboer, 'Utrecht, Vondel, Zachtleven en Booth' in: *13de Verslag van de Vereeniging het Vondelmuseum*, (1926/27), 16 ff.; Exhibition Catalogue, *De Dom in puin 1 augustus 1674, Herman Saftleven tekent de stormschade in de stad Utrecht*, Utrecht, Centraal Museum 1974

Cat. no. 84

Jacob Savery (Kortrijk c. 1670-1602/03 Amsterdam)

Landscapist and engraver. Like his teacher Hans Bol and his brother Roelant he was among the many Flemish immigrants who fled north after the conquest of Antwerp by Spain in 1585.

Cat. no. 8

Karel Slabbaert (Zierikzee omstreeks 1609-1654 Middelburg)

Schilder en tekenaar. Het schijnt dat hij zijn leertijd in Leiden heeft doorgebracht. In 1645 werd hij lid van het Sint Lucasgilde in Middelburg.

Cat. no. 85

Hendrick Martensz. Sorgh (Rotterdam 1610/11-1670 Rotterdam)

Schilder van uiteenlopende onderwerpen: interieurs met boeren, elegante gezelschappen, portretten, religieuze en mythologische voorstellingen, en marktscènes.

Cat. no. 124

Johannes Storck of Jacob Storck (werkzaam te Amsterdam, 2de helft 17de eeuw)

De familie Storck, Sturck of Sturckenburch was een Amsterdamse schildersfamilie. De vader, Jan, kwam uit Wezel en vestigde zich vóór 1628 te Amsterdam. Hij had drie zoons: Johannes (1629/30-1673), Jacob (1641-vóór 1688) en Abraham (1644-na 1704).
Het werk van Abraham, de meest begaafde, is meestal duidelijk te herkennen; het werk van Jacob en Johannes is moeilijk uit elkaar te houden, tenzij het met de volledige voornamen is gesigneerd. Zij maakten Amsterdamse stadsgezichten.

Lit.: J. Vuyk, 'Johannes of Jacobus Storck of Sturck?' in: *Oud-Holland*, 52 (1935), 121-126; I. H. van Eeghen, 'De schildersfamilie Sturck, Storck of Sturckenburch' in: *Oud-Holland*, 68 (1953), 216-223

Cat. no. 125

Pieter de la Tombe (Amsterdam? 1593-1677 Amsterdam)

Boekbinder, later kunsthandelaar en amateurtekenaar. Hij onderhield nauwe zakelijke en blijkbaar ook persoonlijke betrekkingen met Rembrandt.
Als tekenaar is zeer weinig werk van hem bekend.

Karel Slabbaert (Zierikzee c. 1609-1654 Middelburg)

Painter and draughtsman. Apparently he was apprenticed in Leiden. In 1645 he became a member of the Saint Lucas Guild in Middelburg.

Cat. no. 85

Hendrick Martensz. Sorgh (Rotterdam 1610/11-1670 Rotterdam)

Painter of disparate subjects: interiors with peasants, elegant companies, portraits, religious and mythological representations, and market scenes.

Cat. no. 124

Johannes Storck, or Jacob Storck (active in Amsterdam, 2nd half 17th century)

The Storcks, or Sturcks, or Sturckenburchs, were a family of painters in Amsterdam. The father, Jan, came from Wezel and settled in Amsterdam before 1628. He had three sons: Johannes (1629/30-1673), Jacob (1641-before 1688) and Abraham (1644-after 1704). The work of Abraham, the most talented member of this family, is generally easy to recognize; it is difficult to distinguish between the paintings of Jacob and Johannes, except when their Christian names are signed in full.
The Storck family specialized in views of Amsterdam.

Lit.: J. Vuyk, 'Johannes of Jacobus Storck of Sturck' in: *Oud-Holland*, 52 (1935), 121-126; I. H. van Eeghen, 'De schildersfamilie Sturck, Storck of Sturckenburch' in: *Oud-Holland*, 68 (1953), 216-223

Cat. no. 125

Pieter de la Tombe (Amsterdam? 1593-1677 Amsterdam)

Bookbinder, later also art dealer and amateur draughtsman. De la Tombe maintained close ties, both financial and personal, with Rembrandt, who must have portrayed him several times. Very few drawings by de la Tombe survive.

Lit.: I. H. van Eeghen, 'De familie de la Tombe en Rembrandt' in: *Oud-Holland*, 71 (1956), 43-49

Cat. no. 86

Jacob van der Ulft (Gorinchem 1621-1689 Noordwijk)

Ambtenaar en burgemeester in Gorinchem. Als tekenaar waarschijnlijk autodidact. Een aantal van zijn landschaptekeningen is gekopieerd naar of in de manier van Jan de Bisschop (vgl. cat. nos. 57, 58), die hij vrijwel zeker goed heeft gekend.
Van der Ulft heeft ook kleurige, gedetailleerde gouaches gemaakt. Hoewel hij zelf waarschijnlijk nooit in het Zuiden is geweest, koos hij naast Nederlandse ook mediterrane onderwerpen.

Cat. no. 87

Adriaen van de Venne (Delft 1589-1662 's-Gravenhage)

Schilder, graveur en dichter. Studeerde enige tijd in Leiden en werd later schilder. In 1618 voegde hij zich in Middelburg bij zijn vader en zijn broer Pieter die als boekhandelaar Adriaens prenten ging uitgeven.
Sinds omstreeks 1625 woonde hij in 's-Gravenhage. Gedurende bijna veertig jaar heeft Van de Venne de illustraties ontworpen – en vaak ook gegraveerd – voor de bundels van de dichter en jurist Jacob Cats, die hij in Middelburg had leren kennen.

Cat. no. 7

Lieven Verschuier (Rotterdam omstreeks 1630-1686 Rotterdam)

Schilder en beeldhouwer. Hij heeft een reis naar Italië gemaakt. Als schilder legde hij zich voornamelijk toe op zeegezichten, waarbij hij dikwijls lichteffecten van op- of ondergaande zon gebruikte.

Cat. no. 126

Abraham de Verwer (Haarlem? omstreeks 1585-1650 Amsterdam)

Schilder en tekenaar van zeegezichten, zeeslagen en landschappen. De Verwer heeft gereisd en gewerkt in Frankrijk.

Lit.: I. H. van Eeghen, 'De familie de la Tombe en Rembrandt' in: *Oud-Holland*, 71 (1956), 43-49

Cat. no. 86

Jacob van der Ulft (Gorinchem 1621-1689 Noordwijk)

Civil servant and burgomaster in Gorinchem. Van der Ulft was probably self-taught as a draughtsman; several of his landscapes are copies or variations of works by Jan de Bisschop (cf. cat. nos. 57, 58), whom he almost certainly knew well. Van der Ulft also made several colourful, detailed, watercolours. Although he probably never travelled south, this did not prevent him from portraying Mediterranean scenes.

Cat. no. 87

Adriaen van de Venne (Delft 1589-1662 The Hague)

Painter, engraver and poet. Studied in Leiden for some years before turning to painting. In 1618 he went to Middelburg to join his father and brother Pieter, who published Adriaens' prints there. From about 1625 onwards he lived in The Hague. During nearly forty years van de Venne designed and often engraved illustrations for the collections of the poet and lawyer Jacob Cats, whom he had met in Middelburg.

Cat. no. 7

Lieven Verschuier (Rotterdam c. 1630-1686 Rotterdam)

Painter and sculptor. He is known to have visited Italy. He painted predominantly seascapes, often with the lighting effects of a setting or rising sun.

Cat. no. 126

Abraham de Verwer (Haarlem? c. 1585-1650 Amsterdam)

Painter and draughtsman of seascapes, naval battles and landscapes. De Verwer travelled and worked in France.

Cat. no. 127

Claes Jansz. Visscher (Amsterdam 1587-1652 Amsterdam)

Etser, uitgever en tekenaar. Als uitgever heeft Visscher een belangrijk fonds opgebouwd van cartografie, topografie, historieprenten, portretten enz. Zelf was hij een vaardig en spontaan etser, maar bij de door hem uitgegeven prenten is het vaak niet eenvoudig uit te maken wat precies zijn aandeel is geweest. Van zijn hand is een aantal pentekeningen bewaard gebleven, vooral landschappen naar de natuur.

Lit.: M. Simon, *Claes Jansz. Visscher*, Diss., (getypt), Freiburg i.Br. 1958

Cat. no. 12, 32, 88, 89, 90, 91

Simon de Vlieger (Rotterdam omstreeks 1600-1653 Weesp)

Zeeschilder. Waarschijnlijk leerling van Willem van de Velde de Oude. Als tekenaar is De Vlieger bekend om zijn landschappen, breed opgezet en fors getekend in zwart krijt.
Daarnaast heeft hij ontwerpen gemaakt voor tapijten, glas in lood ramen, orgelluiken en historieprenten.

Cat. nos. 13, 14, 92

Daniel Vosmaer (werkzaam te Delft, 2de helft 17de eeuw)

Schilder van stadsgezichten, voornamelijk te Delft, maar ook van enkele andere steden in het Zuiden van Holland. Zijn levensdata zijn niet bekend. Hij wordt van 1650 tot 1666 in het Delftse Sint Lucasgilde vermeld.

Lit.: S. Donahue, 'Daniel Vosmaer' in: *Vassar Journal of Undergraduate Studies*, 19 (1964), 18-27

Cat. nos. 128, 129, 130

Jacobus Vrel (werkzaam 2de helft 17de eeuw)

Schilder van stadsgezichten en interieurs. Vrels levensdata en woonplaats zijn onbekend.

Cat. no. 127

Claes Jansz. Visscher (Amsterdam 1587-1652 Amsterdam)

Engraver, publisher and draughtsman. Visscher built up an impressive array of publications, which included maps, topographical plans, historical scenes, portraits etc. He was a competent and spontaneous engraver in his own right, but in the prints he published it is often difficult to establish exactly what his contribution was.
A number of pen drawings by Visscher, mostly landscapes after nature, are extant.

Lit.: M. Simon, *Claes Jansz. Visscher*, Diss., (typescript), Freiburg i. Br. 1958

Cat. nos. 12, 32, 88, 89, 90, 91

Simon de Vlieger (Rotterdam c. 1600-1653 Weesp)

Seascapist, probably a pupil of Willem van de Velde the Elder. As a draughtsman de Vlieger is famous for his landscapes, broadly spaced and robustly drawn in black chalk.
He also designed tapestries, stained-glass windows, organ casings, and historical prints.

Cat. nos. 13, 14, 92

Daniel Vosmaer (active in Delft, 2nd half 17th century)

Painter of cityscapes, mainly of Delft, but also of some other cities in the south of Holland. The dates of his birth and death are not known. He is mentioned as a member of the Saint Lucas Guild in Delft from 1650 to 1666.

Lit.: S. Donahue, 'Daniel Vosmaer' in: *Vassar Journal of Undergraduate Studies*, 19 (1964), 18-27

Cat. nos. 128, 129, 130

Jacobus Vrel (active 2nd half 17th century)

Painter of cityscapes and interiors. We do not know the dates of his birth and death, nor where he lived.

Lit.: C. Brière-Misme, 'Un 'intimiste' Hollandais, Jacob Vrel' in: *La Revue de l'Art Ancien et Moderne*, 68 (1935), 97-114; 157-172; G. Régnier, 'Jacob Vrel, un Vermeer du pauvre' in: *Gazette des Beaux-Arts*, 110 (1968), 269-282

Cat. nos. 131, 132, 133

Hendrick Cornelisz. Vroom (Haarlem 1566-1640 Haarlem)

Painter of ships, naval battles and seascapes. In his youth he worked as a faïence painter. He often portrayed ships in the roads, against the background of a city, which he rendered in topographically accurate detail.

Cat. nos. 31, 36

Anthonie Waterloo (Lille c. 1610-1690 Utrecht)

Draughtsman and engraver, also art dealer. Waterloo was probably self-taught. He travelled to France, Italy and Germany.
He painted spacious landscapes and city views, and was especially famous for his rendering of trees.

Cat. nos. 93, 94

Cornelis Claesz. van Wieringen (Haarlem c. 1580-1633 Haarlem)

Painter of seascapes, like his teacher Hendrick Vroom. Very few of van Wieringen's drawings are extant. Besides seascapes he portrayed cities and landscapes.

Cat. no. 95

Emanuel de Witte (Alkmaar omstreeks 1616-'18-1691/92 Amsterdam)

Painter of church interiors. Worked in Alkmaar, Rotterdam, Delft, and Amsterdam, where he settled permanently in around 1651.

Lit.: I. Manke, *Emanuel de Witte 1617-1692*, Amsterdam 1963

Cat. no. 134

Pieter Wouwerman (Haarlem 1623-1682 Amsterdam)

Schilder van paarden en ruiterslagen. Leerling van zijn vader Paulus en van zijn oudere en veel begaafdere broer Philips, wiens schilderijen hij imiteerde.

Cat. no. 135

Jan Wijnants (Haarlem 1632-1684 Amsterdam)

Schilder van landschappen, dikwijls in italianiserende trant. In 1660 verhuist hij naar Amsterdam, waar hij op 18 december van dat jaar, op 28-jarige leeftijd, in het huwelijk treedt.

Cat. no. 136

Antoon van den Wyngaerde (werkzaam omstreeks 1550-'70)

Tekenaar en cartograaf. Er is van Van den Wyngaerde weinig meer bekend dan dat hij in Brussel woonde en vogelvluchtkaarten tekende voor de drukker-uitgever Plantijn in Antwerpen. In 1561 of kort daarna vertrok hij naar Spanje in dienst van koning Philips II.
Er zijn ongeveer tachtig tekeningen, meest panorama's, van hem bewaard gebleven.

Lit.: A. E. d'Ailly, 'Een tot op heden onbekend gebleven plattegrond van Amsterdam uit de 16de eeuw' in: *Jaarboek Amstelodamum*, 27 (1930), 67-78

Cat. no. 23

Cat. no. 134

Pieter Wouwerman (Haarlem 1623-1682 Amsterdam)

Painter of horses and cavalry battles. Pupil of his father Paulus and of his older and much more gifted brother Philips, whose work he imitated.

Cat. no. 135

Jan Wijnants (Haarlem 1632-1684 Amsterdam)

Painter of landscapes, often in the italianate manner. In 1660 he moved to Amsterdam, where he married on December 18 of the same year, at the age of twenty-eight.

Cat. no. 136

Antoon van den Wyngaerde (active c. 1550-'70)

Cartographer and draughtsman. Little is known of van den Wyngaerde other than that he lived in Brussels and produced bird's-eye view maps for the Antwerp printer-publisher Plantijn. In 1561 or shortly after he left for Spain in the service of King Philip II. Some eighty drawings by this artist, most of them panoramas, survive.

Lit.: A. E. d'Ailly, 'Een tot op heden onbekend gebleven plattegrond van Amsterdam uit de 16de eeuw' in: *Jaarboek Amstelodamum*, 27 (1930), 67-78

Cat. no. 23

Topografisch register/Topographical Index

België/Belgium	Antwerpen/Antwerp	4
Duitsland/Germany	Emmerik/Emmerich	114
Frankrijk/France	Parijs/Paris	127
Nederland/The Netherlands	Alkmaar	44, 78, 96
	Amsterdam	
	panorama's, profielen/panoramic views, profiles	22, 23, 32, 77, 122
	straten, grachten/streets, canals	
	Amstel	36, 48, 60, 86
	Appelmarkt nu/now: Singel	42
	Bloemmarkt nu/now: Nieuwezijds Voorburgwal	103
	Brouwerssluis over/across Brouwersgracht	51
	Dam	10, 34, 56, 62, 100, 104, 111, 118, 119
	Damrak	123
	Eenhoorn-sluis over/across Korte Prinsengracht	42
	Elandsgracht	49
	Gravenstraat	67
	Haarlemmersluis over/across Singel	116
	Haarlemmerstraat	43
	Herengracht	47, 109, 136
	Houtkopersburgwal	120
	Keizersgracht	72
	Kleine Vismarkt, nu/now: Singel	134
	Kloveniersburgwal	71
	Naarder Veer, nu/now: Amstel	42
	Nieuwezijds Voorburgwal	75, 117
	Oude Schans	65, 74
	Oudezijds Voorburgwal	112
	Overtoomse Weg, nu/now: Overtoom	95
	Prinsengracht	98
	Prins Hendrikkade	88
	Rokin	13, 14
	Singel	88
	Spui	117
	St. Anthoniesbreestraat	46
	St. Anthonismarkt nu/now: Nieuwmarkt	42
	IJ	125
	Zwanenburgwal	64
	gebouwen/buildings	
	Burgerweeshuis	25
	Diaconieweeshuis	60
	Haarlemmerpoort	63

Handboogdoelen	79
Haringpakkerstoren	88, 116
Karthuizer klooster	89
Kloveniersdoelen	71
Montelbaanstoren	65, 74
Nieuwezijds Herenlogement	43
Noorderkerk	98
Oude Kerk	16, 112
Portugese Synagoge	45
Regulierspoort	38
Rondeel	36
Stadhuis	73, 99, 118, 119
St. Anthoniespoort, nu/now: Waag	37, 42
Zuiderkerk	120
Bergen op Zoom	3, 4, 70
Breda	9
Den Briel	130
Delft	21, 31, 33, 57, 128, 129, 135
Deventer	26, 97
Dordrecht	61
Egmond aan Zee	121
Franeker	28
Gorcum	87
Grave	69
's-Gravenhage/The Hague	8, 17, 35, 50, 58, 68, 91, 105
Haarlem	1, 40, 55, 59, 80, 90, 102, 106, 107
Harderwijk	27
's-Hertogenbosch	2, 81
Leiden	12, 39, 85
Middelburg	6, 7, 41
Monnickendam	24
Ouderkerk aan de Amstel	101
Rotterdam	53, 54, 76, 126
Schiedam	29
Utrecht	11, 66, 82, 83, 84, 93, 94
Veere	5
Zaltbommel	15
Zwolle	30, 108

De Noordelijke Nederlanden in 1648   The Northern Netherlands in 1648

Literatuur

Een samenvattend werk over het in deze tentoonstelling behandelde onderwerp ontbreekt. Om toch een inzicht te bieden in de literatuur die voor het onderwerp van belang is, is deze lijst samengesteld; daarbij was volledigheid uiteraard onmogelijk.
Sommige opgenomen publikaties bestrijken in feite een ruimer terrein, maar bevatten een belangrijk onderdeel over het stadsgezicht; andere behandelen één kunstenaar, maar zijn door de uitvoerigheid van de aanpak in het algemeen of dankzij een uitgebreide inleiding niet alleen voor die kunstenaar relevant.

Literature

No comprehensive survey has yet been written on the theme of this exhibition. A short bibliography is included in order to provide some insight into the literature on this subject; the list does not pretend to be exhaustive.
Some of the publications in fact cover a broader field, but contain sections with valuable information on the cityscape.
Others, although dealing with the work of a single artist, owe their inclusion to their wide avenue of approach, or to a lengthy introduction in which other aspects, relevant to our subject, are also discussed.

Algemeen/General

H. Brugmans en/and C. H. Peters, *Oud-Nederlandsche steden in haar ontstaan, groei en ontwikkeling*, 3 dln., Leiden z.j./n.d.

I.Q. van Regteren Altena, 'Het gelaat van de stad' in: *Zeven eeuwen Amsterdam*, 3, Amsterdam z.j./n.d., 297-322

R. Fritz, *Das Stadt- und Strassenbild in der holländischen Malerei des 17. Jahrhunderts*, Berlin 1932

H. E. van Gelder, *Holland by Dutch Artists*, Amsterdam 1959

Cat. tent./Exhibition Catalogue *Stedenspiegel*, 's-Gravenhage, Haags Gemeentemuseum 1964

Kunstreisboek voor Nederland, Amsterdam 1965
Kunstreisboek voor Nederland in beeld, Amsterdam 1972

Bronnen van het stadsgezicht/The Cityscape and its Sources

P. T. A. Swillens, *Nederland in de prentkunst*, Amsterdam 1945

S. J. Fockema Andreae en/and B. van 't Hoff, *Geschiedenis der kartografie van Nederland*, 's-Gravenhage 1947

G. Roosegaarde Bisschop, 'De geschilderde maquette in Nederland', in: *Nederlands Kunsthistorisch Jaarboek*, 7 (1956), 167-217

M. Simon, *Claes Jansz. Visscher*, Diss., (getypt/typescript), Freiburg i.Br. 1958

E. Pelinck, 'De beeldende kartografie vóór 1550 in Noord-Nederland', in: *Bulletin van de Koninklijke Nederlandse Oudheidkundige Bond*, 6e serie/6th series, 13 (1960), 261-270

S. J. Fockema Andreae en/and C. Koeman, *Kaarten en kaarttekenaars*, Bussum 1972

Cat. tent./Exhibition Catalogue *Pieter Breugel d.Ä. als Zeichner, Herkunft und Nachfolge*, Berlin, Kupferstichkabinett 1975

Tekeningen/Drawings

F. Lugt, *Wandelingen met Rembrandt in en om Amsterdam*, Amsterdam 1915

P. Wescher, *Alte Städte in Meisterzeichnungen aus fünf Jahrhunderten*, Frankfurt a.M. [1939]

Cat. tent./Exhibition Catalogue *Landschaptekeningen van Hollandse meesters uit de XVIIe eeuw*, Brussel etc. 1968

W. Schulz, *Die holländische Landschaftszeichnung, 1600-1740*, Berlin, Kupferstichkabinett 1974

Schilderijen/Paintings

Cat. tent./Exhibition Catalogue *Nederlandse architectuurschilders, 1600-1900*, Utrecht, Centraal Museum 1953

N. MacLaren, *The Dutch School, National Gallery Catalogues*, London 1960

Cat. tent./Exhibition Catalogue *Nederlandse 17e eeuwse italianiserende landschapschilders*, Utrecht, Centraal Museum, 1965

J. Rosenberg, S. Slive and E. H. ter Kuile, *Dutch Art and Architecture, 1600-1800*, London 1966

W. Stechow, *Dutch Landscape Painting of the Seventeenth Century*, London 1966

G. Briganti, *The View Painters of Europe*, London 1970

H. Wagner, *Jan van der Heyden, 1637-1712*, Amsterdam etc. 1971

Chr. Brown, *Dutch Townscape Painting*, London 1972

Afgekorte literatuur/Abbreviated Literature

Boeken, tijdschriften/Books, Periodicals

Beck	H. U. Beck, *Jan van Goyen 1596-1650. Ein Oeuvreverzeichnis*, 2 Bde., Amsterdam 1972
Bredius	A. Bredius, 'De nalatenschap van Jan van der Heyden's weduwe' in: *Oud Holland*, 30(1912), 129-151
Donahue	S. Donahue, 'Daniel Vosmaer' in: *Vassar Journal of Undergraduate Studies*, 19(1964), 18-27
Gudlaugsson	S. J. Gudlaugsson, *Geraert Ter Borch*, 2 Bde, 's-Gravenhage 1959
MacLaren	N. MacLaren, *The Dutch School, National Gallery Catalogues*, London 1960
Manke	I. Manke, *Emanuel de Witte 1617-1692*, Amsterdam 1963
Van Mosselveld en/and Van Ham	J. H. van Mosselveld en/and W. A. van Ham, *Tekeningen van Bergen op Zoom*, Bergen op Zoom 1973
Rosenberg	J. Rosenberg, *Jacob van Ruisdael*, Berlin 1928
Schulz 1972	W. Schulz, *Lambert Doomer 1624-1700, Leben und Werke*, 2 Bde.,(Diss.), Berlin 1972
Schulz 1974	W. Schulz, *Lambert Doomer, Sämtliche Zeichnungen*, Berlin-New York 1974
Simon	M. Simon, *Claes Jansz. Visscher*, Diss., (getypt/typescript), Freiburg i.Br. 1958
Stechow	W. Stechow, *Dutch Landscape Painting of the Seventeenth Century*, London 1966
Verbeek	J. Verbeek, 'Johannes van Cuylenburch en zijn vader Gerrit Lambertsz.' in: *Oud-Holland*, 70(1955), 67-81
Wagner 1970	H. Wagner, 'Jan van der Heyden als Zeichner' in: *Jahrbuch der berliner Museen*, 12(1970), 111-150
Wagner 1971	H. Wagner, *Jan van der Heyden 1637-1712*, Amsterdam etc. 1971

Cat.tent./Exhibition Catalogues

De Dom in puin	*De Dom in puin, 1 augustus 1674. Herman Saftleven tekent de stormschade in de stad Utrecht*, Utrecht, Centraal Museum 1974
Saenredam	*Catalogue Raisonné van de werken van Pieter Jansz. Saenredam*, Utrecht, Centraal Museum 1961